I0762330

Los 5 tipos de riqueza

Sahil Bloom

Los 5 tipos de riqueza

Una poderosa guía para diseñar la vida de tus sueños

OCÉANO

LOS 5 TIPOS DE RIQUEZA
Una poderosa guía para diseñar la vida de tus sueños

Título original: THE 5 TYPES OF WEALTH
A Transformative Guide to Design Your Dream Life

Traducción: Sergio Zepeda

Diseño e ilustración de cubierta: Lucas Heinrich
Fotografía del autor: Peter Hurley

D.R. © 2025, Editorial Océano, S.L.U.
C/ Calabria 168-174 - Escalera B - Entlo. 2ª
08015 Barcelona, España
www.oceano.com

D.R. © 2025, Editorial Océano de México, S.A. de C.V.
Guillermo Barroso 17-5, Col. Industrial Las Armas
Tlalnepantla de Baz, 54080, Estado de México

Primera edición: 2025

ISBN: 978-84-494-6142-2 (Océano España)
ISBN: 978-607-584-056-7 (Océano México)
Depósito legal: B 11388-2025

Impreso en España / *Printed in Spain*

9005953010725

Para mi esposa, Elizabeth, y mi hijo, Roman.
Con vosotros dos junto a mí, siempre me siento
como el hombre más rico del mundo.

CONTENIDO

LA RIQUEZA MENTAL

LA RIQUEZA FÍSICA

LA RIQUEZA FINANCIERA

Los 5 tipos de riqueza

PRÓLOGO

La travesía de una vida

«Vas a ver a tus padres quince veces más antes de que mueran.»

Todo lo que viene a continuación es la historia de cómo esas simples palabras cambiaron mi vida y cómo pueden cambiar la tuya.

Durante una cálida noche en California, en mayo de 2021, me senté a tomar una copa con un viejo amigo. Mientras nos sentábamos a la mesa, me preguntó cómo estaba. Al principio, le di la respuesta estándar: «Estoy bien…, ¡ocupado!». Lo dije con toda la involuntaria ironía de nuestra era actual, donde estar ocupado se lleva como una insignia de honor, como si estar *más estresados* fuera algo para enorgullecerse. Cuando le pregunté lo mismo, en lugar de responderme con la típica actitud de «yo más» de los negocios, respondió que estaba «haciendo espacio para las cosas importantes», pues su padre se había enfermado el año anterior. La vulnerabilidad inesperada de sus palabras me sacó del típico hilo de conversación que define estos encuentros de ponerse al día. Él había abierto un nuevo hilo y, en lugar de resistirme, lo seguí y agregué que vivir en California había comenzado a desgastarme, ya que estaba muy lejos de mis padres, ya mayores, que vivían en la Costa Este.

Esta rara honestidad emocional provocó la interacción que alteró el curso de mi vida:

Amigo: ¿Con qué frecuencia ves a tus padres?
Yo: Por ahora, tal vez una vez al año.
Amigo: ¿Y qué edad tienen?
Yo: Avanzados los sesenta.
Amigo: Bien, entonces vas a ver a tus padres quince veces más antes de que mueran.

Golpe al estómago.

Tuve que respirar hondo para no reaccionar de manera enojada. Se trataba de un viejo amigo que conocía bien a mis padres. Él no quiso ser insensible, eran sólo... matemáticas. La expectativa de vida promedio es de aproximadamente ochenta años; mis padres tenían cinco más de sesenta y los veía una vez al año. Las matemáticas decían que los vería quince veces más antes de que ya no estuvieran.

Los números me destrozaron. *Esas matemáticas cambiaron mi vida.*

JUGAR EL JUEGO EQUIVOCADO

Nací de una colisión improbable entre dos mundos; el rechazo de las convenciones está en mi ADN. En 1978, mi madre, Lakshmi Reddy, nacida y criada en Bangalore, India, se subió a un avión para ir a estudiar en Mount Holyoke en South Hadley, Massachusetts. Sólo llevaba pasaje de ida. A sus padres, comprensiblemente, les preocupaba que nunca volviera a casa. Sus amigos les habían dicho que conocería a un chico estadounidense, se enamoraría y construiría una vida en esa tierra lejana. Tenían razón.

Mi padre, nacido y criado en un hogar judío en el Bronx, Nueva York, tenía una vida planeada para él por su padre autoritario, que implicaba casarse con una chica judía y establecerse para una carrera académica estable. Afortunadamente para mí, el destino (si crees en eso) tenía planes diferentes.

Como en una escena de película, se encontraron en 1980 en una biblioteca de la Universidad de Princeton, donde mi madre trabajaba para pagar un programa de maestría y mi padre estaba en las etapas finales de su tesis de posgrado. Con las preocupaciones de sus padres a 14.500 kilómetros de distancia, mi madre se armó de valor para invitarlo a una cita. Mientras disfrutaban de su helado, mi padre, que nunca se andaba por las ramas, le dijo: «Mi familia nunca nos aceptará». Mi madre, demasiado cegada por la emoción ante el uso de la palabra *nos*, no captó el mensaje.

Lamentablemente, mi padre tenía razón. Debido a una variedad de razones que parecen imposibles de entender hoy en día, su familia no aceptaba el noviazgo en ciernes. La pelea se volvió tan confrontativa que finalmente se vio obligado a elegir entre su familia y mi madre. Nunca conocí a los padres de mi padre, y él nunca los volvió a ver, pero el legado de su decisión (elegir el amor verdadero por encima de todo) preparó el escenario para el mundo en el que nací.

Mi infancia y mis años de juventud fueron una marcha constante y monótona hacia un *éxito* de definición de libro de texto. Me fue bien en la escuela (tal vez no para mi exigente madre india, que continúa preguntándome hasta el día de hoy: «¿Por qué no intentas ingresar en la Facultad de Medicina?»), pero mis pensamientos siempre estuvieron en el campo de béisbol. Con cierta habilidad natural y mucho trabajo arduo, obtuve una beca para pícher en la Universidad de Stanford. Nunca olvidaré la expresión en el rostro de mi madre cuando le conté la noticia. Su sorpresa al ver que su hijo (al que nunca le había ido bien, quien siempre jugaba y nunca estudiaba) había sido aceptado en Stanford no tuvo precio.

Volé a California con los sueños de una carrera llena de gloria en el béisbol profesional, pero cuando una lesión en el hombro durante mi tercer año descarriló esas aspiraciones, me vi obligado a encontrar mi lugar en el aula y planificar un futuro alternativo. El problema era que no tenía idea de qué futuro quería construir.

Para tratar de resolver ese rompecabezas, hice lo que pensé que haría cualquier joven ambicioso: fui con las personas más ricas que conocía y les pregunté sobre su trabajo y cómo podía empezar a trabajar en eso. Recuerdo muy bien una conversación formativa con un amigo de la familia que había hecho una fortuna en el mundo de las inversiones. Sugirió que me uniera a una empresa de inversiones apenas saliera de la escuela. Su argumento era simple: «Ganarás cien mil dólares al año de inmediato, quinientos mil al año poco después de eso, y para cuando tengas treinta, estarás ganando tanto dinero que no sabrás qué hacer con él». Eso sonaba endemoniadamente bien para mí, sobre la base de una suposición simple y fundamental: el dinero conducirá directamente al éxito y la felicidad.

Para ser claro, no estoy seguro de cuándo adopté formalmente ese entendimiento como propio. Mi padre daba clases en la academia y mi madre era propietaria de una pequeña empresa; siempre tuvimos suficiente, pero ciertamente no éramos ricos, particularmente en la escala de «ganar tanto dinero que no sabrás qué hacer con él». Cuando era niño, tenía un amigo muy rico, con una casa increíble y los juguetes más novedosos, y que recibía constantemente los últimos y mejores equipamientos deportivos. Su vida me daba envidia. Nunca cuestioné si todas esas cosas realmente lo hacían feliz, si cambiaría la cena preparada por un chef, que él comía *solo*, por una comida para llevar, pero en una mesa *rodeado de amor*. Procedí a asistir a la universidad con estudiantes de alto rendimiento que frecuentemente medían su estatus por quién recibía la oferta más alta de Goldman Sachs o McKinsey. Así que es seguro decir que mi suposición fundamental sobre la naturaleza del éxito y la felicidad estaba firmemente arraigada cuando estuve listo para ingresar en el mundo real.

A menudo se cita a Mark Twain diciendo: «No es lo que no sabes lo que te mete en problemas, es lo que sabes con certeza pero que no es así». Bueno, cuando seguí el consejo del amigo de mi familia y acepté un trabajo en California donde ganaría hasta seis cifras en mi primer año, *sabía con certeza* que ese era el comienzo de mi camino hacia la buena vida; que si le dedicaba mi tiempo, eventualmente alcanzaría ese futuro sin estrés lleno de dinero y felicidad.

Lo que sabía con certeza *simplemente no era así*; simplemente, no me había dado cuenta aún.

Para cuando cumplí treinta años había logrado todos los indicadores de lo que creía que era el éxito. Tenía el trabajo bien pagado, el título, la casa, el automóvil... Todo estaba allí. Pero debajo de la superficie, me sentía desgraciado. Comencé a pensar que algo andaba mal conmigo. Había pasado años agachando la cabeza, aceptando las largas horas, creyendo que la idílica tierra del éxito estaba a mi alcance. A cada paso del camino, me decía a mí mismo que estaba a tan sólo un bono, un ascenso o una costosa botella de vino de llegar a esa tierra.

Entonces, un día, me di cuenta de que lo había logrado todo, y todo lo que podía pensar era: *¿eso es todo?*

La *falacia de la llegada* es la falsa suposición de que alcanzar algún logro u objetivo creará sentimientos duraderos de satisfacción y alegría en nuestra vida. Asumimos de manera incorrecta que finalmente experimentaremos la sensación de haber *llegado* cuando alcancemos aquello que hayamos establecido como nuestro destino. Tenía treinta años y ganaba millones de dólares. Había «*llegado*». Pero los sentimientos de felicidad y satisfacción que esperaba no aparecían por ningún lado. En cambio, sentí ese pavor habitual de necesitar hacer más, de nunca tener suficiente.

Estoy dispuesto a apostar que no soy la única persona que ha tenido esta experiencia. ¿Cuántas veces lo que soñaba tu yo más joven se ha convertido en aquello de lo que te quejas tras haberlo conseguido? La casa que anhelabas se convierte en la casa que, dices, es demasiado pequeña, la casa que necesita reparaciones. El auto por el cual te obsesionabas se convierte en el auto que no puedes esperar a cambiar, el auto que está constantemente en el taller. El anillo de compromiso que hacía brillar tus ojos se convierte en el anillo que necesitas actualizar debido a sus imperfecciones.

Peor aún, la incesante búsqueda de más me había cegado ante la gran belleza de lo que tenía frente a mí. En una fábula registrada en las primeras obras de Platón, un filósofo llamado Tales de Mileto camina y mira las estrellas de manera obsesiva, y cae en un pozo que no ha visto a sus pies. Una reinterpretación poética de Jean de La Fontaine concluye:

Cuántas personas, en el campo y en la ciudad,
descuidan su asunto principal;
Y así, a falta de la debida reparación,
se derrumba una casa de verdad,
¿para construir un castillo en el aire?[1]

Yo estaba persiguiendo ese *castillo en el aire*, ciego a la realidad de que estaba permitiendo que mi *casa verdadera* se derrumbara: mi salud se había deteriorado por falta de sueño y actividad; mis relaciones sufrían debido a mi energía de no estar presente; y, como habían dejado en claro las penetrantes matemáticas de mi amigo, mi tiempo con las personas que más amaba era por desgracia finito y se desvanecía rápidamente.

Mi búsqueda limitada al dinero me estaba robando lenta y metódicamente una vida plena.

Sentado allí esa cálida noche de mayo, bebiendo varias copas más después de que mi amigo se fuera, supe con certeza que algo tenía que cambiar. Yo había priorizado *una cosa* a expensas de *todo*.

Visto desde fuera, estaba ganando, pero si así era como se sentía ganar, comencé a preguntarme si estaba jugando al *juego equivocado*.

EL PROBLEMA DEL MARCADOR

Los mayores descubrimientos en la vida no vienen de encontrar las respuestas correctas, sino de hacer las preguntas correctas.

Si yo había estado jugando al juego equivocado, ¿cuál era el correcto?

Mi travesía de descubrimiento empezó con esta pregunta. Tenía que definir el *juego correcto*, aquel que en verdad me llevaría a la vida que deseaba. Leí todo lo que pude encontrar (cientos de libros y decenas de miles de páginas) que pudiera ayudarme a darle sentido al laberinto en el que me encontraba: clásicos antiguos de autoayuda y éxitos modernos de autoayuda; biografías de grandes hombres y mujeres a lo largo de la historia; textos religiosos, epopeyas de una gran variedad de culturas y cuentos legendarios sobre el viaje del héroe.

Pero descubrí que leer sólo puede llevarte hasta cierto punto: para comprender algo profundamente humano, necesitas sumergirte en la experiencia humana.

Tuve conversaciones con personas de todos los ámbitos de la vida. Las busqué. Volé hacia ellas. Me senté con ellas. Las escuché. Desde recién graduadas universitarias hasta directoras ejecutivas de empresas Fortune 100. Desde padres que se quedan en casa hasta aquellos que tienen múltiples trabajos para llegar a fin de mes. Desde atletas profesionales que viven de una maleta hasta vagabundos del esquí y nómadas digitales. Desde asesores de vida y guías espirituales hasta trabajadores de fábricas y mecánicos de automóviles. Me volví un estudiante de la experiencia humana.

Pasé horas con un hombre que se estaba recuperando de la reciente pérdida de su esposa, quien lo había dejado solo con su pequeña hija, mientras navegaba por las olas de dolor. Él compartió su profundo entendimiento de las mayores profundidades del amor, accesibles para todos nosotros. Crecí cerca de un joven de veintiocho años a quien, a punto de comenzar el trabajo de sus sueños, se le diagnosticó un tumor cerebral inoperable que descarriló sus planes y lo obligó a recalibrar sus expectativas a un punto de referencia completamente nuevo. Hablé con una madre primeriza que navegaba por el difícil equilibrio entre su carrera y sus ambiciones maternales; su título de directora ejecutiva y sus responsabilidades pesaban mucho frente a su deseo de ser una figura muy presente en la vida de su hijo. Entrevisté a un hombre recién liberado tras una sentencia de veinticinco años de prisión y quedé absorto por sus palabras sobre la naturaleza dinámica y fluctuante del tiempo, y sobre cómo su búsqueda de un propósito espiritual de orden superior le había dado la habilidad para resistir. Conocí a un barbero de cuarenta y seis años que sonrió cuando me dijo: «Puedo pagar mis facturas y llevo a mis hijas de vacaciones dos veces al año. Si me lo preguntas, soy un hombre rico». Compartí una comida con una mujer de noventa años que recientemente había decidido dedicarse a la pintura y que sonrió ampliamente cuando me dijo que la creatividad y la comunidad la llenaban de vida. Hablé con innumerables jóvenes que estaban decidiendo cómo navegar sus primeros años de carrera, luchando con la tensión entre las expectativas familiares y sociales y su camino personal de significado. Me senté con un padre que había perdido trágicamente a sus gemelos, pero que, en medio de la inconmensurable tristeza, había encontrado curación e incluso alegría en los paseos diarios por la naturaleza.

En cada conversación, hice un hermoso ejercicio de visualización que me había recomendado un mentor. Cierra los ojos e imagina tu día ideal a los ochenta años (¡o a los cien, en el caso de quien tiene noventa!). Imagínalo vívidamente. ¿Qué estás haciendo? ¿Con quién estás? ¿Dónde estás? ¿Cómo te sientes? El ejercicio te obliga a comenzar con el futuro ideal en mente: establece una definición personal de una vida exitosa que puede usarse para aplicar ingeniería inversa a las acciones del presente que te lleven a lograr ese fin deseado.

A través de este ejercicio, y a través de los cientos de libros y miles de horas de conversaciones llenas de sonrisas, lágrimas, risas y silencio, llegué a una poderosa comprensión:

Todos queremos lo mismo, y tiene muy poco que ver con el dinero.

Desde la joven emprendedora hasta el viejo jubilado, desde la nueva madre hasta el nido vacío, desde el abogado rico hasta el maestro de clase media, el futuro ideal parece notablemente alineado: tiempo, personas, propósito, salud.

Sin falta, cada persona que guie a través de este ejercicio tenía alguna combinación de estos pilares en el centro de su día futuro ideal. Pasar tiempo rodeados de seres queridos, involucrados en actividades que crean propósito y crecimiento, saludables en mente, cuerpo y espíritu.

El dinero facilitaba estos fines, pero no era un fin en sí mismo.

Así, me di cuenta: no estaba jugando al juego equivocado, yo estaba jugando el *juego de manera equivocada*.

EL MARCADOR ERA EL PROBLEMA

Nuestro marcador está roto. Nos fuerza a medir de manera estrecha la riqueza, el éxito, la felicidad y la satisfacción, definidos por completo por el dinero. Y sí, importa lo que midas. En una famosa expresión, a menudo atribuida a Peter Drucker, el gurú de la administración nacido en Austria: «Lo que se mide se puede gestionar». Esta afirmación implica que las métricas que se miden son aquellas que priorizamos. En otras palabras, el marcador es importante porque dicta nuestras acciones: cómo jugamos el juego.

Tu marcador roto puede decir que estás ganando la batalla, pero los problemas están al acecho:

- Tu tiempo se te va de las manos.
- Tus relaciones muestran grietas.
- Tu propósito y crecimiento se desvanecen.
- Tu vitalidad física se atrofia.

Roto el marcador, rotas las acciones. Si medimos sólo el dinero, todas nuestras acciones girarán en torno a él. Jugaremos el juego de manera equivocada.

Si arreglamos el marcador para que mida nuestra riqueza de manera más integral, nuestras acciones vendrán. Jugaremos de manera correcta. Marcador correcto, acciones correctas.

Con esta idea en mente, comencé un viaje para construir una nueva herramienta con la que pudiéramos medir nuestra vida, una herramienta basada en los pilares atemporales que habían aparecido una y otra vez en mis lecturas, conversaciones y experiencias: tiempo, personas, propósito, salud. No era suficiente saber que estos pilares eran importantes; necesitaba una forma de medirlos, una forma de rastrear mi progreso y evaluar el impacto de mis acciones diarias en pos de su construcción.

Este libro es la manifestación de esa travesía.

Quienquiera que seas o donde sea que estés en la vida, este libro es para ti.

El recién graduado que lucha con la forma de priorizar su carrera en el contexto de todo lo demás en la vida. La nueva madre que lucha por equilibrar las ambiciones profesionales con el deseo de estar presente en los primeros años de sus hijos. El jubilado que contempla cómo pasar el último tercio de su vida. La ejecutiva experimentada que comienza a preguntarse si los sacrificios valen la pena. El inmigrante que lidia con las oportunidades profesionales de un nuevo país y su distancia de la familia. El joven padre que navega sus mejores años de carrera a medida que sus hijos crecen. La estrella corporativa en ascenso que siente la tensión entre las largas horas requeridas y el deseo de conocer a una pareja de vida. La pareja de mediana edad con el nido vacío que se pregunta cómo construir una nueva fase de vida en conjunto.

Mientras que la lente a través de la cual veas las historias, las preguntas y los marcos de este libro serán únicos, las herramientas son universales.

Los 5 tipos de riqueza ofrece una nueva forma de medir las cosas correctas, tomar mejores decisiones y diseñar tu viaje hacia la riqueza, el éxito, la felicidad y la realización. De manera importante, también proporciona una guía de los principios, ideas, sistemas y marcos de alto afianzamiento que te permitirán progresar hacia estos objetivos.

Será una travesía, pero una que puedes empezar ahora y que puede cambiar tu mundo mucho más rápido de lo que jamás pensaste que fuera posible.

En una semana puedes poner en marcha tus acciones. En un mes puedes ver y sentir el impacto. En un año todo será diferente.

Tu vida entera puede cambiar en un año. No diez, no cinco, no tres. Uno. Un año de hacer las preguntas correctas. Un año de medir y priorizar las cosas correctas. Un año de esfuerzo diario enfocado en las acciones correctas.

Créeme, lo he vivido.

En mayo de 2021 me sentía desgraciado de manera silenciosa. Mi marcador estaba roto y mis prioridades me llevaban lentamente hacia el punto de no retorno.

En una semana había puesto en marcha mis acciones. Mi esposa y yo tuvimos conversaciones profundas y dolorosas sobre cómo queríamos medir nuestras vidas, y nos alineamos con las prioridades y los valores que nos guiarían en el futuro.

En un mes pude ver y sentir el impacto. Había tomado la difícil pero importante decisión de embarcarme en una nueva travesía profesional construida en torno a mi propósito superior de crear un impacto positivo. Volví a priorizar mi salud, enfocándome en los conceptos básicos aburridos del movimiento, la nutrición y el sueño. Lo más importante es que mi esposa y yo vendimos nuestra casa en California y comenzamos nuestra mudanza a la Costa Este para estar más cerca de nuestros padres, una decisión que convirtió la dura realidad del «vas a ver a tus padres quince veces más antes de que mueran» a un recuerdo de una vida anterior.

En un año, todo fue diferente; mi vida entera había cambiado. Mis nuevos y energizantes emprendimientos estaban prosperando, y tenía la libertad de dar múltiples caminatas diarias, encontrar tiempo para una rutina de salud sólida y concentrarme en los proyectos y las personas que me traían alegría. Y aunque habíamos luchado por concebir en California, poco después de llegar a nuestro nuevo hogar en Nueva York, fuimos bendecidos con la noticia de que mi esposa estaba embarazada. Ella dio a luz a nuestro hijo, Roman, el 16 de mayo de 2022. Cuando regresamos del hospital y nos acercamos a nuestra calle, vi a los abuelos de Roman alentándonos en el camino de acceso a la casa. Toda nuestra familia estaba allí para darle la bienvenida, para *darnos* la bienvenida a casa.

Ese mes, durante una cálida tarde de viernes, estaba paseando a Roman cuando un anciano se me acercó en la acera. Me dijo: «Recuerdo estar aquí parado con mi hija recién nacida. Bueno, ella tiene cuarenta y cinco ahora. Se pasa rápido. Disfrútalo». Me pegó duro. A la mañana siguiente, me desperté y llevé a mi hijo a la cama. Mi esposa todavía dormía pacíficamente. Era temprano, y los primeros destellos del sol primaveral empezaban a colarse por la ventana de nuestra habitación. Bajé la mirada hacia mi hijo, cuyos ojos permanecían cerrados y tenía una sonrisa perfectamente serena en sus labios. En ese momento, tuve una sensación profunda: yo había llegado, pero, por primera vez en mi vida, no había nada más que deseara.

Eso era *suficiente*.

Nunca dejes que la búsqueda de *más* te distraiga de la belleza de lo *suficiente*.

Mi nombre, Sahil, significa «el final de la travesía». Para mí, este libro marca el final de mi primera travesía, todo hecho posible porque rechacé el marcador roto y centré mi vida en uno nuevo. En las páginas que siguen, te mostraré cómo hacer lo mismo.

Es el viaje de tu vida. Espero que lo disfrutes.

Diseña la vida de tus sueños

1.

Mil años de sabiduría

¿Qué consejo le darías a tu yo más joven?

Al final de 2022 le hice esta pregunta a una docena de octogenarios y nonagenarios como parte de mi ritual anual de cumpleaños. Cada año realizo un nuevo y (con suerte) interesante ejercicio que me empuja a pensar y crecer. En años anteriores había escrito cartas de gratitud a toda mi familia y amigos, participado en una caminata en silencio de doce horas e intentado mi versión del reto *misogi* (un ritual japonés que implica hacer algo tan desafiante en un día que tienes beneficios duraderos para el resto del año).

Pero el 2022 lo sentía diferente.

El nacimiento de mi hijo, en mayo, había alterado mi relación con la realidad más fundamental: el tiempo. Observar el paso del tiempo —tanto en estos retos diarios como en la yuxtaposición de la novedad de su vida con la repentina y aparente madurez de la vida de mis padres— me había dejado en una lucha con su naturaleza misma.

Decidí explorar la sabiduría que el tiempo tiene para ofrecer, hablando con aquellos que habían experimentado más de él. Mi yo más joven e ingenuo había buscado consejo de las personas más ricas que conocía al trazar el camino de su vida. Mi yo mayor y (un poco) más iluminado buscaba el consejo de las personas más sabias que conocía para hacer lo mismo. Me pregunté cómo reflexionarían las personas mayores acerca de lo que habían aprendido. ¿De qué se arrepentían? ¿Dónde se habían desviado? ¿Qué les había traído alegría y satisfacción duraderas? ¿Qué rodeos habían demostrado ser mejores que la ruta original? ¿Qué sabían con certeza que simplemente no resultó así?

¿Qué sabían a los noventa que desearían haber sabido a los treinta?

Tuve estas conversaciones con un grupo diverso y fascinante. Una videollamada con mi abuela de noventa y cuatro años en la India, que nació como princesa de un pequeño reino antes de que su familia fuera expulsada por los colonos británicos, me dio esta hermosa idea: «Nunca temas a la tristeza, ya que tiende a sentarse justo al lado del amor». Un correo electrónico de un amigo de la familia de noventa y ocho años, que había pasado su carrera como escritor de Hollywood, arrojó mi frase favorita: «Nunca levantes la voz, excepto en un juego de pelota». Su esposa de ochenta y ocho años, una exestrella de telenovelas a quien conoció en el set y de quien se enamoró desesperadamente, agregó: «Encuentra amigos queridos y celébralos, porque la riqueza de ser humano radica en sentirse amado y correspondido». En un mensaje de texto, el padre de ochenta años de un amigo cercano expresó su pesar acerca del deterioro de su cuerpo a lo largo de los años: «Trata tu cuerpo como una casa en la que tienes que vivir otros setenta años». Y agregó: «Si algo tiene un problema menor, repáralo». Los problemas menores se convierten en problemas importantes con el tiempo. Esto aplica de la misma forma en el amor, las amistades, la salud y el hogar». Un señor de noventa y dos años que había perdido recientemente a quien fue su esposa durante 70 años dijo algo que llenó de lágrimas nuestros ojos. Era una oda poética a la práctica nocturna de ambos: «Todas las noches, antes de quedarte dormido, dile a tu pareja que la amas; un día encontrarás vacío el otro lado de la cama y desearás podérselo decir». Mi última conversación fue con la tía abuela de noventa y cuatro años de una de mis amistades más queridas, y ella me dio esta hermosa idea final: «En caso de duda, ama. El mundo siempre necesita más amor».

Las respuestas variaron desde juguetonas e ingeniosas («Baila en las bodas hasta que te duelan los pies») hasta profundamente conmovedoras («Nunca dejes que una buena amistad se atrofie»). Algunas eran tropos comunes repetidos a lo largo de los años («Recuerda siempre que tu historial de superar los días malos es perfecto»). Otras eran originales y provocaban la reflexión («El arrepentimiento por no hacer nada es más doloroso que el arrepentimiento por hacer algo»). La sabiduría que reuní fue el producto de 1.042 años de experiencia vivida.

No dirigí el diálogo de ninguna manera; simplemente postulé la pregunta y dejé que cada quién la entendiera como quisiera. Se enfocaron de manera separada en una variedad de cuestiones: construir relaciones duraderas, divertirse, invertir en el futuro bienestar mental y físico, criar hijos bien adaptados y más. Ciertamente, hubo un inmenso valor en lo que escuché, pero quizás incluso hubo más en lo que no escuché. Dentro de todos los consejos, revelaciones y sabiduría compartidos, hubo una omisión notable. Nadie mencionó el dinero.

SIEMPRE HABRÁ UN BARCO MÁS GRANDE

Antes de continuar, quiero insistir en un punto importante. Este libro no argumentará que el dinero no importa, que deberías renunciar a tus posesiones mundanas, ir a vivir como monje en el Himalaya y pasar dieciséis horas al día meditando en silencio. Si deseas hacer eso, genial, ¡pero no me uniré a ti!

El dinero no es *cualquier cosa*, simplemente no puede ser la *única cosa*.

Tres ideas centrales resumen el cuerpo de investigación sobre el tema del dinero y la felicidad:

1. El dinero mejora la felicidad general en niveles más bajos de ingresos al reducir las cargas fundamentales y el estrés. En estos niveles, el dinero *puede* comprar felicidad.
2. Si tienes un ingreso superior a estos niveles y estás *infeliz*, es poco probable que más dinero cambie eso.
3. Si tienes un ingreso por encima de esta línea base y estás *feliz*, es poco probable que más dinero impulse mayor felicidad.

La segunda y tercera ideas apuntan a una misma conclusión importante: una vez que has alcanzado un nivel básico de bienestar financiero, es poco probable que más dinero afecte de manera significativa tu felicidad general. En otras palabras, el marcador predeterminando, centrado en el dinero, puede ser un activo útil en los primeros días de tu travesía, pero es un pasivo cuando te apegas a él en los últimos días. Arthur Brooks, un autor de *bestsellers*, profesor de la Escuela de Negocios de Harvard y una autoridad líder en la ciencia de la felicidad, está de acuerdo. «Cuando se trata del dinero y la felicidad, hay una falla en nuestro código psicológico».[1] Brooks argumenta que esta falla está impulsada por nuestra extrapolación defectuosa de las ganancias de felicidad en las etapas tempranas de nuestra vida, a partir de los aumentos en los ingresos; dice que experimentamos parte del impacto positivo del dinero en nuestro bienestar como niños y adultos jóvenes y luego pasamos el resto de nuestra vida «anticipando buenos sentimientos cuando suena la campana del dinero».

La falla nos mantiene en una cinta de correr metafórica, siempre trotando sin llegar a ningún lado, persiguiendo la felicidad del principio de nuestra vida que el dinero alguna vez nos dio.

En un artículo de 2018 publicado por un profesor de la Escuela de Negocios de Harvard, Michael Norton, los investigadores preguntaron a un grupo de millonarios *1)* qué tan felices eran en una escala del 1 al 10, y *2)* cuánto dinero más necesitarían para llegar a un 10 en la escala de felicidad. Al comentar sobre los resultados, Norton señaló: «Básicamente, todo el mundo dice que necesitaría dos o tres veces más».[2]

Decidí poner a prueba esta noción pidiendo a un grupo de conocidos con éxito financiero que respondieran esas mismas dos preguntas. Las respuestas fueron sorpresivamente consistentes. Un fundador de aplicaciones tecnológicas con un valor de treinta millones de dólares dijo que necesitaría dos o tres veces más para ser perfectamente feliz. Un emprendedor de *software* con valor de cien millones dijo que necesitaría cinco veces más. Una inversionista de riesgo con una fortuna valorada en tres millones dijo que necesitaría tres veces más. Con la excepción de un inversionista ilustrado, con un capital valorado en veinticinco millones, que respondió «honestamente, estoy feliz donde estoy» (aunque agregó: «pero si tuviera el doble, probablemente podría volar muchas más veces en avión privado, lo cual sería bueno»), todo el mundo a lo largo y ancho del espectro del patrimonio neto dijo que de dos a cinco veces más dinero era lo que necesitaba para llegar a la tierra de la felicidad perfecta.

Nunca olvidaré la conversación que tuve con un amigo que acababa de vender su empresa de fabricación y obtenido cien millones de dólares. Le pregunté si era más feliz ahora de lo que había sido, dado que era más rico de lo que la mayoría de la gente podía imaginar, esperando que dijera «¡Claro que sí!». Su respuesta me sorprendió. Me dijo que después de cerrar el trato, para celebrarlo había llevado a un grupo de amigos y familiares en un viaje de una semana en un yate alquilado. Estaba emocionado por el momento en que todos abordarían la hermosa embarcación que él había pagado con los dividendos de la venta que tanto trabajo le había costado. Pero cuando todos llegaron, sucedió algo extraño. Uno de sus amigos miró hacia el siguiente amarradero, donde un yate más lujoso y grande estaba atracado, y comentó: «¡Guau! ¡Me pregunto quién está en ese!». La felicidad y satisfacción que mi amigo sintió en ese momento se deshizo rápidamente debido a la comparación.

Siempre habrá un barco más grande.

De la notable omisión del dinero por parte de los mayores sabios, la investigación científica acerca del dinero y la felicidad, y las anécdotas de las personas exitosas en lo financiero, podemos obtener la lección más importante, aquella que se encuentra en el corazón de este libro: el dinero puede *facilitar* tu vida, pero, al final, esta será *definida* por todo lo demás.

2.

Los 5 tipos de riqueza

Si no cambias de dirección, puedes terminar donde vas.

—Lao Tzu

En el tercer siglo a. C., el rey Pirro de Epiro ascendió al poder como el apenas conocido líder de un territorio en expansión de Grecia. Primo segundo de Alejandro Magno, desarrolló una gran reputación como líder militar. Para el 280 a. C., había librado guerras exitosas en toda la península y consolidado su poder en gran parte de la región.

Pero su fortuna bélica cambiaría pronto.

En el 280 a. C., el rey Pirro recibió una solicitud de apoyo de la ciudad-estado de Tarento, en el sur de Italia, que estaba en guerra con la República romana. Mientras que Tarento no era un aliado explícito, el rey Pirro reconoció la amenaza que una República romana en expansión representaría para su poder. Aprovechando la idea de que «el enemigo de mi enemigo es mi amigo», navegó hacia el sur de Italia con su enorme y bien preparado ejército, listo para hacer retroceder a los invasores romanos.

La batalla, que se libró en una llanura cercana a la ciudad de Heraclea, fue en sus inicios bastante desigual; las fuerzas del rey Pirro abrumaron al variopinto ejército romano, cuyos generales claramente esperaban pasar por encima de su pequeño enemigo Tarento.

Sin embargo, los romanos se replegaron y contraatacaron con gran efectividad, lo que tiñó de rojo el llano durante días, por los sangrientos combates cuerpo a cuerpo. Al final de la batalla, el rey

Pirro pudo cantar victoria, pero a un coste muy alto: perdió a muchos de sus mejores soldados, incluido su general principal.

A pesar de las pérdidas, el rey Pirro presintió la oportunidad de extender la influencia de su reino hacia el sur de Italia y decidió seguir adelante, enfrentándose al enemigo romano por segunda vez, cerca de la ciudad de Ásculo.

De nuevo, el rey Pirro pudo cantar victoria, pero sólo después de días de doloroso combate que dejaron a su ejército diezmado física y mentalmente. Al final de la batalla, se dice que Pirro exclamó: «¡Otra victoria así y estamos perdidos!». Forzado en la práctica por el coste de estas batallas «victoriosas», el rey Pirro de Epiro se retiró de Italia y regresó a casa, donde libraría algunas campañas intrascendentes para luego morir casi olvidado, cinco años más tarde.

Pero no todo fue malo para el rey Pirro, cuyo deseo de dejar un legado lo llevó a esas desventuradas batallas contra los romanos. Su nombre perdura, aunque quizá no de la manera que él quería.

El término *victoria pírrica* designa aquel triunfo ganado a un coste tan elevado para el vencedor que se siente como una derrota. La victoria daña al vencedor de manera irreparable. Gana la batalla, pero pierde la guerra.

Esto no es una lección de historia al azar. Esto es importante. Una victoria pírrica es lo que necesitas evitar en tu propia vida. Y, desafortunadamente, una victoria pírrica podría ser el lugar al que te diriges si no cambias de dirección.

Estás caminando por este sinuoso sendero debido a un simple error. Estás midiendo la cosa equivocada: el dinero.

Cuando una medida de desempeño se convierte en un objetivo explícito y declarado, los humanos lo priorizarán, sin importar las involuntarias consecuencias asociadas. Cerrarás los ojos a todo lo demás, concentrándote en esa medida única; no importarán los costos en otras áreas. Cada nuevo ascenso, aumento salarial y bonificación se sentirán como una victoria, al tiempo que ignorarás las dolorosas pérdidas de una guerra que se te escapa lentamente de las manos. El dinero se ha convertido no sólo en la medida, sino en el objetivo explícito y declarado.

La guerra que libras tiene que ver con la felicidad, la realización, las relaciones amorosas, el propósito y la salud. Si todas las batallas que estás librando son exclusivamente referentes al dinero, *puede* que ganes esas batallas, pero *perderás* la guerra.

Las señales de advertencia en el camino no involucran pérdida de vidas y extremidades, como ocurrió con el rey Pirro, pero tampoco son bonitas:

- Alcanzas otro objetivo de ganancias trimestrales, pero te pierdes otra cena de aniversario.
- Ganas un bono récord, pero no llegas a ninguno de los partidos de tu hijo.
- Dices que sí a cada llamada de trabajo, pero no encuentras tiempo para reconectar con un viejo amigo.
- Permaneces en un trabajo por seguridad, pero permites que tu propósito de orden superior se desvanezca y muera.
- Organizas cinco cenas para clientes por semana, pero no puedes subir las escaleras sin que te falte el aliento.
- Nunca pierdes dinero en una negociación, pero no lo piensas dos veces antes de perder tu paz mental.

Si avanzas con decisión, con los ojos fijos en el horizonte financiero, la victoria pírrica te espera.

TU NUEVO MARCADOR

Tu nuevo marcador son *los 5 tipos de riqueza*:

1. LA RIQUEZA DE TIEMPO
2. LA RIQUEZA SOCIAL

3. LA RIQUEZA MENTAL
4. LA RIQUEZA FÍSICA
5. LA RIQUEZA FINANCIERA

Mientras que el antiguo marcador predeterminado se basaba por completo en la riqueza financiera, el nuevo marcador se basa en los diversos pilares que definen una existencia verdaderamente rica. Con los 5 tipos de riqueza ya no estarás esperando llegar, porque la felicidad y la satisfacción (que antes eran un destino esperado) están integradas en la travesía misma. No tienes que esperar para arribar. Puedes sentir como que has arribado todos los días.

Este nuevo marcador supera drásticamente al anterior en tres rubros principales:

1. **Medición**: Incorpora todos los pilares de una existencia feliz y satisfactoria en tu medición de un momento específico, lo que prepara el escenario para las acciones adecuadas. Mide el elemento correcto y realizarás las acciones correctas. Mídelo en anticipación a la guerra y nunca lo perderás de vista en medio del caos de las batallas.
2. **Decisión**: Proporciona una perspectiva dinámica a través de la cual evaluar decisiones de vida menores y mayores. En lugar de centrarte estrictamente en la riqueza financiera, puedes evaluar una decisión en función de su impacto en los cinco tipos de riqueza. Una decisión que desanima en el antiguo marcador, una que puede tener un impacto negativo en la riqueza financiera, puede resultar emocionante dentro del nuevo marcador, porque esta tendrá un impacto positivo en otros tipos de riqueza distintos.
3. **Diseño**: Proporciona un modelo para el diseño proactivo de la vida, uno que considera tus distintas prioridades a lo largo de los años, y que te permite concentrarte en batallas indivi-

duales y específicas sin que sacrifiques tu victoria dentro de la guerra a largo plazo. Crea claridad a medida que evalúes los intercambios que estás en disposición de hacer (o no hacer) para priorizar áreas específicas.

Cada uno de los cinco tipos de riqueza es individualmente importante, pero son las relaciones entre ellos, la interacción y la priorización, lo que resulta fundamental para construir una existencia completamente satisfactoria.

La riqueza de tiempo es la libertad de elegir cómo gastar tu tiempo, con quién gastarlo, dónde gastarlo y cuándo cambiarlo por algo distinto. Se caracteriza por una apreciación y una comprensión profunda de la valiosa esencia del tiempo como un activo, es decir, su valor e importancia. Es la habilidad de dirigir la atención y el enfoque profundos hacia las actividades de mayor afianzamiento. Es el control sobre tu tiempo, la capacidad de establecer tus propias prioridades y establecer los términos en los que dices sí o no a las oportunidades. Si tienes una vida sin riqueza de tiempo, estás atrapado en un ciclo perpetuo de ajetreo y corres cada vez más rápido, sin progresar y con poco control sobre cómo gastas tu tiempo y con quién lo gastas.

La riqueza social es la conexión con otras personas en tu mundo profesional y personal, es decir, la profundidad y amplitud de tu relación con quienes te rodean. Es la red en la que puedes confiar para el amor y la amistad, pero también para obtener ayuda en momentos de necesidad. Te proporciona la textura que permite apreciar los otros tipos de riqueza. ¿De qué sirve la libertad de controlar tu tiempo si no tienes a nadie especial con quien pasarlo? ¿Qué alegrías puede brindar la vitalidad física si no puedes disfrutar de actividades deportivas con las personas que amas? ¿Qué satisfacción puede proporcionar el dinero si no hay nadie a quien consentir? La riqueza social se define por unas pocas relaciones profundas, significativas y saludables, así como por una amplitud de lazos menores pero satisfactorios en toda tu comunidad o cultura. Si tienes una vida desprovista de riqueza social, te enfocas en el estatus social adquirido y careces de relaciones importantes y consecuentes que te brinden satisfacción y alegría duraderas.

La riqueza mental es la conexión con un propósito y significado de orden superior que te proporciona motivación y guía en tu toma de decisiones, tanto a corto como a largo plazo. Está basada en una búsqueda de crecimiento que acepta el potencial dinámico de tu inteligencia, habilidad, carácter y un compromiso con el aprendizaje y desarrollo de por vida. Es la salud de la relación con la mente, la habilidad de luchar con las grandes preguntas de la vida que no tienen respuesta, así como el mantenimiento de los rituales que respaldan la quietud, el balance, la claridad y la reconstrucción. Si tienes una vida sin riqueza mental, vives una vida de estancamiento, creencias limitantes, sin avance, con actividades de bajo propósito y estrés perpetuo.

La riqueza física es tu salud, estado físico y vitalidad. Como está basada en el mundo natural, es el tipo más entrópico de riqueza, lo que significa que es más susceptible a la descomposición natural, los factores fuera de tu control, y la simple suerte (ya sea positiva o negativa) que los otros tipos. La riqueza física se define por un enfoque en las acciones controlables alrededor del movimiento, la nutrición, y la recuperación y la creación de hábitos consistentes para promover el vigor. Si tienes una vida sin riqueza física, te falta la disciplina para mantener estos hábitos y estás a merced del deterioro físico natural que te roba el disfrute, especialmente durante la segunda mitad de la vida.

La riqueza financiera usualmente se define como los activos financieros menos los pasivos financieros, una cifra que a menudo es llamada patrimonio neto. En tu nuevo marcador, hay un matiz adicional: las responsabilidades incluyen tus expectativas de lo que necesitas, es decir, tu definición de suficiente. Si tus expectativas aumentan más rápido que tus activos, nunca encontrarás una vida de verdadera riqueza económica, porque siempre necesitarás más. La riqueza financiera se construye aumentando los ingresos, administrando los gastos e invirtiendo la diferencia en activos a largo plazo que se acumulan de manera significativa a lo largo del tiempo. Si tienes una vida que carece de riqueza financiera, existes sobre una cinta de correr de entradas y salidas empatadas, una búsqueda de más que nunca acaba.

Con estos cinco tipos de riqueza, tienes un nuevo marcador, uno que te permitirá ganar la batalla y la guerra.

LAS ETAPAS DE LA VIDA

> A medida que comienzas a caminar por el camino, aparece el camino.
>
> —Rumi

Los 5 tipos de riqueza está diseñado para ayudarte a prosperar dentro y a través de las etapas de tu vida. Pero prosperar no significa que tengas que lograr un estado utópico de felicidad y equilibrio perfecto. Prosperar depende de la información y la acción, de comprender la función de cada clase de riqueza, considerando las palancas que la afectan y actuando sobre las palancas adecuadas de acuerdo con tus valores y objetivos a largo plazo.

Prosperar no es un estado final, es un viaje continuo.

Tu vida no sigue una línea recta, única y constante a lo largo del tiempo. Va y viene y tiene *etapas*, cada una caracterizada por distintos deseos, necesidades, prioridades y desafíos. Cada etapa debe ser aceptada para lo bueno y para lo malo. Cuando abrazamos la etapa actual, con todas sus imperfecciones y oportunidades, y cuando pensamos en el equilibro dentro de horizontes multiestacionales, encontramos una forma de prosperar.

El enfoque ideal para la etapa de construcción de cimientos de cuando tienes veinte años puede no ser adecuada para la etapa de capitalización de los treinta, la etapa de construcción familiar de los cuarenta, la etapa de búsqueda de propósitos de tus cincuenta o la etapa de jubilación de tus sesenta y más. Del mismo modo, el enfoque ideal para las etapas posteriores puede no funcionar para las etapas tempranas. No hay una guía predeterminada para esta travesía. Las etapas de cada persona son únicas. La definición de *balance* de cada quien es única. No hay plazos fijos para que cambies, falles, aprendas, crezcas y te adaptes. No hay requisitos. No hay correcto o incorrecto.

Puede que tengas una etapa de crecimiento profesional, una de divorcio, una de reajuste después de una tragedia familiar, una de salud interior o una con un nuevo amor. Estos cinco tipos de riqueza te orientarán a lo largo de cada etapa y dentro de ella, a través de los momentos mejores y los peores y más desafiantes. Se trata de una idea duradera que provee de valor tanto en el nivel de acercamiento micro como en el alejamiento macro de la guerra multiestacional.

Cuando experimentas dolor, un momento de tocar fondo, una tragedia, un final, hay una luz que brilla a través de esa oscuridad. La luz es la visión cegadora, el instante iluminador de la claridad, que surge cuando ves el otro lado. Es la luz que vi cuando mi amigo me dijo que vería a mis padres sólo quince veces más antes de que murieran. Es la luz que ve un anciano cuando lamenta no haber perseguido nunca su pasión en la vida. Es la luz que ven los padres cuando su hijo ya no quiere que lo arropen en la cama. Es la luz que una mujer que está a punto de morir ve mientras se da cuenta de que sus hijos son las únicas personas que recuerdan las horas extra que ella pasaba en la oficina.

Es la luz que no esperas ver nunca, que eventualmente verás, la luz que necesitas ver ahora.

Sabes que la luz existe e incluso sabes cómo se ve. Escuchas las historias, asientes ante la moraleja y sigues viviendo exactamente de la misma manera.

Pero ignorar la luz es vivir en la oscuridad.

Necesitas actuar con referencia a la luz, abrazar lo que esta puede traer a tu vida.

De eso trata *Los 5 tipos de riqueza*, de una forma nueva para medir tu vida. Porque cuando mides el aspecto correcto, tomas las acciones correctas y creas los mejores resultados.

El viaje apenas empieza. Permite que la luz del otro lado brille sobre el camino.

Ahora, empieza a caminar.

3.

El marcador de la riqueza

Tu puntuación de la riqueza es lo que muestra tu actuación dentro del nuevo marcador.

Todo el mundo debe llenar el test para establecer su puntuación de referencia de riqueza antes de continuar con el libro. Esta puntuación de referencia será aquello con lo que compararás y medirás tu progreso, conforme construyas y cotejes tu vida en las etapas por venir. En el futuro puedes y debes volver a esta evaluación para realizar un seguimiento de tu progreso, del mismo modo que alguna vez has realizado el seguimiento de tu patrimonio neto financiero por medio de una herramienta en línea.

Para establecer tu puntuación de riqueza, responde a este simple test. Hay cinco afirmaciones para cada tipo de riqueza; por cada afirmación, responde con 0 (muy en desacuerdo), 1 (en desacuerdo), 2 (neutral), 3 (de acuerdo) o 4 (muy de acuerdo). Luego, suma tu puntuación de cada sección y el total de todas las secciones.

La puntuación máxima para cada tipo de riqueza es de 20 (estás totalmente de acuerdo con cada una de las cinco afirmaciones) y la puntuación máxima general es de 100.

EL TEST DE LA PUNTUACIÓN DE RIQUEZA

Riqueza de tiempo:

1. Tengo una profunda conciencia de la naturaleza finita y pasajera de mi tiempo y de su importancia como mi activo más preciado.
2. Tengo una comprensión clara de las dos o tres prioridades más importantes en mi vida personal y profesional.
3. Puedo dirigir mi atención y enfocarme de manera constante en las importantes prioridades que he identificado.
4. Rara vez me siento demasiado ocupado o disperso para dedicar tiempo a las prioridades más importantes.
5. Tengo el control de mi calendario y prioridades.

Riqueza social:

1. Tengo un núcleo de relaciones profundas, amorosas y de apoyo.
2. Constantemente puedo ser la pareja, el padre, el familiar y el amigo que querría tener.
3. Tengo una red de relaciones informales de las que puedo aprender y sobre las que puedo construir.
4. Tengo un profundo sentimiento de conexión con una comunidad (local, regional, nacional, espiritual, etcétera) o con algo más grande que yo mismo.
5. No intento alcanzar estatus, respeto o admiración a través de compras materiales.

Riqueza mental:

1. Regularmente abrazo mi curiosidad infantil.
2. Tengo un propósito claro que me proporciona un significado diario y alinea mi toma de decisiones a corto y largo plazo.
3. Constantemente busco el crecimiento y desarrollo todo mi potencial.

4. Tengo la creencia fundamental de que soy capaz de cambiar, desarrollarme y adaptarme continuamente.
5. Tengo rituales regulares que me permiten disponer de un interludio para pensar, reiniciar, sopesar preguntas y recargarme.

RIQUEZA FÍSICA:

1. Me siento fuerte, saludable y vital para mi edad.
2. Muevo mi cuerpo con regularidad a través de una rutina estructurada y tengo un estilo de vida activo.
3. Como principalmente alimentos frescos, sin procesar.
4. Duermo siete o más horas por noche de forma habitual y me siento descansado y recuperado.
5. Tengo un plan claro para permitirme prosperar en lo físico en mis últimos años.

RIQUEZA FINANCIERA:

1. Tengo una definición clara de lo que significa tener *suficiente* en términos financieros.
2. Tengo ingresos que crecen constantemente junto con mis habilidades y experiencia.
3. Administro mis gastos mensuales para que estén por debajo de mis ingresos de manera confiable.
4. Tengo un proceso claro para invertir el exceso de ingresos mensuales en capitalización a largo plazo.
5. Utilizo mi riqueza financiera como una herramienta para generar otros tipos de riqueza.

VISUALIZANDO TU PUNTUACIÓN DE RIQUEZA

Utilizando los resultados del test, completa la plantilla para obtener una perspectiva visual única de tu punto de referencia. La visualización te dará una comprensión clara de tus fortalezas y debilidades dentro de tu punto de partida y te permitirá crear metas para que trabajes hacia una vida de riqueza integral.

PUNTUACIÓN DE RIQUEZA

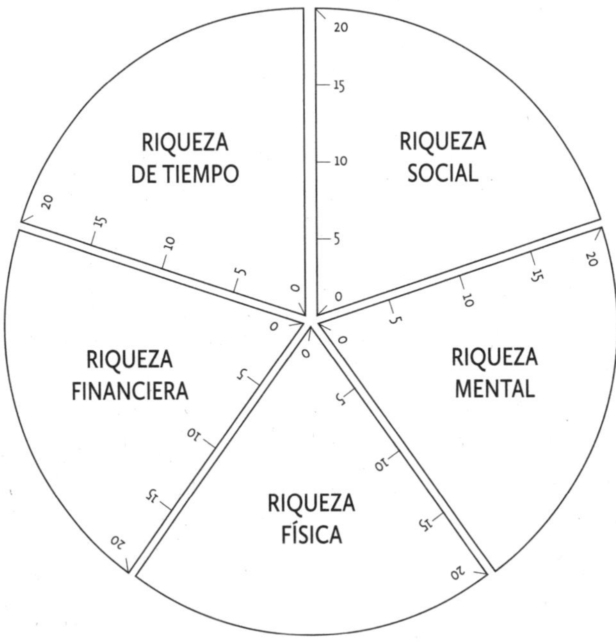

También puedes realizar y compartir la evaluación en línea en 5typesofwealth.com/quiz

4.

La navaja de vida

Mantener la Tierra en la ventana

El 11 de abril de 1970, el cohete de la misión Apolo 13 fue lanzado desde el Centro Espacial John F. Kennedy en Merrit Island, Florida. Debía ser el tercer aterrizaje humano en la superficie de la Luna, pero ese plan se descarrilló apenas al tercer día de la misión, cuando un cortocircuito provocó la explosión de un tanque de oxígeno que afectó gravemente la capacidad de la nave para completar el viaje de ida y vuelta a la Tierra. Los tres astronautas (Jim Lovell, Fred Haise y Jack Swigert) se vieron obligados a usar el pequeño módulo de aterrizaje lunar como un bote salvavidas improvisado; vivieron durante varios días a temperaturas cercanas al punto de congelación para conservar la energía para su ansiado regreso a casa.

Toda la saga fue detallada en *Apolo 13*, el docudrama de 1995 de Ron Howard ganador del Premio de la Academia. En el clímax de la película, los tres astronautas enfrentan un desafío imposible, con consecuencias de vida o muerte. Conforme se van acercando a la reentrada atmosférica, los operadores de la misión les dicen que lograr el ángulo apropiado es esencial: poca profundidad y su nave volará por el espacio como una piedra saltando sobre un estanque; demasiada inclinación y su nave se encenderá como un trozo de leña seca entre las llamas. Para evitar esos resultados, tienen que quemar los motores y ejecutar una corrección que los lleve a un curso óptimo que asegure su supervivencia.

El problema es que, dadas las averías de la nave, la corrección debe hacerse manualmente, sin el concurso de los ordenadores a bordo que habitualmente se usan para tales maniobras. Sin los ordenadores administrando la serie de complejas ecuaciones matemáticas y físicas que gobiernan la orientación y la alineación en el espacio, el movimiento es arriesgado (en el mejor de los casos) y está condenado a lo peor.

En un momento de caos, el comandante Jim Lovell (interpretado por Tom Hanks) propone una solución: «Ahora, Houston, todo lo que necesitamos para mantener la actitud es un punto fijo en el espacio. ¿No es cierto?».

Recibe una rápida respuesta del centro de comando de la misión en sentido afirmativo. Sosteniendo los controles y mirando por una pequeña ventana triangular a su izquierda, Lovell mueve lentamente la nave espacial y aparece un planeta azul familiar.

«Bueno, Houston, tenemos uno», dice, mirando fijamente a la Tierra en el centro del pequeño triángulo. «Si podemos mantener la Tierra en la ventana, volar manualmente, la retícula coaxial en el crepúsculo, todo lo que necesito saber es cuánto tiempo necesitamos quemar el motor.»

La audaz estrategia funciona, y los astronautas ejecutan la atrevida quema manual y vuelven a entrar con éxito en la atmósfera en el ángulo apropiado. Realizan el amerizaje de manera segura en uno de los finales cinematográficos más conmovedores y dramáticos de todos los tiempos.

Fue una histórica escena final de supervivencia y triunfo que cautivó al público de todo el mundo, pero el verdadero aprendizaje no tiene nada que ver con la película, el espacio, la ciencia o incluso Tom Hanks.

El verdadero aprendizaje tiene que ver con la Tierra y esa ventana triangular.

LA NAVAJA DE VIDA

En términos filosóficos, el término *navaja* denota cualquier principio que te permita eliminar explicaciones improbables o evitar pasos innecesarios de manera rápida. Te permite rasurar, metafóricamente, explicaciones o acciones innecesarias. Hoy en día, el término se aplica a grandes rasgos como una regla general que simplifica la toma de decisiones.

Hay muchas navajas conocidas:

- La navaja de Ockham, llamada así por el filósofo del siglo XIV Guillermo de Ockham, establece que cuando consideramos las explicaciones para algo, generalmente aquella con la menor cantidad de suposiciones necesarias es la correcta. La explicación más simple es la mejor. Lo simple es hermoso.
- La navaja de Hanlon, un adagio irónico que establece que nunca se debe atribuir a la malicia lo que se explica adecuadamente con la estupidez. Se aplica mejor a la política, las relaciones y al discurso en línea en general.
- La navaja de Hitchens, creada y nombrada por el fallecido autor Christopher Hitchens, establece que cualquier afirmación sin evidencia también puede descartarse sin evidencia. Una regla útil que te evitará perder el tiempo en argumentos sin sentido.

Mantener la Tierra en la ventana era, en un sentido abstracto, una navaja para los astronautas del Apolo 13. En el caos del momento, enfrentando un desafío imposible con cientos de variables que podrían enviarlos a la tumba, los astronautas identificaron un punto de enfoque único y bellamente simple, una regla general que les permitió eliminar acciones innecesarias y simplificar la compleja corrección manual.

Esta historia ofrece una poderosa metáfora de tu vida.

De manera inevitable, encontrarás oportunidades, caos, desafíos y complejidades que te pondrán a prueba:

- Un nuevo y atractivo trabajo que te tienta a dejar la compañía que amas.
- La muerte de un familiar o un amigo querido.
- La pérdida de un empleo que lleva tu situación financiera de buena a mala.
- Los problemas de salud que afectan a tus personas más cercanas.
- Los problemas de relación con alguien que alguna vez fue tu ancla.
- Una decisión crucial que se siente demasiado pesada y difícil de tomar...

Es fácil permitir que tus prioridades caigan víctimas de estas situaciones, que te pierdas en el caos. En esos momentos, necesitas tu propio punto de enfoque único: tu propia regla general para simplificar tu toma de decisiones, una heurística básica que te permitirá navegar la incertidumbre y las pruebas de la vida con la confianza de un explorar experimentado. Necesitas mantener la Tierra en tu ventana.

Necesitas una *navaja de vida*.

NUNCA PIERDAS UNA CENA DEL MARTES

En enero de 2023, el empresario Marc Randolph, cofundador y primer CEO de la compañía pionera del *streaming*, Netflix, publicó la foto de una breve nota escrita a mano con la leyenda «Mi definición de éxito». En ella, Randolph describió un ritual semanal no negociable que había mantenido a lo largo de su exitosa carrera en la tecnología:

«Por más de treinta años tuve un límite los martes. Lloviera o tronara, salía exactamente a las cinco de la tarde y pasaba la noche con mi esposa. Íbamos al cine, cenábamos o simplemente íbamos a mirar escaparates juntos al centro.»

Hablé con Randolph pocos meses después y le pregunté sobre el origen de la regla de la cena de los martes y de su importancia para su vida.

Al principio de su carrera, me dijo, trabajaba ochenta horas semanales, completamente inmerso en el mundo de las *startups*. Cuando su relación empezó a sufrir, dijo Randolph, «me di cuenta de que yo era el problema, porque esperaba que ella tomara las sobras de lo que yo podía ofrecer, y eso me pareció mal». Pero en lugar de ignorar el problema o esperar que se resolviera por sí solo, tomó el asunto en sus propias manos. «Todo proviene de lo que pones primero», dijo. «Necesitaba volver a priorizar mi asignación de tiempo.»

La cena del martes se convirtió en un ritual innegociable. Incluso cuando estaba comenzando una de las empresas de tecnología más transformadoras de la era moderna, Randolph siguió con ello. «Nada se interpuso en el camino. Si tenías algo que decirme el martes por la tarde a las 4:45, más te valía decirlo camino al estacionamiento. Si había una crisis, íbamos a terminarla antes de las cinco.»

Pero la regla de la cena de los martes no tenía que ver con la cena, no en realidad. «Tenía que ver con el simbolismo, efecto dominó en todas las demás áreas de mi vida. El ritual ilustra para mí y para todos los que me rodean (mi familia, mis socios, mis empleados, mis amigos) cuáles son mis prioridades.» Fue una pequeña muestra de respeto y admiración, semana a semana, hacia lo que más valoraba en la vida; una señal fuerte a través de la acción, no de las palabras. Su esposa ve su compromiso hacia su amor y relación, lo que fortalece su propio compromiso con ese vínculo. Los hijos ven la dedicación hacia su madre y la unidad familiar, lo que los hace estar seguros de su papel en el mundo de él. Sus empleados ven las prioridades y los límites con la familia, y reciben aliento para establecer los propios, lo que los hace más leales y aplicados durante las horas de trabajo.

Una acción semanal los martes por la noche, con un efecto dominó que se extiende mucho más allá.

«Decidí, hace mucho tiempo, no ser uno de esos emprendedores con su séptima *startup* y su séptima esposa. De hecho, lo que más me enorgullece en mi vida no son las empresas que comencé; es el hecho de que pude iniciarlas mientras permanecía casado con la misma mujer, al tiempo que hacía que mis hijos crecieran conociéndome y (hasta donde puedo ver) queriéndome, todo mientras dedicaba tiempo también a realizar otras pasiones de mi vida. Esa es mi definición de éxito.»

Lo más importante es que esa idea («nunca me perderé una cena de los martes») es una declaración que define la identidad de Marc Randolph. Es clara, manejable, y sirve como recordatorio del *tipo de persona* que es. Cuando surge una nueva situación u oportunidad, buena o mala, se puede preguntar: «¿Qué haría el tipo de persona que nunca se pierde una cena de los martes en esta situación?». ¿Cómo lo manejaría? Aquí es donde radica el verdadero poder: en la conexión entre una declaración única y elegante y cómo se presenta tu yo ideal ante el mundo.

«Nunca me perderé una cena de los martes» es la navaja de Marc Randolph, su punto de enfoque único que le permite eliminar las distracciones, mantener la perspectiva y el equilibrio, tomar decisiones alineadas con su identidad esencial y crear efectos dominó positivos en todo su mundo. Sin un enfoque así, estás dejando la vida al azar. Como un alpinista atrapado en una tormenta de nieve, no podrás ver, perderás todos los puntos de referencia y vagarás sin rumbo fijo, rezando para que la tormenta amaine. Con un enfoque así, verás con claridad. Las tormentas no serán menos turbulentas, pero estarás bien equipado para navegar a través de ellas y salir del otro lado.

Marc Randolph encontró su navaja de vida. Ahora hay que ayudarte a encontrar la tuya.

AFILANDO TU NAVAJA DE VIDA

Tu navaja de vida es una declaración única que definirá tu presencia en la etapa actual de tu vida.

Una navaja de vida poderosa tiene tres características centrales. A saber:

1. Es manejable (debe estar bajo tu control de manera directa).
2. Crea ondas expansivas: debe tener efectos positivos de segundo orden en otras áreas de la vida.
3. Define una identidad: debe ser indicativa del tipo de persona que eres, la forma en que tu yo ideal se presenta en el mundo.

Para ilustrar lo anterior, veamos un ejemplo de mi propia vida. «Voy a entrenar al equipo deportivo de mi hijo» es mi navaja de vida:

1. ES MANEJABLE: tengo el control de dedicarle tiempo a entrenar al equipo deportivo de mi hijo. Puedo tomar las medidas necesarias para tener la libertad de participar en esta actividad y ser el tipo de padre que le entusiasma tener cerca como entrenador.
2. CREA ONDAS EXPANSIVAS: al tomar estas medidas y asumir el compromiso, le mostraré a mi hijo el valor que le doy a nuestra relación. Él se sentirá empoderado por mi apoyo. Mi esposa verá mi dedicación a nuestro hijo y familia y fortalecerá su dedicación a nosotros. Mi equipo y socios comerciales verán que mi prioridad es mi familia y se sentirán alentados a establecer sus propias prioridades personales, lo que los hará aplicados y leales.
3. DEFINE UNA IDENTIDAD: soy la clase de persona que entrena al equipo deportivo de su hijo. Esta persona está presente, conectada a su familia y comunidad, comprometida con su propósito como padre y esposo. Se cuida a sí misma y a los demás,

y rechaza las acciones que puedan infringir la libertad o poner en peligro su reputación.

Cuando aparecen nuevos desafíos, uso mi navaja de vida para navegar por la situación.

- Surge una oportunidad profesional interesante. Significará más dinero y prestigio, pero requiere más viajes y tiempo fuera durante los próximos dos años. Hago una pausa y me pregunto: *¿Qué haría en este caso el tipo de persona que entrena al equipo deportivo de su hijo?* La respuesta: *Estaría comprometido con priorizar sus relaciones más importantes antes que tener más dinero o mayor prestigio*. Esto me ayuda a pensar en la balanza entre tiempo y libertad, para saber si la oportunidad puede adaptarse a mi vida o, por el contrario, debo rechazarla.
- Surge una situación familiar desafiante. Sería fácil ignorar o externalizar el desafío. Hago una pausa y me pregunto: *¿Qué haría en este caso el tipo de persona que entrena al equipo deportivo de su hijo?* La respuesta: *Enfrentaría el desafío de cara y se erigiría como un pilar de fortaleza para sus seres queridos*. Esto me ayuda a aclarar mi respuesta y fomentar la resiliencia en nuestra unidad familiar.
- Surge una oportunidad financiera que puede cambiar mi vida, pero conlleva un riesgo para mi reputación. Puede que me sienta tentado por el dinero, pero sé que el tipo de persona que entrena al equipo deportivo de su hijo nunca arriesgaría el respeto y la admiración de su familia por dinero. Dejo pasar la oportunidad.

La simple afirmación «Entrenaré al equipo deportivo de mi hijo» se convierte en una regla dinámica definitiva para la vida, mi navaja de vida.

Es tiempo de que definas tu navaja de vida.

La meta es que completes esta oración: «Soy la clase de persona que [espacio]». Para hacerlo, escribe las acciones y rasgos de carácter que conforman tu identidad ideal. Si pudieras asistir a tu propio funeral, ¿qué te gustaría que dijeran todos acerca de tus acciones, sobre quién eras y cómo vivías? Haz una lista. Después, aléjate y contempla el panorama.

¿Qué acción individual de la lista implicaría todas las demás?

Aquí hay algunos ejemplos de personas reales que han completado este ejercicio para inspirar tu pensamiento:

- **Inversor profesional a mediados de los cuarenta:** Soy disciplinado. Retraso la gratificación; nunca persigo el objeto brillante. Me levanto temprano y entreno mi cuerpo y mente. Me cuido a mí mismo y a los demás. Trabajo duro en las cosas que me importan y me enorgullezco de marcar mi influencia para las personas que cuentan conmigo. «Me levanto temprano y hago cosas difíciles» es la navaja de mi vida.
- **Ama de casa y madre a mediados de los treinta:** Soy cuidadora. Soy la madre que me hubiera gustado tener cuando era pequeña. Siempre tengo energía para mis hijos, sin importar lo cansada que esté. Estoy en una etapa en la que priorizo su crecimiento y desarrollo. «Siempre tapo a mis hijos y los acuesto en la cama» es mi navaja de vida.
- **Consultor a mediados de los veinte:** Soy endemoniadamente leal. Soy digno de confianza. Tengo una gran inteligencia emocional. Siempre estoy ahí cuando un amigo lo necesita. Priorizo mis relaciones y a las personas que hacen la travesía conmigo. Nunca decepciono al alguien si cuenta conmigo profesional o personalmente. «Nunca dejo que un amigo llore solo» es mi navaja de vida.
- **Emprendedora a mediados de los treinta:** Priorizo a mi familia y amistades por encima de todo. Estoy presente para la

gente que amo. Soy protectora, solidaria y generosa. Siempre llego al juego, al concierto, a la reunión de padres y maestros, a la cita con el médico. Me cuido física y mentalmente para poder cuidar de los demás. Estoy enfocada y hago las cosas de manera eficiente, para que sean prioridad. «Nunca me pierdo un recital» es mi navaja de vida.

- **Jubilado a mediados de los sesenta:** Soy un líder servidor. Creo en el poder de las buenas obras para cambiar el mundo. Siempre cuido de los demás, tanto en mi círculo cercano como en los círculos extendidos de mi comunidad. Valoro la reputación, la bondad y el legado por encima de todos los placeres a corto plazo. «Hago una buena acción cada día (y nunca se lo cuento a nadie)» es la navaja de mi vida.

En cada ejemplo, la navaja, con una sola afirmación, se convierte en una amplia regla que define la identidad para la vida y que cubre toda una gama de rasgos y acciones. Es fácil ver cómo la identidad que la regla conforma puede usarse para aclarar una respuesta apropiada, alineada con nuestra identidad, en una variedad de situaciones de la vida.

Haz una pausa aquí y repasa el ejercicio. Date tiempo para pensar a profundidad y reflexionar. Anota algunas opciones. Pruébalas contra cada una de las tres características centrales (manejable, ondas expansivas, definición de identidad). Reduce las opciones para seleccionar tu versión inicial. Colócala en un lugar a la vista. Siempre debe ser lo más importante a la hora de enfrentar las oportunidades y desafíos de la vida. Cuando lleguen, recurre a ella. ¿Qué haría el tipo de persona que [espacio] en esta situación? ¿Cómo lo manejaría esa persona?

Tu navaja de vida puede cambiar (lo hará) a lo largo de las etapas de tu vida. Puede verse muy distinta cuando eres un soltero de veinticuatro años que cuando eres alguien casado de cuarenta, y ciertamente se verá diferente si eres padre de niños pequeños, padre de hijos adultos o abuelo. Revisa el ejercicio cada pocos años para evaluar su valor y relevancia continuos. Ajusta y redefine como corresponda.

Nunca he conocido a Tom Hanks, pero me cambió la vida. Si identificas la Tierra en la ventana, tu navaja de vida, y la tienes en mente, apuesto a que él cambiará la tuya.

5.

Tu verdadero norte

Escalar la montaña correcta

No hay viento favorable para el marinero que no sabe a dónde ir
—Séneca

El día de mi cumpleaños treinta y dos, mis padres me regalaron una pequeña brújula plateada. Adentro tenía inscrito un breve mensaje:

«Sahil, para que siempre sepas dónde se encuentra
tu verdadero norte. Mamá y papá.»

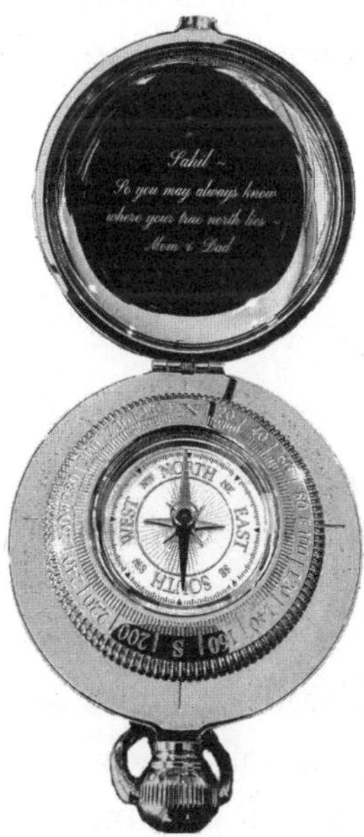

Una foto de la brújula que me dieron mis padres.

Su mensaje más profundo: la vida se trata de dirección, no de velocidad.

Cuando nuestro viejo amigo el rey Pirro de Epiro emprendió la agitada batalla con la República romana en el siglo III a. C., lo hizo con el deseo de aplastar a su enemigo lo más pronto posible. Salió victorioso de la batalla sólo para darse cuenta de que su «victoria» lo había puesto en el inevitable camino de perder la guerra. Demasiadas personas están destinadas a un fin similar.

Para evitarlo, debes concentrarte en la dirección. Necesitas mantener tu brújula apuntando hacia tu verdadero norte.

METAS Y ANTIMETAS: CALIBRAR LA BRÚJULA

A continuación, en cada resumen de sección se te pedirá que uses un marco para establecer metas y calibrar de manera exacta tu brújula, asociándola con ese tipo específico de riqueza. Esta brújula funciona en sinergia con tu navaja de vida. La navaja de vida establece tu identidad (quién eres y qué defiendes) mientras que tu brújula define hacia dónde vas, tu visión del futuro. Recurrirás a tu navaja de vida cuando surjan desafíos u oportunidades, pero tu brújula dictará tu dirección a medida que construyas hacia la vida de tus sueños.

El marco para establecer metas que utilizarás tiene dos componentes conectados:

1. Metas
2. Antimetas

Las metas son las cosas que quieres que sucedan en tu travesía. Esto debe incluir tus ambiciones grandes, audaces y a largo plazo, así como tus objetivos a mediano plazo de «punto de control». Si la ambición a largo plazo es la cima de la montaña, los objetivos a mediano plazo son los campamentos a mitad del ascenso; no se puede llegar a la cima sin llegar a estos puntos de control en el camino. Para establecer tus metas, reflexiona sobre lo que realmente quieres lograr en cada área de la vida. Identifica una cumbre grande y ambiciosa, y luego trabaja a partir de ahí con esas ambiciones a largo plazo, para establecer objetivos a mediano plazo que representen los dos o tres «campamentos» de sentido común a lo largo de la escalada hacia la cumbre.

Las antimetas son las cosas que no queremos que sucedan en nuestra travesía para lograr nuestros objetivos.

El concepto de antimetas se deriva del empresario Andrew Wilkinson, quien lo acuñó en una conversación en 2017 con un socio comercial. «Nuestro verdadero objetivo era, en realidad, bastante simple: queríamos disfrutar de nuestro tiempo en el trabajo, pero sin los mismos problemas (calendarios repletos, viajes constantes, falta de tiempo con los niños, falta de sueño) que afectaban a muchos de nuestros amigos exitosos.»

Andrew y su socio eran admiradores de tiempo atrás del hoy fallecido inversionista Charlie Munger, quien dijo una vez: «Todo lo que quiero saber es en qué lugar moriré, para nunca ir ahí». Esa frase despertó su pensamiento: necesitaban invertir el problema. Así como habían establecido metas para lo que querían que sucediera, necesitaban establecer antimetas, es decir, cosas que querían evitar.

Parafraseando a Munger, las antimetas consisten en saber dónde vas a morir (metafóricamente), para que nunca vayas ahí. Si las metas son tu cumbre, las antimetas son las cosas que no quieres sacrificar mientras escalas, como los dedos de los pies, la cordura y la vida. Quieres llegar a la cima, pero no a expensas de esas cosas.

Por ejemplo, si tu meta a largo plazo es convertirte en CEO, tus antimetas podrían ser pasar más de diez días al mes lejos de tu familia, permitir que tu salud sufra por los viajes y el estrés, y relajar tus estándares morales para lograr objetivos de ganancias. Deseas lograr tu meta, pero no si eso significa tener estos tres resultados negativos.

Para establecer antimetas, échale un vistazo a tus metas, pero en lugar de pensar ese gran resultado, invierte el problema, dale la vuelta:

- ¿Cuáles son los peores resultados posibles que podrían ocurrir a partir de tu búsqueda de esas metas?
- ¿Qué podría llevar a que ocurrieran esos peores resultados posibles?
- ¿Qué considerarías una victoria pírrica (ganar la batalla pero perder la guerra)?

Usando tus respuestas a estas preguntas, selecciona de una a tres metas específicas para cada meta a largo plazo.

Una vez que tus metas y antimetas hayan sido establecidas, tu brújula estará calibrada para el viaje.

SISTEMAS DE ALTO AFIANZAMIENTO: CONSTRUIR EL MOTOR

Si tus metas y antimetas establecen la dirección, los sistemas de afianzamiento son el motor que lo impulsa hacia ese futuro soñado. En su libro *bestseller, Hábitos atómicos,* el autor James Clear escribió: «No te elevas al nivel de tus metas. Cae al nivel de tus sistemas».

Los sistemas son acciones diarias que crean progreso hacia delante. El afianzamiento amplifica la salida de una sola unidad de entrada. Combinando las dos ideas: los sistemas de alto afianzamiento son aquellas acciones diarias que crean un progreso hacia adelante amplificado y asimétrico. Para entender esto, veremos brevemente a una legendaria estrella de fútbol y al inversor más famoso de todos los tiempos.

Es 18 de diciembre de 2022 y Lionel Messi camina despacio por el campo del Estadio Luasil, en Doha, Qatar. Mira a su alrededor y pierde la mirada en el espacio. Es fácil imaginar que esta es una escena de una práctica previa al juego o de después de la conclusión de un juego, pero no lo es. Lionel Messi camina lentamente por el campo en el minuto 107 del partido más importante de su vida: la final de la Copa del Mundo contra Francia, con noventa mil fanáticos gritando en las gradas y más de mil millones de espectadores en todo el mundo.

De repente, entra en acción. Corre como poseído en ángulo, hacia delante, recibe un pase de su compañero de equipo Lautaro Martínez y, de manera rápida, pasa el balón a su compañero de equipo Enzo Fernández, quien lo devuelve a Martínez. Martínez dispara, pero una espectacular atajada del portero de Francia, Hugo Lloris, desvía el balón directo a Messi. Como lo ha hecho tantas veces durante su carrera, Lionel Messi controla el balón y dispara a portería, obteniendo la ventaja para Argentina en el tiempo extra. Después ganarían el partido en la tanda de penaltis, lo que consolidó el prestigio de Lionel Messi como el mejor futbolista de todos los tiempos.

La casi interminable lista de logros profesionales de Messi incluye (en el momento de escribir este libro) el récord de ocho premios Balón de Oro y seis Botines de Oro europeos (otorgados respectivamente al mejor jugador del año y al máximo goleador). También tiene las marcas por el mayor número de goles en La Liga, la Supercopa de España, la Supercopa de la UEFA y la mayor cantidad de asistencias registradas oficialmente en la historia del fútbol. En un mundo deportivo dominado por perfectos especímenes físicos que corren, saltan y se mueven más rápido que sus oponentes, Lionel Messi destaca como una anomalía. Mide sólo 170 cm y pesa menos de 72 kg, y, si lo ves jugar, a veces parece lento o incluso perezoso. Una búsqueda de Google de «Lionel Messi lazy» arroja cerca de 500.000 resultados; la mayoría de ellos señala su propensión a caminar por el campo de fútbol mientras sus compañeros y oponentes corren enajenados en varias direcciones. Es el hábito de caminata del que más se habla en el mundo. En el período previo a la final de Argentina en la Copa Mundial 2022, el *New Yorker* publicó un artículo con un subtítulo que decía que a Messi «a menudo se lo encuentra sin el balón, paseando y holgazaneando y luciendo levemente desinteresado».

Pero resulta que la caminata de Lionel Messi está lejos de ser pereza: es una estrategia. Curiosamente, es la misma estrategia empleada por el inversor más exitoso del mundo.

A Warren Buffet se le conoce como «El Oráculo de Omaha» por una razón. Durante una carrera de inversión que abarca más de setenta años, ha logrado rendimientos anuales compuestos de más del veinte por ciento, una hazaña asombrosa por tratarse de tanto tiempo. Para poner esta cifra en perspectiva, si tú hubieras invertido 10.000 dólares en el Berkshire Hathaway de Buffett en 1965, en la actualidad equivaldrían a unos impresionantes 300 millones. En un mundo de inversiones dominado por operaciones bursátiles de alta frecuencia y algoritmos de alta tecnología diseñados para superar a los mercados y la competencia, Warren Buffet destaca como una anomalía. Generó estos resultados al hacer menos inversiones que el operador del día a día promedio. Al comentar sobre su estrategia, una vez bromeó: «El truco para invertir es simplemente sentarse allí, ver pasar una oferta tras otra y esperar la adecuada en tu punto óptimo».[3]

Entonces, ¿qué tienen en común la joven estrella del fútbol y el viejo genio inversor? Ambos enfocan su energía en algunos momentos clave e ignoran el resto. Cuando están encendidos, despliegan su energía en una explosión concentrada y gloriosa. Cuando están apagados, esperan, conservan y se colocan lenta y estratégicamente en ubicaciones que serán ventajosas en momentos futuros. Trabajan de manera inteligente, no difícil.

Lionel Messi y Warren Buffett comprenden el poder de los sistemas de alto afianzamiento. Mientras que la mayoría de las personas operan en un bucle fijo y simétrico de entradas y salidas, con una entrada unitaria por cada salida unitaria, Messi y Buffet identifican y enfocan su energía en las acciones y las decisiones que probablemente les generen cien unidades de producción por cada unidad de entrada. Fundamentalmente, rompen la relación fija de entradas y salidas para crear resultados asimétricos.

Si el mejor jugador de fútbol y el mejor inversor de todos los tiempos tienen en común este rasgo, deberíamos prestar atención. Las guías al final de cada sección te armarán con sistemas probados de alto afianzamiento para cada campo. Para establecer tus sistemas de alto afianzamiento, considera las guías y selecciona las acciones que crearán un progreso significativo hacia tu futuro imaginado.

EL INTERRUPTOR DE ATENUACIÓN: EVITAR LA TRAMPA DE ENCENDIDO/APAGADO

Una vieja escuela de pensamiento diría que tu enfoque en cada tipo de riqueza existe en un estado binario: encendido o apagado. Diría que puedes activar, como máximo, dos tipos en cualquier momento, y que los otros tres tipos tendrían que apagarse.

El problema fundamental con esto es que si un tipo permanece apagado demasiado tiempo, nunca se puede volver a encender. Si no nutres y cultivas tus relaciones en tus veinte y treinta años, no las tendrás en tus cuarenta. Si no inviertes en tu salud en tus cuarenta y cincuenta, no la tendrás en tus sesenta. Si no cuidas tu mente en tus sesenta y setenta, no la tendrás a los ochenta.

Este libro rechaza esa vieja escuela de pensamiento y ofrece una nueva: si tienes las metas apropiadas, las antimetas y los sistemas de alto afianzamiento, tu enfoque en cada tipo de riqueza puede existir en un interruptor de atenuación en lugar de un interruptor de encendido/apagado. Este cambio es importante. Te permite priorizar tus valores y metas para la etapa actual sin apagar ningún área, algo que conduciría a una atrofia que resultaría dolorosa (y difícil) de revertir.

Consideremos un ejemplo de un posible arco de vida para aclarar esta nueva escuela de pensamiento:

ETAPA 1: Apenas estás empezando tu carrera. Deseas establecer una base financiera sólida y construir habilidades que puedas vender. La riqueza financiera y la riqueza mental se convierten en los objetivos principales. Tus antimetas están permitiendo que el tiempo, la riqueza social y la riqueza física se atrofien en la búsqueda de estos objetivos, por lo que adoptas algunos sistemas de alto afianzamiento para su mantenimiento. En esta etapa, mejoras drásticamente tu riqueza financiera y mental y mantienes las demás.

ETAPA 2: Estás empezando una familia. Deseas priorizar tu relación con ella, pero te preocupa que el progreso que has hecho en tu carrera y tus finanzas sufra. El tiempo y la riqueza social se convierten en los objetivos principales. Tus antimetas están permitiendo que la riqueza financiera y la riqueza mental disminuyan después del progreso de la Etapa 1, por lo que adoptas algunos sistemas de alto afianzamiento para su mantenimiento. Durante esta etapa, tienes la libertad y la energía para ser una figura activa en los años de formación de tu familia, y aunque es posible que no hayas acelerado tu trayectoria profesional, ciertamente has evitado que se deteriore.

ETAPA 3: Tu familia te exige menos tiempo y energía. Deseas priorizar tu propósito y mejorar tu salud. La riqueza mental y la riqueza social se convierten en los objetivos principales. Tus antimetas están permitiendo que la riqueza social y financiera se deteriore, por lo que adoptas algunos sistemas de alto afianzamiento para su mantenimiento. Durante esta etapa, encuentras nueva energía para la vida en tus días llenos de propósito y vitalidad mejorada, y preservas tus relaciones y necesidades financieras más importantes.

Etapa 4: Estás en la jubilación. Has logrado navegar con un equilibrio reflexivo y dinámico a lo largo de las etapas de tu vida y estás listo para disfrutar de los frutos de tu esfuerzo. Deseas priorizar tus relaciones en esta etapa final. La riqueza social se convierte en el objetivo principal. Tus antimetas están permitiendo que tus riquezas de tiempo, mental, física y financiera retrocedan significativamente de los niveles que habías construido con tu enfoque reflexivo durante las tres etapas anteriores, por lo que adoptas algunos sistemas de alto afianzamiento para mantener estas áreas. En esta etapa, encuentras una profunda alegría y satisfacción en la conexión humana y la profundidad floreciente de tus relaciones, mientras que las otras áreas se mantienen en los niveles anteriores. Navegas, de manera literal o figurada, hacia los años del ocaso de tu vida.

El concepto de un interruptor de atenuación también debería mitigar gran parte de la presión personal y social indebida para avanzar constantemente en cada área de la vida. Cuando nació mi hijo, mi esposa, Elizabeth, estaba profundamente segura de su deseo de estar lo más presente posible durante los primeros años de vida. Pero hacerlo habría significado salirse de su camino como diseñadora de modas, estrella en rápido ascenso dentro de una industria competitiva. No fue la decisión en sí misma lo que la desafió (ella sabía lo que quería), pero el peso de la percepción externa de la decisión la hizo detenerse y reflexionar en serio. Sintió la presión cultural de hacer más, ganar más e impresionar más. Fue el mismo peso que sentí cuando dejé mi trabajo bien remunerado para seguir un camino diferente. Soporté las miradas confusas de amigos y colegas, la suposición de que debía de haberme «quemado» y el comentario de un mentor, quien dijo: «O esto funcionará o será la peor decisión de tu vida». Para mi esposa y para mí, la idea de que esta fuera una etapa entre muchas (de que pudiéramos priorizar ciertas cosas y mantener otras) fue profundamente empoderante.

Considera la mentalidad de los surfistas que montan una ola. Disfrutan plenamente de esa ola, con la sabiduría y la conciencia de que siempre vienen más olas. Saben que no tienen que subirse a cada ola que se les presente. Son conscientes de que la paciencia y el posicionamiento adecuado son lo único que importa para cuando inevitablemente llegue la próxima ola. Saben que la única forma de vivir es lanzándose al agua, porque no pueden atrapar olas sentados en la playa. Necesitas adoptar la mentalidad de los surfistas con respecto a las etapas de tu vida. Habrá etapas de crecimiento y etapas de mantenimiento para cada tipo de riqueza. Disfruta de cada etapa por su belleza individual, posiciónate para etapas futuras de acuerdo con tus valores y metas, y lánzate siempre al agua.

CORRECCIÓN DEL RUMBO: RECALIBRAR LA BRÚJULA

Pequeñas desviaciones del curso óptimo pueden ser catastróficas. Necesitas un proceso para recalibrar la ruta en tiempo real: evaluación, corrección y ajuste constantes en tu travesía.

Al final de cada mes, hazte tres preguntas tácticas:

1. ¿Qué importa de verdad ahora en mi vida? ¿Están mis metas todavía alineadas con esto? Evalúa la calidad de tus metas y asegúrate de que sigan funcionando como tu verdadero norte.
2. ¿Están mis sistemas de alto afianzamiento alineados con mis metas? Evalúa la calidad de tus sistemas de alto afianzamiento y si crean el impulso adecuado.
3. ¿Estoy en peligro de romper mis antimetas? Evalúa la calidad de tu entorno y las decisiones para evaluar cualquier cambio que deba realizarse.

El ritual mensual dura treinta minutos y crea una oportunidad para la reflexión habitual y las correcciones de rumbo menores, que son esenciales en tu travesía.

Al final de cada trimestre, agrega estas cuatro preguntas a tu ritual habitual:

1. **¿Qué está creando energía en este momento?** Revisa tus calendarios del trimestre anterior. ¿Qué actividades, personas o proyectos crean energía de manera constante en tu vida? ¿Dedicaste suficiente tiempo a estos creadores de energía? ¿O los descuidaste? Recalibra para dedicarles más tiempo en el trimestre siguiente.
2. **¿Qué está drenando energía en este momento?** Revisa tus calendarios del trimestre anterior. ¿Qué actividades, personas o proyectos drenan energía de manera constante en tu vida? ¿Has permitido que permanezca lo que drena tu energía? ¿O lo eliminaste en el momento? Recalibra para dedicarles menos tiempo en el trimestre siguiente.
3. **¿Quiénes son las anclas de mi barco en la vida?** Las anclas son aquellas personas que frenan tu potencial. Literalmente crean un lastre en tu vida. Las anclas son personas que reducen, menosprecian o minimizan tus logros, se ríen de tu ambición y te dicen que seas más realista. Dañan la calidad de tu entorno a través de la negatividad y el pesimismo, y te hacen sentir mal cuando presumen constantemente de lo que tienen. Vuelve a calibrar para minimizar o eliminar la energía que les das en el trimestre siguiente.
4. **¿Qué estoy evitando porque da miedo?** Lo que más temes es a menudo lo que más necesitas hacer. Cuando evitas tus miedos, estos se convierten en limitadores de tu progreso. Vuelve a calibrar para acercarte a tus miedos en el trimestre siguiente.

Al implementar este ritual de ajuste habitual, mantendrás tu brújula calibrada y en el camino correcto.

LAS RESPUESTAS YA ESTÁN DENTRO DE TI

El 1 de enero de 2014, cuando estaba graduándome en la universidad, le escribí una carta a mi yo futuro. Sellé la carta en un sobre que decía «Ábrase el 1 de enero de 2024» y lo coloqué en mi pequeña caja fuerte personal. A lo largo de los años, me olvidé de la carta y recordé su existencia sólo cuando la encontré, mientras guardaba algunos documentos familiares después del nacimiento de mi hijo. El 1 de enero de 2024, cuando estaba a punto de entregar el borrador final de este libro, abrí la carta y me quedé patas arriba.

1 de enero de 2014

Ey, viejo:

Si estás leyendo esto, significa que estás vivo, así que felicidades por eso, supongo.

Estoy a punto de graduarme e ingresar al mundo real, lo que sea que eso signifique, así que parece un momento apropiado para poner algunas esperanzas en mi futuro:

1. Espero que te hayas casado con Elizabeth. En serio, espero que no hayas jodido eso. Ella es lo mejor que te ha pasado.

2. Espero que ya tengas un hijo. No quiero hijos, pero imagino que podría madurar y cambiar de opinión al respecto. Si tienes hijos, espero que seas un buen padre. Si eres incluso la mitad de bueno que tu padre fue contigo, serás genial.

3. Realmente espero que hayas trabajado en ti mismo y hayas crecido. Tienes mucho que esconderle al mundo. Eres inseguro. Te comparas con todos menos contigo mismo. Tienes tanto miedo de fracasar que siempre pareces elegir el camino seguro. Tienes trabajo que hacer, no huyas de él.

4. Espero que les digas a tus padres que los amas más a menudo. No saben lo mucho que significan para ti, y eso es una pena.

5. Espero que vivas cerca de la familia. Entristeciste mucho a tu madre cuando aceptaste ese trabajo en California. Sonrió y

dijo que estaba feliz por ti, pero fue esa sonrisa triste que le dieron sus padres cuando se fue a la universidad en Estados Unidos. La sonrisa de perder un hijo en un mundo nuevo. No dejes que ese sea el caso.

6. Espero que vivas más cerca de Sonali. El amor entre hermanos es especial, pero has dejado que tu competitividad se interponga a veces. Espero que hayas superado eso y se hayan abrazado desde una nueva perspectiva. Puedes aprender mucho de ella.

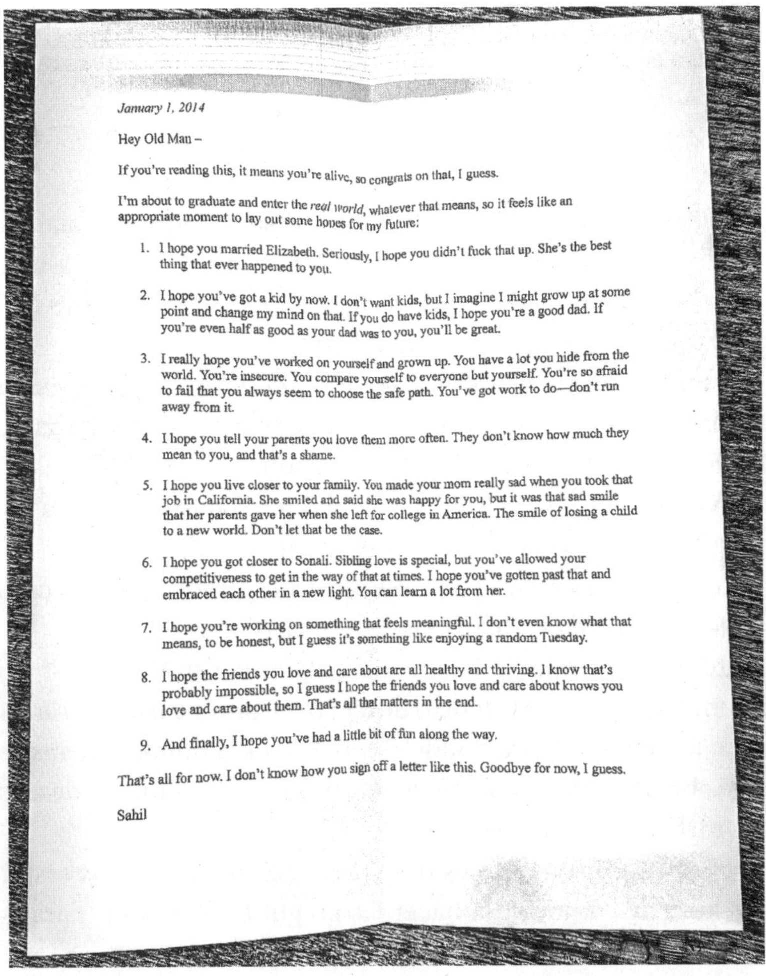

January 1, 2014

Hey Old Man –

If you're reading this, it means you're alive, so congrats on that, I guess.

I'm about to graduate and enter the *real world*, whatever that means, so it feels like an appropriate moment to lay out some hopes for my future:

1. I hope you married Elizabeth. Seriously, I hope you didn't fuck that up. She's the best thing that ever happened to you.
2. I hope you've got a kid by now. I don't want kids, but I imagine I might grow up at some point and change my mind on that. If you do have kids, I hope you're a good dad. If you're even half as good as your dad was to you, you'll be great.
3. I really hope you've worked on yourself and grown up. You have a lot you hide from the world. You're insecure. You compare yourself to everyone but yourself. You're so afraid to fail that you always seem to choose the safe path. You've got work to do—don't run away from it.
4. I hope you tell your parents you love them more often. They don't know how much they mean to you, and that's a shame.
5. I hope you live closer to your family. You made your mom really sad when you took that job in California. She smiled and said she was happy for you, but it was that sad smile that her parents gave her when she left for college in America. The smile of losing a child to a new world. Don't let that be the case.
6. I hope you got closer to Sonali. Sibling love is special, but you've allowed your competitiveness to get in the way of that at times. I hope you've gotten past that and embraced each other in a new light. You can learn a lot from her.
7. I hope you're working on something that feels meaningful. I don't even know what that means, to be honest, but I guess it's something like enjoying a random Tuesday.
8. I hope the friends you love and care about are all healthy and thriving. I know that's probably impossible, so I guess I hope the friends you love and care about knows you love and care about them. That's all that matters in the end.
9. And finally, I hope you've had a little bit of fun along the way.

That's all for now. I don't know how you sign off a letter like this. Goodbye for now, I guess.

Sahil

7. Espero que estés trabajando en algo que se sienta significativo. Ni siquiera sé qué significa eso, para ser honesto, pero supongo que es algo así como disfrutar de un martes cualquiera.

8. Espero que los amigos que amas y te importan estén sanos y prosperando. Sé que probablemente sea imposible, así que supongo que espero que los amigos que amas y te importan sepan que los amas y te preocupas por ellos. Eso es todo lo que importa al final.

9. Y, por último, espero que te hayas divertido un poco a lo largo del camino.

Eso es todo por ahora. No sé cómo se firma una carta como ésta. Adiós por ahora, supongo.

Sahil

La voz natural de mi yo más joven que surgió de esas palabras se sentía discordante. Mientras releía la carta, una conclusión saltaba desde la hoja: las respuestas están dentro de ti, simplemente no has encontrado las preguntas correctas aún.

Era tan tonto, arrogante e inseguro como parece cuando escribí esas palabras en 2014, pero la carta revela una sabiduría y una claridad sobre las cuales aún no había actuado. Yo sabía que había un camino más luminoso por delante. Sólo tenía que empezar a hacer las preguntas correctas para empezar a caminar.

Este libro no tiene las respuestas (tú ya las tienes dentro de ti).

Pero sí te ayudará a hacer las preguntas correctas.

Antes de continuar, siéntate y escribe una carta a tu yo futuro. Para dentro de diez años, dentro de cinco años, dentro de tres años, lo que sea. Reflexiona sobre dónde te encuentras y dónde esperas estar cuando abras la carta. Imagina de manera vívida ese futuro deseado.

La carta es tu verdadero norte.

Este futuro imaginado es tuyo para crearlo. Tienes las respuestas. Es hora de comenzar a hacer las preguntas correctas para convertir ese futuro que imaginas en realidad.

La riqueza de tiempo

6.

La gran pregunta

¿Cuántos momentos te quedan con tus seres queridos?

> Los años pasan, tan rápido como guiñar el ojo.
> Diviértete, diviértete, es más tarde de lo que crees.
> —Guy Lombardo, *Diviértete, disfruta, es más tarde de lo que crees*

A principios de 2019, Alexis Lockhart vivía una vida feliz y común y corriente en Houston, Texas. Como madre de tres hijos de veintitrés, diecinueve y once años, poseía una rara conciencia estoica de que el tiempo que pasaba con sus hijos era pasajero.

«Desde que eran pequeños, había estado diciendo que no tienes a tus hijos por dieciocho años; los tienes durante unos doce o trece, si tienes suerte. Después de que crucen esa línea, te convertirás en chofer, taxi y hotel; necesitarán comida, una cama y transporte a eventos con amigos, deportes, actividades escolares y, muy pronto, trabajos y citas.»

Fue esa conciencia lo que llevó a Alexis a aprovechar cada momento, el preciado tiempo que tenía con sus hijos mientras crecían. Durante las vacaciones de primavera de ese año, los sorprendió con un viaje de esquí a Colorado, un viaje que calificó como «todo un gusto», ya que sus hijos mayores estaban trabajando o en la escuela en ese momento. Recordando la aventura, Alexis esbozó una sonrisa. «Fue el viaje de su vida; se formaron muchos recuerdos.»

Unas semanas más tarde, siguiendo su mantra de abrazar cada momento, Lockhart organizó una pequeña fiesta de cumpleaños para su hijo mediano, Jackson. «Aunque él estaba "demasiado grande" para pasteles y fiestas, tuvimos una celebración familiar con regalos, un pastel de galletas y velas. Lo celebramos a él.»

Todo iba bien en su mundo. Hasta que dejó de ir.

El 23 de mayo de 2019 sucedió lo impensable: Jackson murió en un trágico accidente de motocicleta, pocos días después de celebrar su vigésimo cumpleaños.

Recibí un correo de Alexis en abril de 2024, en el que me contaba esta historia, y quedé helado. Como padre primerizo, ni siquiera podía soportar la idea del dolor de perder a un hijo. Más tarde, cuando hablamos, compartió las fotos de sus hijos. Se detuvo en una foto de Jackson cuando tenía cuatro años, en la que sonreía mucho. «No puedo ni decirte lo feliz que era de pequeño. Nunca perdió eso.»

«Siempre recuerda», dijo, «a todas las personas que amamos, nos las prestan por un corto periodo. Se van en un abrir y cerrar de ojos.»

ES MÁS TARDE DE LO QUE CREES

La *Encuesta estadounidense sobre el uso del tiempo* es una encuesta nacional integral realizada cada año por la Oficina de Estadísticas Laborales de EE.UU. desde 2003. El objetivo de la encuesta es proporcionar información sobre cómo las personas distribuyen su tiempo entre una variedad de actividades, incluido el trabajo remunerado, las tareas del hogar, los cuidados, el ocio tanto activo como pasivo, el cuidado personal, y más. Es única porque registra las respuestas en tiempo real de los participantes, a lo largo del día, lo que significa que se acerca lo más posible a registrar cómo las personas pasan su tiempo y con quién lo pasan en un día promedio.

En noviembre de 2022, descubrí el conjunto de datos[1] y fui golpeado por una gran ola de emociones.

El descubrimiento llegó en el momento justo: mi hijo tenía seis meses y ser padre había cambiado muchas cosas de mi vida. Mi relación con el tiempo, específicamente mi conciencia del paso del tiempo, se había transformado de un desconocimiento ingenuo a un ansioso entendimiento. Como padre, aprendes a registrar y medir el tiempo en las semanas y meses de las vidas de tus hijos. Te acostumbras tanto a recitar sus edades en estos términos que se vuelve una segunda naturaleza.

Estos marcadores crean una clara conciencia del tiempo perdido, de los momentos que nunca regresarán.

Para mí, los datos iluminaron aún más una dura realidad del carácter efímero y evanescente del tiempo: el paso de cada semana y cada mes nos acerca al final de un capítulo de la vida que nunca podremos reabrir.

Hay ventanas específicas, mucho más cortas de lo que te gustaría imaginar o admitir, durante las cuales ciertas personas y relaciones ocuparán tu vida. Puede que sólo tengas un verano más con todos tus hermanos, dos viajes más con ese viejo grupo de amigos, unos años más con tu sabia tía mayor, un puñado de encuentros con ese compañero de trabajo que amas o una caminata larga más con tus padres. Si fallas en reconocer o apreciar estas ventanas, desaparecerán rápidamente. Aquí están los seis gráficos de los datos que todo mundo necesita ver:

TIEMPO QUE PASAS CON LA FAMILIA

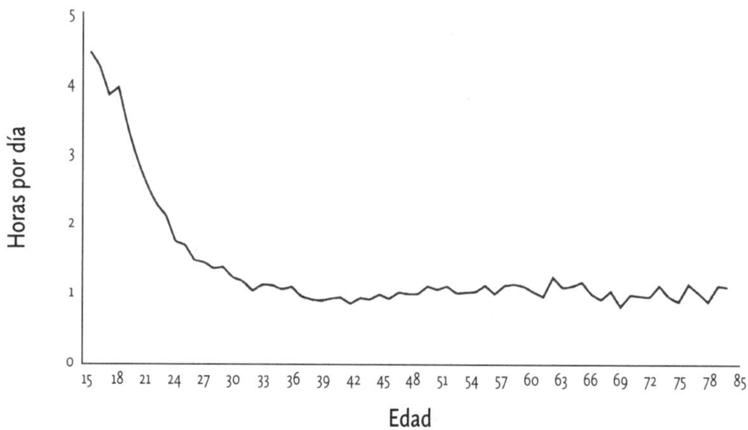

El tiempo que pasas con tus padres y tus hermanos alcanza su punto máximo en la infancia y disminuye drásticamente después de que cumples veinte años. Después de que sales de casa y te involucras en tu propia vida, a menudo no reconoces que el tiempo que te queda con tu familia es muy limitado. Aprecia estas relaciones mientras puedas.

TIEMPO QUE PASAS CON LOS HIJOS

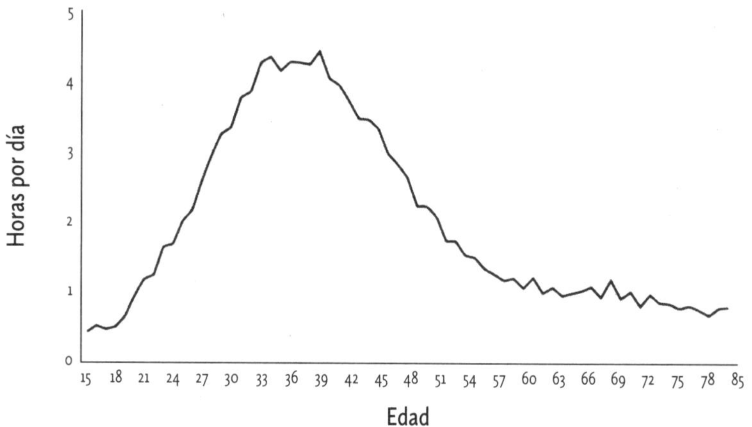

El tiempo que pasas con tus hijos alcanza su punto máximo en los primeros años de sus vidas y disminuye drásticamente a partir de entonces. Hay una ventana devastadoramente corta durante la cual eres el mundo entero de tu hijo. No parpadees, te lo perderás.

TIEMPO QUE PASAS CON LOS AMIGOS

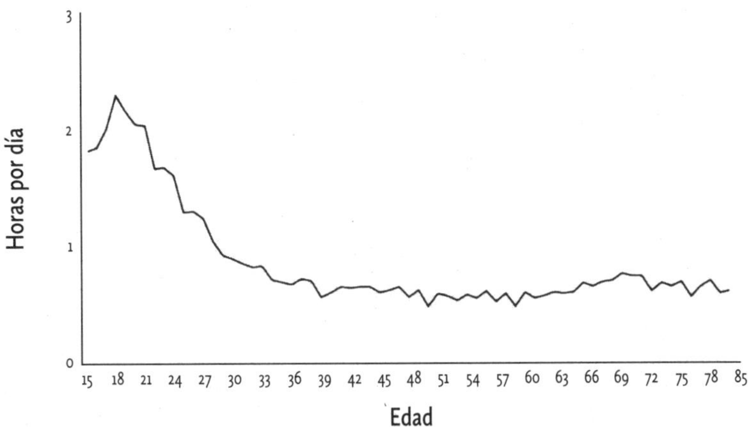

El tiempo que pasas con tus amigos alcanza su punto máximo cuando tienes dieciocho años y luego disminuye drásticamente a una línea de referencia baja. En la juventud, pasas mucho tiempo con un montón de amigos. Al entrar en la edad adulta, pasas un poquito de tiempo con algunos amigos cercanos. Abraza la amplitud de amistades que vienen con la juventud y prioriza la profundidad de las amistades que deberían venir con la edad.

TIEMPO QUE PASAS CON LA PAREJA

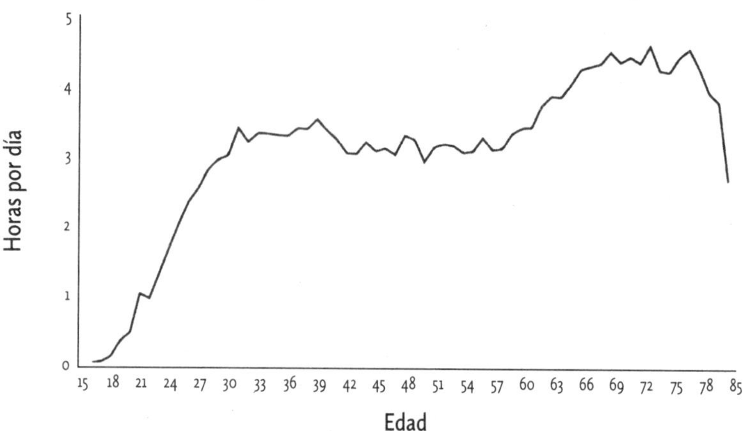

El tiempo que pasas con tu pareja tiende a durar hasta la muerte. La persona con la cual elijas enfrentar los altibajos de la vida tendrá el mayor impacto en tu felicidad y realización. Elige sabiamente.

TIEMPO QUE PASAS CON LOS COMPAÑEROS DE TRABAJO

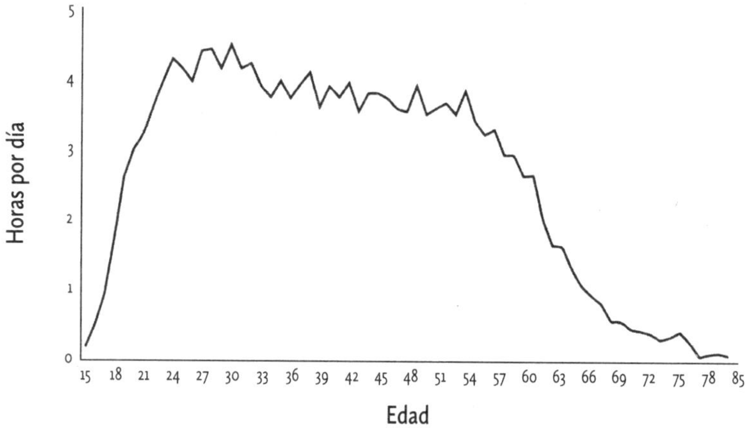

El tiempo que pasas con tus compañeros de trabajo es constante durante tus mejores años de trabajo, desde los veinte hasta los sesenta años, y disminuye drásticamente a partir de entonces. El trabajo te alejará de tu familia y seres queridos a lo largo de tu vida. Si tienes el lujo de elegir, asegúrate de elegir un trabajo, y compañeros de trabajo, que te parezcan significativos e importantes. Intenta tener compañeros de trabajo que generen energía en tu vida.

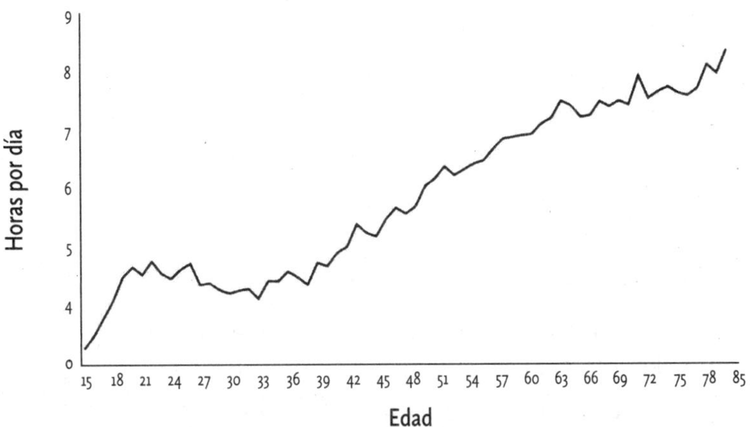

El tiempo que pasas solo aumenta constantemente a lo largo de tu vida. Cuando uno es joven, tiende a ver el tiempo que pasa a solas como una señal de que uno no encaja. Se llega a temer el tiempo a solas, a temer el aburrimiento. Pero es necesario aprender a apreciarlo. Encuentra felicidad y alegría en el tiempo que tienes para ti; habrá más a medida que envejezcas. Aquí tienes seis lecciones clave para la vida:

1. El tiempo en familia es finito, aprécialo.
2. El tiempo con los niños es preciado, está presente.
3. El tiempo con los amigos es limitado, prioriza a los verdaderos amigos.
4. El tiempo en pareja está lleno de sentido, nunca te conformes.

5. El tiempo con los compañeros de trabajo es significativo, encuentra energía.
6. El tiempo a solas es abundante, ámate.

No importa de dónde seas, cuántos años tengas o si eres rico o pobre, el tiempo es una verdad y un forcejeo constante.

En 2015, el autor Tim Urban publicó una entrada en el blog titulado «The Tail End», en la que enmarcó el tiempo en el contexto del número limitado de oportunidades que tendrás de volver a ver a alguien. La conclusión recuerda las lecciones de los gráficos de la *Encuesta estadounidense sobre el uso del tiempo*: «A pesar de que no estés al final de tu vida, es muy posible que te estés acercando al final del tiempo que tienes con algunas de las personas más importantes para ti».[2]

El escritor y filósofo Sam Harris dijo una vez: «No importa cuántas veces hagas algo, llegará un día en que harás algo por última vez».[3]

Habrá una última vez en la que tus hijos querrán que les leas un cuento antes de acostarse, una última vez que darás un largo paseo con tu hermano, una última vez que abrazarás a tus padres en una reunión familiar, una última vez que tu amigo te llamará para pedirte apoyo.

¿Cuántos momentos te quedan con tus seres queridos en realidad? Probablemente no tantos como te gustaría creer. Todos los pequeños momentos, personas y experiencias que damos por sentado eventualmente serán aquellos de los cuales desearíamos haber tenido más.

Una vez que aceptes esta dura realidad, invertir en tu riqueza de tiempo significará usar la conciencia acerca de la impermanencia del tiempo, para impulsarte a la acción. Será construir el poder para dirigir tu atención hacia las cosas que realmente importan (e ignorar el resto). Será lograr control sobre tu tiempo: cómo lo gastas, dónde lo gastas y con quién lo gastas.

Alexis Lockhart había aceptado la realidad del tiempo mucho antes de experimentar la impensable pérdida de su hijo. Permite que la sabiduría que obtuvo ilumine tu camino, así como iluminó el mío:

«Una vez vi un desafío que decía: "¡Es tu momento de brillar! Tienes el escenario, diez mil personas esperan a que salgas, sólo tienes una frase. ¿Qué es lo que dices?" Mi respuesta fue y sigue siendo "Es más tarde de lo que crees"».

Así es cómo terminamos el capítulo donde comenzamos, con la letra de esa conmovedora canción de Guy Lombardo:

Diviértete, disfruta, es más tarde de lo que crees.

7.

Una breve historia del tiempo

> Te voy a contar un secreto. Algo que no te enseñan en tu templo. Los dioses nos envidian. Nos envidian porque somos mortales, porque cualquier momento puede ser el último para nosotros. Todo es más hermoso porque estamos condenados. Nunca serás más hermosa de lo que eres ahora. Nunca volveremos a estar aquí.
>
> Aquiles, *Troya* (2004)

En la antigua Roma, unas celebraciones extravagantes se celebraban para conmemorar las victorias militares del floreciente imperio. Los héroes militares y conquistadores desfilaban en una artificiosa carroza dorada por las calles, repletas de ciudadanos entusiastas. Este trato especial podría haber hecho que los héroes se sintieran intocables o incluso inmortales. Conscientes de la tendencia humana de caer víctimas de nuestro propio orgullo, los romanos desarrollaron una solución para mitigar esta sensación de inmortalidad: colocaron a una persona junto al héroe en el carro cuya única responsabilidad era susurrarle una advertencia siniestra al oído durante todo el desfile:

Respice post te. Hominem te esse memento. Memento mori!

Traducción: «Mira hacia atrás. Recuerda que eres mortal. ¡Recuerda que morirás!».

Un recordatorio continuo, no tan sutil, de la propia mortalidad del héroe.

El concepto de *memento mori* es un elemento básico de la filosofía estoica, un recordatorio de la certeza e ineludibilidad de la muerte, de la inevitable victoria del tiempo sobre el hombre. En los últimos años, *memento mori* se ha puesto un poco de moda. Sus seguidores más incondicionales usan un calendario *memento mori* para rastrear el paso de las semanas de la vida. El calendario es un rectángulo grande formado por círculos diminutos, cincuenta y dos columnas de ancho y ochenta filas de largo. Cada círculo representa una semana de vida y cada fila representa un año. Los seguidores van sombreando los círculos de cada semana que han vivido, y el calendario proporciona un claro recordatorio del tiempo transcurrido y el tiempo restante (promedio).

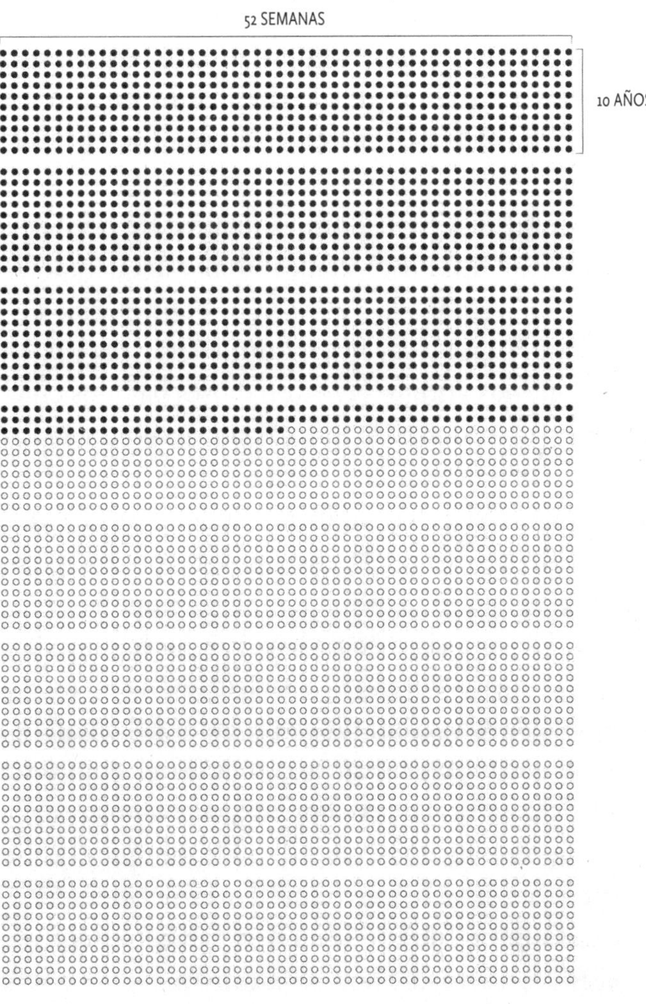

Así es como se ve mi calendario *memento mori* al momento de escribir. ¡Glup!

Esto puede parecer dramático, o incluso morboso, pero no es nada nuevo. Desde que los humanos caminan por el planeta han luchado contra la naturaleza del tiempo, un viaje que nos ha llevado de la adoración a la medición, a la comprensión y, ahora, a un deseo moderno de control.

Las primeras sociedades humanas llegaron a adorar y respetar el fluir y el paso del tiempo. En las antiguas culturas indias, se creía que el tiempo era un círculo, un flujo natural e infinito desde la creación hasta la destrucción y el renacimiento. Este concepto de la «rueda del tiempo» (o *kalachakra*) se encuentra en varias tradiciones religiosas, incluido el hinduismo, el jainismo, el sijismo y el budismo. Las antiguas civilizaciones mayas de Centroamérica y Sudamérica tenían una visión cíclica similar del tiempo. Creían que el amanecer representaba la renovación, y que el viaje del Sol a través del cielo representaba el ciclo natural de la vida y la muerte.

Muchas culturas antiguas crearon dioses basados en el miedo al paso del tiempo y el deseo de longevidad, así como de la extensión personal hasta el infinito. Los antiguos egipcios adoraban al dios Heh, cuyo nombre significa «diluvio», una referencia al caos de las aguas que creían precedía a la creación de su mundo. Se creía que este caos era de naturaleza infinita, y que el mundo que le siguió era finito, así que Heh era visto como la personificación de la eternidad. En la antigua tradición zoroástrica, la deidad Zurvan estaba asociada con el tiempo y el espacio infinitos, el creador del mundo y de toda la existencia. Se creía que Zurvan supervisaba el flujo ordenado del tiempo y el ciclo natural de nacimiento, el crecimiento y la muerte.

Los vikingos, conocidos por su vitalidad física, a menudo reflexionaban sobre los efectos fulminantes del tiempo. Elli era su personificación mítica de la vejez. En un famoso cuento del folclore vikingo, el todopoderoso Thor, dios del trueno, se encuentra con

Elli, una anciana, que lo desafía a un combate de lucha. A pesar de la considerable diferencia de fuerza entre los dos, Thor no puede derrotar a Elli, lo que se toma como un símbolo de que la vejez eventualmente triunfará sobre la juventud. Los vikingos creían que este relato era un gran recordatorio de que el paso del tiempo eventualmente doblegaría a todos, incluso a los más fuertes.

A medida que avanzó la civilización humana, la relación de la humanidad con el tiempo pasó de la adoración a la *medición*, con un enfoque en el seguimiento y la gestión. Los primeros relojes conocidos fueron relojes de sol utilizado por los antiguos griegos, romanos y egipcios. Estos instrumentos usaban la posición del Sol para proyectar una sombra sobre una superficie marcada y etiquetada, lo que indicaba la hora del día. Les siguieron los relojes que medían el tiempo por el agua o la arena que salía de un pequeño orificio en un extremo del aparato.

En la China del siglo xi, un equipo de ingenieros desarrolló un imponente reloj de agua de doce metros que usaba agua descendente y un mecanismo de cubos especial. Cuando uno de los cubos de agua alcanzaba su capacidad, se activaba una palanca, el cubo se movía y el agua comenzaba a llenar el cubo siguiente, lo que proporcionaba una medición del tiempo razonablemente precisa.

Un gran avance en la tecnología de los relojes ocurrió en 1927, cuando un ingeniero canadiense llamado Warren Marrison inventó el reloj de cuarzo. Para medir el tiempo, el reloj de cuarzo utiliza las vibraciones precisas de un cristal de cuarzo que recibe una corriente eléctrica; sigue siendo el tipo más común de reloj moderno, más de cien años después. El reloj atómico es el avance más reciente en la tecnología de relojes: utiliza las vibraciones de los átomos para medir el tiempo. Los relojes atómicos son tan precisos que no se desviarán ni un segundo en diez mil millones de años.

A medida que avanzaba nuestra capacidad para medir el tiempo, surgió un impulso científico para *entenderlo*. Sir Isaac Newton fue el principal defensor de una visión absoluta y universal del tiempo. Creía que el tiempo existe independientemente de quien lo percibe, que está fijo e inmutable en todo el universo, que fluye de manera uniforme, y que sólo puede entenderse matemáticamente. La visión absoluta de Newton sobre el tiempo, ahora conocida como tiempo newtoniano, fue fundamental para que formulara las leyes del movimiento y la gravitación universal. Permaneció sin disputa hasta la llegada a principios del siglo XX de un físico teórico alemán llamado Albert Einstein.

Einstein cuestionó la noción de tiempo absoluto y propuso el concepto de *espacio-tiempo.* La idea es que el espacio y el tiempo están íntimamente conectados, lo que significa que el tiempo es experimentado de manera diferente por diferentes observadores en función de su movimiento y posición relativos. Su innovadora teoría de la relatividad implica que el tiempo puede moverse más lentamente para una persona que está en movimiento en relación con un observador fijo. Dicho de otra manera, si te subieras a una nave espacial galáctica y te deslizaras a una velocidad cercana a la luz y luego regresaras a la Tierra, habrías envejecido menos que cualquiera que se hubiera quedado quieto. Esta teoría cobra vida de manera vívida en la epopeya espacial de Christopher Nolan, *Interestelar*, en la que el personaje de Matthew McConaughey regresa de su viaje espacial a la desgarradora realidad de que es mucho menor que su hija.

Nuestra travesía de la adoración a la medición nos lleva al presente y a nuestro actual deseo de control. Los seres humanos estamos viviendo más que nunca (la esperanza de vida promedio en todo el mundo ha aumentado de manera constante durante los últimos doscientos años).[4] Tenemos la tecnología y las herramientas, desde las máquinas hasta los ordenadores y la IA, que nos hacen más eficientes con ese tiempo que nunca. Pero a pesar de todo ese progreso (tenemos más tiempo y una capacidad avanzada para usarlo de manera productiva), el control que buscamos sigue siendo elusivo.

Para comprender esta única y moderna lucha y construir una solución, recurrimos a una fuente poco probable: una de las novelas de fantasía infantil más famosas de la historia.

CORRER MÁS RÁPIDO PARA PERMANECER EN TU LUGAR

En *A través del espejo*, la oscura y siniestra secuela de Lewis Carroll de *Alicia en el país de las maravillas*, hay una escena en la que Alicia está corriendo junto con la Reina Roja, quien ofrece una metáfora importante de nuestra moderna lucha con el tiempo:

> Todo lo que recordaba es que corrían tomadas de la mano, y que la Reina corría tan velozmente que eso era lo único que podía hacer Alicia para no separarse de ella; y aun así la Reina no hacía más que estirar de ella gritándole: «¡Más rápido, más rápido!». La parte más curiosa del asunto era que los árboles y las demás cosas a su alrededor nunca cambiaban de lugar en absoluto. Por muy rápido que fueran, nunca parecían adelantar nada.

Cuando Alicia interroga a la Reina Roja sobre su falta de avance, el cual parece desafiar las leyes de la física, las dos tienen un breve pero conmovedor intercambio:

> «Bueno, lo que es en nuestro país», aclaró Alicia, jadeando todavía bastante, «cuando se corre tan rápido como lo hemos estado haciendo y durante algún tiempo, se suele llegar a alguna parte.»
>
> «¡Un país bastante lento!», replicó la Reina. «Lo que es *aquí*, como ves, hace falta correr todo cuanto una pueda para permanecer en el mismo sitio. «Si se quiere llegar a otra parte hay que correr por lo menos dos veces más rápido.»

El Efecto de la Reina Roja dice que debemos correr tan sólo para poder mantenernos en nuestro lugar, y que debemos correr aún más rápido si alguna vez esperamos salir adelante. El término lo introdujo el biólogo estadounidense Leigh Van Valen, en 1973, cuando formuló la hipótesis de la biología evolutiva que dice que una especie debe evolucionar si espera sobrevivir. Si una especie no logra evolucionar más rápido que sus depredadores, competidores o entorno, se «quedará atrás», no desarrollará los rasgos necesarios para sobrevivir y prosperar, y se extinguirá. Si bien la aplicación dentro de la biología evolutiva es interesante, la aplicación del Efecto de la Reina Roja en la vida y carreras modernas es ciertamente más relevante para este libro (y para tu vida).

Si estás leyendo este libro, es probable que seas víctima de la paradoja de la Reina Roja: correr cada vez más rápido sólo para permanecer en el mismo lugar.

Ten la certeza de que no estás solo.

Durante mi proceso de investigación, escuché cientos de historias de personas reales que sienten lo mismo:

- Un banquero de inversiones de cuarenta y tantos años que pasa la mayor parte de su tiempo en aviones, viajando para ganar nuevos clientes y visitar a los que ya tiene. El estilo de vida que era emocionante a sus veinte y treinta años le ha pasado factura en sus cuarenta: «No recuerdo la última vez que sentí que iba *ganándole* el tiempo al día. Todas las mañanas me despierto y siento que de alguna manera ya estoy atrasado y necesito acelerar para ponerme al corriente».
- Una gerente de *marketing* de cerca de treinta y cinco años cuyo sueño adolescente era vivir en la ciudad de Nueva York. Ahora que está allí, encuentra abrumador el ajetreo desenfrenado. Describe su vida como un juego de Pong; salta de correos electrónicos a reuniones y a cenas de trabajo, y rara vez

encuentra tiempo para sí misma. Siempre responde «Ocupada» cuando la gente le pregunta cómo le va. Y no se ve un final a esto. Ella señala: «Incluso mis jefes luchan para encontrar tiempo para la vida».

- Una estudiante de medicina de veintitantos años que se siente abrumada por los constantes exámenes y entrevistas de su etapa de residente: «Mis padres querían que fuera médica, y pensé que yo quería lo mismo, pero si esto es una señal de lo que viene, ya lo estoy reconsiderando».
- Una madre de cuarenta y pocos años con dos hijos, que anteriormente era ejecutiva en la industria editorial de revistas, pero decidió suspender su carrera para criar a sus hijos pequeños. Si bien considera la maternidad profundamente satisfactoria, también la describe como interminable: «Entre las comidas, las actividades, la limpieza y la hora de acostarse, siempre estoy atrasada, nunca ganándole al día».
- Un entrenador personal de treinta y tantos años y aspirante a creador de contenido que disfruta ayudando a las personas, pero no puede ver un camino para aumentar su impacto, dada la naturaleza fija de su tiempo y sus compromisos: «Me siento atrapado, como si mi tiempo me tuviera en una camisa de fuerza y estuviera hundiéndome en el río, pero no tengo la magia de Houdini para liberarme».

Un viejo relato lo expresa así: cuando una gacela se despierta por la mañana, sabe que debe correr más rápido que el león o será devorada; cuando un león se despierta por la mañana, sabe que debe ser más rápido que la gacela o morirá de hambre; así que ya seas la gacela o el león, cuando llegue la mañana, será mejor que empieces a correr. Definitivamente estás huyendo, pero al igual que Alicia y la Reina Roja, no está claro si realmente estás llegando a alguna parte.

En el último mes, ¿cuántas veces has respondido con alguna variación de «¡Ocupado!» cuando te preguntan cómo estás? Estoy dispuesto a apostar que el número es alto, probablemente mucho más alto de lo que te gustaría admitir. El problema: deseas tomar el control, pero con un marcador antiguo y completamente enfocado en la riqueza financiera como medida de tu valor; si no estás «ocupado» te consideran un fracaso. La sociedad te asegura que está bien sentirte pobre de tiempo siempre que sea una consecuencia de que estés buscando más dinero. *Ocupado* se ha convertido en la moneda corriente, al mismo tiempo realidad y símbolo de estatus pseudodistópico. La mano invisible aumenta en silencio la velocidad en tu cinta de correr.

Irónicamente, ese ajetreo y la atención dispersa que crea son la razón por la cual careces de control sobre tu tiempo: son los creadores del forcejeo moderno.

Tu atención está más dividida que nunca. Incluso mientras lees estas palabras acerca de la importancia de la atención, probablemente sientas la necesidad de coger tu teléfono inteligente. El concepto de *residuo de atención* fue identificado por primera vez por una profesora de negocios de la Universidad de Washington, Sophie Leroy, en 2009. En el artículo original, la doctora Leroy define el residuo de atención como «la persistencia de la actividad cognitiva sobre una Tarea A a pesar de que uno dejó de trabajar en la Tarea A y actualmente realiza una Tarea B».[5] En otras palabras, hay un costo cognitivo cuando cambias tu atención de una tarea a otra. Cuando cambias tu atención, queda un residuo que permanece con la tarea anterior y perjudica tu rendimiento cognitivo en la nueva tarea. Puede que pienses que tu atención está por completo en la nueva tarea, pero tu cerebro se ha quedado atrás. Ese retraso se ha vuelto aún más prominente en el mundo digital moderno, donde llevas (y usas) múltiples dispositivos y herramientas que constantemente atraen tu atención con sus notificaciones, pitidos y luces llamativas.

Es fácil encontrar ejemplos de este efecto en tu propia vida:

- Tienes reuniones una tras otra y todavía piensas en la reunión anterior durante la actual.

- Te apresuras de la actividad de un hijo a la de otro, pero no puedes recordar exactamente cómo llegaste allí.
- Aparece una notificación por correo electrónico y desvía por completo tu enfoque en la tarea actual.
- Revisas tu teléfono por debajo de la mesa durante una clase y eres incapaz de volver a concentrarte en las palabras del profesor.
- Estás conversando con un amigo o con tu pareja, pero tu mente está en el correo electrónico del trabajo que acabas de recibir, no en lo que dice la otra persona.

Las investigaciones indican que no parece importar si el cambio entre tareas es macro (es decir, pasar de una tarea importante a la siguiente) o micro (es decir, pausar una tarea importante para verificar de manera rápida algo de una tarea menor). Detenerte a revisar tu correo electrónico es tan malo como saltar de un proyecto importante a otro. El autor de *bestsellers* Cal Newport lo expresa bien cuando habla de la propensión cultural a «*sólo revisar*» las notificaciones del teléfono o correo electrónico: «Si, como la mayoría, rara vez pasas más de 10 a 15 minutos sin una sola revisión, efectivamente te has colocado en un permanente estado de discapacidad cognitiva autoimpuesta. La otra cara de la moneda, por supuesto, es imaginar la mejora cognitiva relativa que resultaría de disminuir este efecto».[6]

Las consecuencias del batallar moderno, del ajetreo perpetuo, las alertas digitales y la atención dispersa son extremas. En *Time Smart*, Ashley Whillans, investigadora y profesora de la Escuela de Negocios de Harvard, señala los altos costos de la pobreza de tiempo para el individuo: «Los datos que yo y otros hemos acumulado muestran una correlación entre la pobreza de tiempo y la infelicidad. Las personas que tienen poco tiempo son menos felices, menos productivas y están más estresadas. Hacen menos ejercicio, comen alimentos con más grasa y tienen una mayor incidencia de enfermedades cardiovasculares».

En una encuesta de 2009, el 75 por ciento de los padres británicos dijeron que estaban demasiado ocupados para leerles cuentos a sus hijos antes de dormir.[7] Según un informe de 2021 de la plataforma de correo electrónico Superhuman, el 82 por ciento de los trabajadores del conocimiento revisa su correo electrónico dentro de los primeros treinta minutos tras despertarse, y el 39 por ciento lo revisa dentro de los primeros cinco minutos.[8] El 84 por ciento de los ejecutivos estadounidenses han cancelado unas vacaciones para ir a trabajar.[9] Un asombroso 80 por ciento de los profesionales dicen que simplemente no tienen tiempo para hacer todo lo que quieren hacer.[10] Mientras que se alentó a los niños de generaciones anteriores a explorar su curiosidad, a los niños de la generación actual se les dice que llenen sus currículums con todas las actividades extracurriculares posibles y horas de pseudoservicio comunitario, todo en aras de correr un poquito más rápido de lo que los demás están corriendo para llegar al mismo fin.

Tienes más tiempo que tus antepasados, pero menos control sobre cómo lo gastas. Tienes más tiempo, pero de alguna manera tienes menos tiempo para las cosas que realmente te importan.

Necesitamos correr todo lo que podamos para mantenernos en el mismo lugar.

Estás corriendo más rápido y durante más tiempo, pero no llegas a ninguna parte, al menos no a ningún lugar al que valga la pena ir.

Pero hay una solución.

Desde una perspectiva científica, la teoría de Albert Einstein de que el tiempo es relativo fue revolucionaria, pero desde una perspectiva filosófica, la noción de que no *todo el tiempo es igual* ha existido durante miles de años. Los antiguos griegos tenían dos palabras diferentes para el tiempo: *cronos* y *kairós*. *Cronos* se refiere al tiempo secuencial y cuantitativo, es decir, a la secuencia natural y el flujo de partes iguales de tiempo. *Kairós* se refiere a un tiempo cualitativo más fluctuante, es decir, a la idea de que ciertos momentos tienen más peso que otros, que no todos los tiempos son iguales. *Kairós* da vida a la noción de que el tiempo hace más que simplemente pasar y fluir, que tiene sustancia, textura y peso, pero sólo si somos lo suficientemente perceptivos como para reconocerlo (y capitalizarlo). *Kairós* sugiere que momentos específicos tienen propiedades únicas, que la acción correcta en el momento correcto puede crear resultados y crecimientos desmesurados.

Un caso puntual: los gráficos del capítulo anterior muestran que no todo el tiempo es igual. Hay ventanas y momentos de especial importancia (*kairós*), tiempo en el que se puede invertir energía con el mayor retorno posible.

Esta percepción es la base de la solución al ajetreo moderno: identifica esos momentos de mayor influencia temporal y dirige tu atención a ellos.

No tienes que sentir como que te quedas atrás. Puedes salir adelante.

Es hora de dejar de correr más rápido y empezar a correr de manera más *inteligente*.

8.

Los tres pilares de la riqueza de tiempo

Dave Prout es un curtido ejecutivo de la industria de los videojuegos con más de veinte años de experiencia. Ha concebido, diseñado, desarrollado y lanzado algunos de los juegos más populares del mundo, como *Call of Duty*, *Halo* y *Medal of Honor*. Nació y creció en Seattle, Washington, pero, como muchos jóvenes, se fue de casa a los dieciocho años y nunca regresó. Construyó su vida en Austin, Texas, una ciudad que llegó a amar debido a su espacio urbano y a su coste de vida relativamente bajo, lo que le permitió criar a sus cuatro hijos de la manera que deseaba.

Sus padres se quedaron en Seattle, y dados los diversos compromisos de vida que se habían acumulado, Dave me dijo que los veía sólo dos veces al año. A su madre le habían diagnosticado cáncer en 2020, pero él y el resto de la familia asumieron que ella iba a estar bien, dada la calidad de la atención que recibiría. A principios de 2022, los tratamientos habían hecho que el cáncer entrara en remisión varias veces, pero en cada caso regresó.

En mayo de 2022, mientras su madre se sometía a otra ronda de tratamiento en Seattle, Dave estaba navegando en Twitter cuando se encontró con una publicación que yo había escrito en la plataforma:

«Llama a tus padres más seguido; no estarán allí para siempre.

Cuando eres joven y arrogante, la muerte es un constructo teórico. Date cuenta de que las personas que amas no estarán allí para siempre. Si tus padres tienen 60 años y los visitas una vez al año, es posible que sólo los veas veinte veces más en tu vida.»

Al leerlo, Dave pensó para sí mismo: «Hombre, me pregunto cuál será ese número para mí». Al darse cuenta de la naturaleza finita del tiempo que le quedaba con ellos, particularmente dada la reaparición más reciente del cáncer de su madre, decidió que tenía que hacer un cambio.

«Comencé a viajar para ver a mis padres cada seis semanas el resto de ese año. Hice varias visitas en 2022 que no habrían sucedido si no fuera porque vi esa publicación.»

Desafortunadamente, en enero de 2023, un equipo de médicos informó a la familia de que no podían hacer nada más por su madre. En lugar de hacer la transición al cuidado de hospital, regresó a la casa de su infancia para vivir el tiempo que le quedaba. Dave aceleró la cadencia de sus visitas a medida que la familia se turnaba para cuidar a su madre y apoyar a su padre hasta el final.

El 28 de mayo de 2023, la madre de Dave Prout falleció pacíficamente en su casa. De manera trágica pero bella, la fecha era el aniversario de bodas de sus padres. Unas horas después del fallecimiento, Dave dio un largo paseo para procesar su tristeza. «Me di cuenta de lo hermoso que era ese día de primavera. Sentí tanta gratitud porque ella pudo irse según sus deseos, en su casa, con su familia allí y con el clima tan bonito como estaba. Fue, en cierto sentido, algo perfecto.»

Más tarde pero ese mismo día, compartiendo la triste noticia en Twitter, Prout hizo referencia a mi publicación de mayo de 2022 mientras reflexionaba sobre el momento que *creó* con su madre a través de la mayor frecuencia de visitas.

«Gracias a este hilo, comencé a visitar a mis padres con más frecuencia el año pasado... Mi madre falleció esta mañana. Gracias a esto visité a mi madre y a mi padre al menos dos veces más a menudo de lo que lo habría hecho de otro modo. Fueron probablemente 10 visitas en total. Debido a esto, ahora tengo un montón de recuerdos de mi madre, no sólo los difíciles de las últimas semanas, a medida que se iba haciendo más débil.»

Esta historia ofrece una introducción perfecta a los tres pilares centrales de la riqueza de tiempo:

- Conciencia: una comprensión de la naturaleza finita y pasajera del tiempo.
- Atención: la capacidad de dirigir tu atención y concentrarte en las cosas que importan (e ignorar el resto).
- Control: la libertad de ser dueño de tu tiempo y elegir exactamente cómo gastarlo.

Los tres pilares de la riqueza del tiempo (conciencia, atención y control) son importantes por separado, pero es mejor considerarlos como una progresión: conciencia primero, atención después, control al final. Cada pilar se basa en el anterior y es el resultado de los cimientos establecidos por los demás. Desde la conciencia (desarrollar una comprensión del fugaz tiempo restante) hasta la atención (reducir la apertura de tu lente para enfocarte en las cosas que realmente importan) y el control (asignando el tiempo de acuerdo con los objetivos y valores), Dave Prout cultivó su riqueza de tiempo, y tú también puedes hacerlo.

Conforme mides la riqueza del tiempo, los tres pilares te proporcionan un plan para realizar la acción correcta para construirla. Al desarrollar una comprensión de estos pilares y los sistemas de alto afianzamiento que los afectan, puedes comenzar a crear los resultados correctos.

CONCIENCIA: EL TIEMPO COMO TU ACTIVO MÁS PRECIADO

La conciencia se caracteriza por la comprensión y apreciación de la naturaleza pasajera y preciosa del tiempo, de su valor tangible e importancia como activo. Graham Duncan, inversor y cofundador de East Rock Capital, acuñó el término *multimillonario de tiempo*, para referirse a alguien a quien le quedan más de mil millones de segundos de vida. Refiriéndose al concepto en un episodio del pódcast de *El Show de Tim Ferriss* en 2019, dijo: «Estamos tan obsesionados, como cultura, con el dinero. Y deificamos a los multimillonarios de alguna manera... Y estaba pensando en multimillonarios de tiempo, que cuando veo a veinteañeros, lo que pienso es que probablemente les quedan dos mil millones de segundos. Pero no se ven a sí mismos como *multimillonarios del tiempo*».

Cuando eres joven, eres un multimillonario de tiempo, literalmente rico en tiempo. A los veinte años, probablemente te queden unos dos mil millones de segundos (suponiendo que vivas hasta los ochenta). A los cincuenta, sólo quedan mil millones de segundos.

Cuando le pregunté a Duncan qué provocó la idea detrás del término, me respondió que se le ocurrió por medio de los cientos de entrevistas que había realizado a jóvenes analistas que solicitaron empleo en su compañía a lo largo de los años. «Me sorprendió cómo todos tenían cierta suposición oculta de que si pudieran ganar mil millones de dólares, entonces serían felices. Yo también solía tener esa suposición. Pero luego me di cuenta de que si ibas con Warren Buffet y le preguntabas si cambiaría mil millones de dólares por mil millones de segundos, elegiría el tiempo en lugar del dinero.»

¿Intercambiarías vidas con Warren Buffett? Tiene un patrimonio neto de aproximadamente 1.130 mil millones, acceso a cualquier persona en el mundo y pasa sus días leyendo y aprendiendo. Todo eso suena genial, y, sin embargo, estoy dispuesto a apostar a que muy pocos de ustedes estarían de acuerdo en intercambiar vidas con él.

¿Por qué no? Warren Buffet tiene, al momento en que escribo este libro, noventa y cuatro años. No importa cuánto dinero, fama o acceso tenga, probablemente no aceptarías cambiar tu tiempo restante por el suyo. Por otro lado, como señaló Graham Duncan, existe una posibilidad decente de que Buffett intercambie todos sus miles de millones de dólares para tener tu tiempo.

Esto trae a colación una paradoja, una que yo llamo la paradoja del tiempo: subconscientemente te percatas del inmenso valor de tu tiempo, pero de manera constante y consciente tomas acciones que ignoran ese valor. En *Sobre la brevedad de la vida*, Séneca escribió: «Lo cierto es que la vida que se nos dio no es breve, nosotros hacemos que lo sea; y que no somos pobres, sino pródigos del tiempo». Sabes lo importante que es tu tiempo, pero ignoras su paso y te involucras en actividades de bajo valor que te alejan de las cosas que realmente importan.

La meta es que aflore la conciencia de la naturaleza preciada del tiempo que tienes. Sin esta conciencia, nunca valorarás el tiempo lo suficiente hasta que, de repente, al final se convertirá en todo lo que valores.

La conciencia plena es un primer paso necesario, pero la conciencia sin atención está incompleta. Si deseas cambiar tu vida, debes cambiar tu atención.

ATENCIÓN: DESBLOQUEO DE SALIDAS ASIMÉTRICAS

En 1666, cuando la peste bubónica devastaba Londres y las ciudades circundantes, y obligaba a las universidades a cerrar sus puertas y enviar a los estudiantes a casa, un joven de veintitrés años del Trinity College de la Universidad de Cambridge huyó a su pequeño pueblo a cincuenta millas de distancia. Al igual que en los primeros meses de nuestra pandemia de COVID-19, los jóvenes estudiantes se vieron obligados por circunstancias desafortunadas a hacer una pausa en su vida y entrar en un estado de encierro.

Pero en lugar de lamentarse mientras estaba aislado, el particularmente brillante joven siguió la corriente de la restricción forzada, y pasó el año en un estado perpetuo de flujo creativo e intelectual. A pesar de la ausencia de requisitos educativos formales, se sumergió en sus libros, estudios y experimentos, persiguiendo sus curiosidades con intenso enfoque y fervor.

Durante el único año de su confinamiento, el joven estudiante hizo descubrimientos innovadores en los campos de la ciencia y las matemáticas, entre ellos:

- Desarrolló los principios básicos del cálculo.
- Formuló la ley de la gravitación universal.
- Definió las tres leyes fundamentales del movimiento.
- Sentó las bases para la comprensión del comportamiento de la luz.
- Diseñó un telescopio reflector.

El joven estudiante era Isaac Newton, y 1666 fue conocido como su *annus mirabilis* (en latín, «año milagroso»), un guiño a la amplitud y profundidad de su producción en un período tan corto. En un solo año, realizó la producción o trabajo equivalente a varias vidas increíbles.

La atención se define como el estado o acto de aplicar la mente a algo. Esta aplicación de energía mental es con la que creamos el progreso. Tu elección de cómo y cuándo desplegar tu limitada atención determina la calidad de tus resultados.

La escena final, el clímax de la clásica película animada de Pixar *Toy Story* ofrece una analogía útil para ilustrar esto.

Los dos protagonistas, Woody y Buzz Lightyear, intentan encender un pequeño cohete que los impulse de regreso a un lugar seguro. Pero su fósforo se apaga. Woody mira al sol y tiene una idea: agarra a Buzz, orienta su casco de cristal hacia el cielo (lo cual crea una lupa improvisada) y dirige el haz concentrado de la energía solar hacia la mecha del cohete. La mecha se enciende y los dos se lanzan con éxito hacia el feliz final de la épica aventura.

Si bien la película puede haber estado dirigida a los niños, la idea subyacente es importante: la energía solar enfocada y concentrada a través de la lupa del casco era significativamente más poderosa que la energía dispersa, sin concentrar.

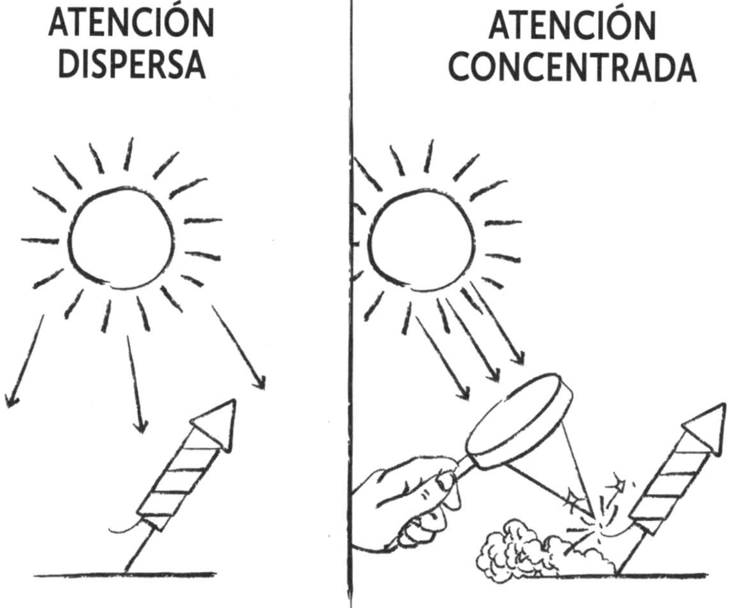

La misma idea sirve para tu atención: una atención con enfoque y concentración es mucho más poderosa que la atención dispersa, no concentrada.

Los resultados van después de la atención. La atención dispersa conduce a resultados aleatorios y ordinarios; la atención concentrada conduce a resultados enfocados y extraordinarios. Vemos un ejemplo perfecto en la historia de un joven Isaac Newton: la atención profunda, intensa y deliberada, desplegada en un período corto y único (un entorno de encierro y sin distracciones debido a la plaga) creó resultados asombrosos.

En un entorno promedio, las salidas están fijadas a las entradas: una unidad de entrada crea una unidad de salida. Si deseas crear dos unidades de salida, necesitas generar dos unidades de entrada. Esta relación fija te mantiene ocupado, disperso y atrapado: corres cada vez más rápido, pero nunca logras las diez o cien unidades de producción que constituirían llegar a algún lado.

Usando nuestra analogía de *Toy Story*, el Sol puede brillar por horas sobre la mecha del cohete, pero nunca la encenderá. La relación fija de la unidad de entrada del Sol y la correspondiente unidad de salida de calor en la mecha es insuficiente para crear el estado final deseado. La lupa cambia la situación: concentra la energía solar, por lo que la misma unidad de entrada crea cien unidades de salida de calor en la mecha. La relación fija se rompe y desbloquea la salida de forma asimétrica, para así lograr el estado final deseado (que se encienda la mecha).

Sir Isaac Newton, Lionel Messi y Warren Buffett se hicieron famosos porque dirigieron su atención a un número limitado de momentos y oportunidades para crear consistentemente más de mil unidades de producción por cada unidad de entrada.

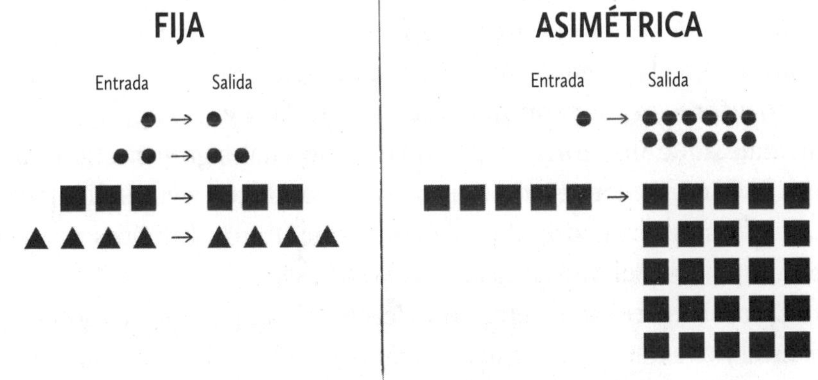

En el contexto de tu vida, la atención concentrada es el enfoque dedicado y profundo de los proyectos de alto afianzamiento, oportunidades, personas y momentos que de verdad importan. La atención es lo que te permite salir adelante, dejar de correr más rápido (más unidades de entrada) y comenzar a correr de manera más inteligente (mayor producción por unidad de entrada). Requiere de seleccionar y rechazar los proyectos apropiados. Decir sí a algunas cosas de alto afianzamiento y decir no a todo lo demás.

La atención necesita ser dirigida, administrada y aprovechada.

A medida que la atención se despliega de manera eficiente y efectiva en los momentos u oportunidades clave de importación, el tiempo será *kairós*: rompes la relación fija entre las entradas y las salidas en tu vida. Realizas la misma entrada, pero generas significativamente más resultados: la misma cantidad de esfuerzo produce resultados mejorados de manera radical. Con este cambio fundamental, el tiempo se transforma, de un activo fijo que debes usar a un activo dinámico que puedes crear. El tiempo entra en el reino de tu control.

CONTROL: LA ÚLTIMA META

Cassie Holmes, profesora de *marketing* y toma de decisiones conductuales en la Escuela de Administración Anderson de UCLA, y autora de *Happier Hour*, ha realizado una extensa investigación sobre el impacto del tiempo libre en la felicidad. En un artículo de 2021 publicado en el *Journal of Personality and Social Psychology*, Holmes y sus coautores expusieron que la relación entre el tiempo libre y la felicidad sigue una forma de U inversa, lo cual significa que tanto muy poco como demasiado tiempo libre conducen a la infelicidad.

La lección: cada uno de nosotros tiene un nivel Ricitos de Oro de tiempo libre, el nivel que *justo así está bien*.

El control te coloca en el asiento del conductor para que identifiques ese nivel y vivas de acuerdo con él. El control es el estado final que deseas:

tu capacidad de elegir lo que haces y cuándo lo haces. Eres dueño de tu tiempo y tomas tus propias decisiones sobre cómo asignarlo. Sin control, tu tiempo no es tuyo. Las otras personas lo poseen, de manera literal o figurada. Eres un usuario de tiempo; se te da tiempo junto con un conjunto específico de instrucciones a seguir. El control te convierte en un creador de tiempo; tú dictas el tiempo que tienes y cómo lo asignarás. La conciencia y la atención crean las condiciones para cambiar tu postura de *usuario* en *creador*. Considera este ejemplo de cómo funciona:

- Anteriormente, para crear diez unidades de salida (la salida necesaria para cumplir con tus responsabilidades), tenías que generar diez unidades de entrada (una proporción de 1:1).
- Con una mayor conciencia y una atención concentrada dirigida a los proyectos más importantes, las oportunidades de alto afianzamiento y los momentos, supongamos que se pueden crear diez unidades de resultados con sólo cinco unidades de entrada (una proporción de 2:1).
- Con esta proporción mejorada, las cinco unidades de entrada restantes representan el tiempo creado que puedes asignar libremente de acuerdo con tus valores y objetivos. Puedes usar ese tiempo para crear resultados más profesionales o asignarlo a un ámbito diferente de tu elección. Tú tienes el control.

La libertad de asignar el tiempo de acuerdo con tus preferencias, de elegir cómo lo gastas, dónde lo gastas y con quién lo gastas es el objetivo final. Éste es el estado final que deseamos en el verdadero control de nuestro tiempo.

Con una comprensión de estos tres pilares de la riqueza de tiempo, podemos pasar a la Guía de la riqueza de tiempo, que te proporciona las herramientas y los sistemas específicos para construir sobre estos pilares y cultivar una vida de abundancia.

9.

La guía de la riqueza de tiempo

Sistemas para el éxito

A continuación, la guía de riqueza de tiempo te proporciona sistemas específicos de alto afianzamiento para que construyas cada uno de los pilares de la riqueza de tiempo. Los sistemas están respaldados por una investigación clara y probada en batalla a través de mi propia experiencia personal, que comparto en todo momento. Esto no es un enfoque igual para todos y no deberías sentirte en la obligación de leer todos los casos; selecciona los que te parezcan más apropiados y útiles. Cada quien ingresa en una línea de salida distinta, y las guías al final de cada sección deberían permitirte «crear tu propia aventura» conforme avanzas en el libro.

A medida que consideres y ejecutes los sistemas para el éxito proporcionados en la guía, usa tus respuestas a cada afirmación del *test*, para dirigir tu enfoque a las áreas donde necesitas tener el mayor avance (aquellas en las que respondiste *totalmente en desacuerdo*, *en desacuerdo*, o *neutral*).

1. Tengo una profunda conciencia de la naturaleza finita y pasajera de mi tiempo y de su importancia como mi activo más preciado.
2. Tengo una comprensión clara de las dos o tres prioridades más importantes en mi vida personal y profesional.

3. Puedo dirigir mi atención y enfocarme de manera constante en las importantes prioridades que he identificado.
4. Rara vez me siento demasiado ocupado o disperso para dedicar tiempo a las prioridades más importantes.
5. Tengo el control de mi calendario y prioridades.

Algunas antimetas usuales relacionadas con la riqueza de tiempo que debes evitar en tu travesía:

- Dedicar demasiado tiempo a las actividades de bajo valor y a las que consumen mucha energía.
- Estar tan ocupado que no puedo priorizar el tiempo con las personas que realmente importan.
- Perder la espontaneidad en mi vida mientras persigo las prioridades que me son más importantes.

Aquí hay doce sistemas probados para generar riqueza de tiempo.

El reinicio completo de la riqueza de tiempo

PILAR: CONCIENCIA

Toda mi vida cambió cuando enfrenté la realidad matemática de la cantidad de tiempo que me quedaba con las personas que más amaba. Fue un reinicio completo para mi vida, una intervención emocionalmente desafiante pero necesaria que provocó una nueva conciencia y prioridades.

Quiero que enfrentes la misma realidad completando este simple ejercicio:

Comienza escribiendo el nombre de un amigo o familiar que ames profundamente pero que no veas lo suficiente. Calcula la cantidad aproximada de veces al año que ves a esa persona. Anota ese número.

Luego, anota tu edad y la de la otra persona. Resta del número ochenta la edad de la persona mayor.* Éste es el número aproximado de años que te quedan con esa persona.

Ahora, haz algunos cálculos básicos: multiplica la cantidad de veces que ves a esa persona durante el año por la cantidad de años que te quedan con esa persona. Con algunas matemáticas terroríficamente simples, has determinado la cantidad de veces que verás a tu ser querido antes del final.

He aquí un ejemplo de las matemáticas que enfrenté durante mi propio reinicio total en 2021:

- Veía a mi padre aproximadamente una vez al año mientras vivíamos a cuatro mil ochocientos kilómetros de distancia.

*Ochenta es una estimación aproximada de la esperanza de vida de un adulto. Si tú o la otra persona tienen más de ochenta años o si te sientes optimista, usa cien como número de referencia.

- Tenía sesenta y cinco años en ese momento. Restando eso de ochenta, obtuve quince.
- Multiplicando quince por el número de veces que lo veía por año, llegué a la conclusión de que lo vería quince veces más antes de que se fuera.

REINICIO TOTAL DE RIQUEZA DE TIEMPO

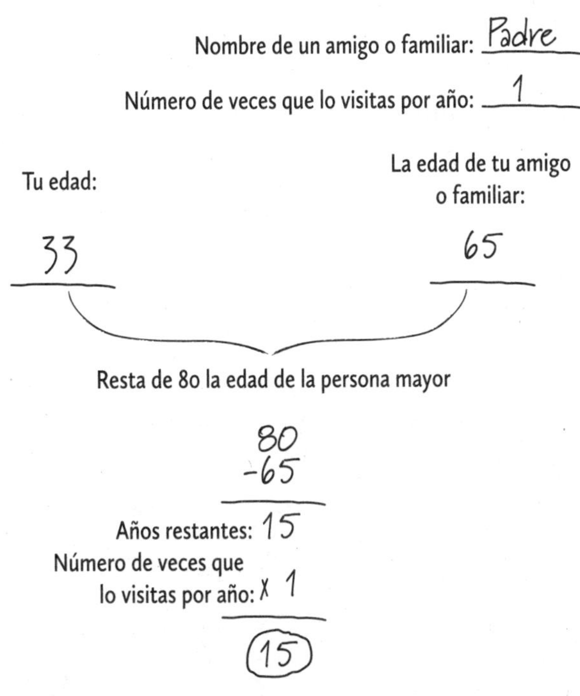

Es importante tener en cuenta que no todos estos números son fijos, algunos están bajo tu control. Cuando mi esposa y yo nos mudamos por todo el país para estar más cerca de nuestros padres después de este reinicio total, la cantidad de veces que volvería a ver a mi padre antes del final aumentó de quince a cientos.

Una acción, movernos, literalmente creó tiempo con nuestros seres queridos.

Fue un movimiento drástico pero necesario en nuestra vida. Es posible que los cambios que realices no necesiten ser tan significativos; algunas personas necesitan ver estos cálculos para priorizar las citas regulares para almorzar con sus amigos, más caminatas con sus hermanos o reuniones anuales con la familia. El punto es simple: una vez que veas estos cálculos, te inspirarás para crear más tiempo con aquellos a quienes más amas.

Repite el ejercicio para tantos seres queridos como mejor te parezca. Te servirá como un reinicio total, la intervención que generará nueva conciencia y prioridades.

Cómo establecer tu línea de referencia: el calendario energético

PILARES: CONCIENCIA Y ATENCIÓN

Antes de que puedas aprovechar tu atención, necesitas desarrollar una conciencia de cómo estás pasando tu tiempo en relación con la forma en que deberías hacerlo.

Aquí hay dos problemas desafiantes:

1. Establecer una línea de referencia de cómo estás pasando tu tiempo.
2. Identificar qué se debe priorizar, delegar o eliminar dentro de una agenda saturada.

Para resolver estos problemas, usa el calendario energético.

Durante una semana, al final de cada día laboral, revisa tu calendario y codifica con colores cada actividad a partir del día que acaba de terminar:

- Verde: creadora de energía; estas actividades te hicieron sentir energizado.
- Amarillo: neutral; estas actividades te hicieron sentir neutral.
- Rojo: ladrona de energía; estas actividades te hicieron sentir agotado.

Evita pensar demasiado en la codificación de los colores y confía en tu instinto natural sobre cómo te sentiste después de la actividad.

Al final de la semana, aléjate, mira tu calendario y hazte algunas preguntas:

1. ¿Qué actividades cotidianas son creadoras de energía (verde)?
2. ¿Qué actividades cotidianas son neutrales (amarillas)?
3. ¿Qué actividades cotidianas te roban energía (rojas)?

En función de las respuestas, puedes formular un plan de acción relacionado con tu tiempo:

- **Las actividades creadoras de energía deberían ser priorizadas y amplificadas.** ¿Cómo puedes dedicarle más tiempo a estas actividades en el futuro?
- **Las actividades neutrales deberían ser mantenidas o delegadas.** ¿Cómo puedes trabajar paso a paso para subcontratar o delegar algunas de estas actividades neutrales, para así liberar tu tiempo para más actividades creadoras de energía?
- **Las actividades ladronas de energía deberían ser delegadas, eliminadas o ajustadas.** ¿Cómo puedes trabajar paso a paso para subcontratar, delegar o eliminar algunas de estas actividades ladronas de energía? ¿Hay formas de hacer ajustes sutiles en estas actividades ladronas de energía que las llevarían a ser neutrales (por ejemplo, cambiar de una videollamada que agota tu energía a una llamada neutral si la haces caminando)?

El calendario energético está diseñado para brindarte una vista de tu tiempo de referencia y gasto de energía para generar las preguntas necesarias que mejoren tu línea de referencia actual. El objetivo no es eliminar todas las actividades neutrales y ladronas de energía (probablemente eso sea un imposible), sino mejorar paso a paso tu relación entre la creación y el consumo de energía (relación entre verde y rojo).

Cómo establecer prioridades: el ejercicio de las dos listas

PILARES: CONCIENCIA Y ATENCIÓN

El ejercicio de las dos listas se originó en una conversación legendaria entre Warren Buffett y su piloto personal Mike Flint. Un día, Flint lamentaba la falta de claridad sobre sus aspiraciones y metas personales y profesionales, y Buffett le pidió que pasara por un proceso de tres pasos que podría ayudarlo.

Primero, Buffett le dijo a Flint que escribiera veinticinco metas profesionales, todas las cosas en las que quería enfocarse y lograr en los próximos meses y años. Luego, le pidió que destacara las cinco primeras metas de la lista. Esto requirió cierto esfuerzo para reducir el listado, ya que a Flint le importaban todas. Con tiempo, Flint pudo subrayar sus cinco principales. Finalmente, Buffet le dijo a Flint que las separara en dos listas. Le preguntó a Flint qué haría con los puntos que no estaban señalados, y Flint le respondió que trabajaría en ellos cuando tuviera tiempo libre. Buffet negó con la cabeza y respondió que todo lo que Flint no había destacado, debería convertirse en su lista de «Evítese a toda costa». Estos puntos no deberían recibir atención hasta que tuviera éxito con los primeros cinco.

En resumen: los elementos más importantes habían sido resaltados; todo lo demás era una simple distracción que amenazaba con descarrilar el progreso de Flint.

Toda persona exitosa te dará alguna variante del mismo consejo: concéntrate en las cosas más importantes. Pero ¿cómo identificas cuáles son esas cosas? ¿Cómo identificas los proyectos, oportunidades y objetivos en los que deberías centrar tu atención? ¿Cuáles son las dos o tres áreas que tienen el potencial de impulsar las recompensas asimétricas en tus esferas personal y profesional?

Usa la estrategia de las dos listas para identificar las cosas más importantes y aprovechar tu atención:

1. HAZ UNA LISTA: crea una lista completa de tus principales prioridades profesionales. Repite esto para tus principales prioridades personales.
2. REDUCE LA LISTA: revisa la lista de prioridades profesionales y encierra en un círculo los tres o cinco elementos principales. Estos deben ser tus prioridades absolutas en tu vida profesional, los elementos que tendrán el mayor impacto en tu trayectoria, es decir, los impulsores de valor a largo plazo. Estos son los elementos que realmente importan. Repite este proceso para tu lista de prioridades personales.
3. DIVIDE LAS LISTAS. En una nueva hoja de papel, escribe las tres a cinco prioridades marcadas con un círculo en el lado izquierdo y todas las prioridades restantes en el lado derecho. Titula el lado izquierdo de la hoja como *Prioridades* y el lado derecho de la hoja como *Evítese a toda costa*. Repite este proceso para tu lista de prioridades personales.

Para dar vida a esta práctica, aquí hay un ejemplo visual del proceso:

HAZ UNA LISTA

PRIORIDADES PROFESIONALES

1. Renovar el sitio web corporativo y las plataformas sociales.
2. Aprender un nuevo idioma para ampliar oportunidades.
3. Identificar un *software* que aumente la eficiencia.
4. Continuar con mi educación, por ejemplo, maestría.
5. Buscar mentoría para aprender de profesionales experimentados.

6. Servir en juntas o comités para reforzar mi currículum.
7. Convertirme en un experto en el proceso de fusiones y adquisiciones.
8. Establecer un programa de mentoría en nuestra organización.
9. Lanzar un producto o servicio innovador.
10. Desarrollar habilidades para hablar en público y así aumentar la confianza en mí mismo.
11. Crear un horario de trabajo flexible que se acomode a mi vida personal.
12. Inscribirme en capacitación para la resolución de conflictos.
13. Diseñar un sólido programa de evaluación de mis empleados.
14. Establecer asociaciones beneficiosas con otras empresas.
15. Contribuir a mis cuentas para la jubilación con regularidad.
16. Asegurar un puesto con más responsabilidades internacionales.
17. Aumentar los ingresos anuales o mi salario en más del 40 por ciento.
18. Implementar opciones de trabajo remoto para mi equipo.
19. Mejorar mis habilidades de negociación para acuerdos comerciales.

REDUCE LA LISTA

PRIORIDADES PROFESIONALES

1. Renovar el sitio web corporativo y las plataformas sociales.
2. Aprender un nuevo idioma para ampliar las oportunidades.
3. Identificar un *software* que aumente la eficiencia.
4. Continuar con mi educación, por ejemplo, maestría.
5. **Buscar mentoría para aprender de profesionales experimentados.**
6. Servir en juntas o comités para reforzar mi currículum.
7. Convertirme en un experto en el proceso de fusiones y adquisiciones.
8. Establecer un programa de mentoría en nuestra organización.
9. **Lanzar un producto o servicio innovador.**
10. **Desarrollar habilidades para hablar en público y así aumentar la confianza en mí mismo.**

11. Crear un horario de trabajo flexible que se acomode a mi vida personal.
12. Inscribirme en capacitación para la resolución de conflictos.
13. Diseñar un sólido programa de evaluación de mis empleados.
14. Establecer asociaciones beneficiosas con otras empresas.
15. Contribuir a mis cuentas para la jubilación con regularidad.
16. Asegurar un puesto con más responsabilidades internacionales.
17. Aumentar los ingresos anuales o mi salario en más del 40 por ciento.
18. Implementar opciones de trabajo remoto para mi equipo.
19. Mejorar mis habilidades de negociación para acuerdos comerciales.
20. Aumentar la fuerza de mi red.

DIVIDE LAS LISTAS

PRIORIDADES

1. Buscar mentoría para aprender de profesionales experimentados.
2. Lanzar un producto o servicio innovador.
3. Desarrollar habilidades para hablar en público y así aumentar la confianza en mí mismo.
4. Crear un horario de trabajo flexible que se acomode a mi vida personal.
5. Aumentar la fuerza de mi red.

EVÍTESE A TODA COSTA

1. Renovar el sitio web corporativo y las plataformas sociales.
2. Aprender un nuevo idioma para ampliar las oportunidades.
3. Identificar un *software* que aumente la eficiencia.
4. Continuar con mi educación, por ejemplo, maestría.
5. ~~Buscar mentores para aprender de profesionales más experimentados.~~
6. Servir en juntas o comités para reforzar mi currículum.
7. Convertirme en un experto en el proceso de fusiones y adquisiciones.

8. Establecer un programa de mentoría en nuestra organización.
9. ~~Lanzar un producto o servicio innovador.~~
10. ~~Desarrollar habilidades para hablar en público para aumentar la confianza en mí mismo.~~
11. ~~Crear un horario de trabajo flexible que se acomode a mi vida personal.~~
12. Inscribirme en capacitación para la resolución de conflictos.
13. Diseñar un sólido programa de evaluación de mis empleados.
14. Establecer asociaciones beneficiosas con otras empresas.
15. Contribuir a mis cuentas para la jubilación con regularidad.
16. Asegurar un puesto con más responsabilidades internacionales.
17. Aumentar los ingresos anuales o mi salario en más del 40 por ciento.
18. Implementar opciones de trabajo remoto para mi equipo.
19. Mejorar mis habilidades de negociación para acuerdos comerciales.
20. ~~Aumentar la fuerza de mi red.~~

Separando las listas en *Prioridades* y *Evítese a toda costa*, creamos una línea muy clara que separa aquello en lo que nos enfocaremos de lo que delegaremos o eliminaremos.

Considera esta como tu primera línea de defensa: cuando surjan nuevas oportunidades, consulta tu ejercicio de las dos listas y evalúa rápidamente si cae en la categoría de una de sus prioridades o si debe evitarse a toda costa.

Utiliza el ejercicio de las dos listas para aprovechar tu atención y comenzar a romper la relación fija entre entradas y salidas.

Cómo gestionar las prioridades: la matriz de Eisenhower

PILARES: CONCIENCIA Y ATENCIÓN

El presidente Dwight D. Eisenhower fue un militar y político estadounidense nacido en Denison, Texas, en 1890. Su lista de logros es larga:

- Graduado de West Point, ascendió en las filas de las fuerzas armadas hasta convertirse en general de cinco estrellas del Ejército de los EE.UU.
- Durante la Segunda Guerra Mundial se desempeñó como comandante supremo de la Fuerza Expedicionaria Aliada en Europa y orquestó la famosa invasión de Normandía, el Día D.
- Eisenhower se desempeñó como rector de la Universidad de Columbia y como primer comandante supremo de la OTAN, antes de ser elegido trigésimo cuarto presidente de los Estados Unidos, cargo que ocupó de 1953 a 1961.

Como indican sus logros militares y civiles, Eisenhower fue un líder y ejecutivo altamente efectivo. Fue célebre por su productividad prolífica, casi sobrehumana. Su secreto fue que nunca confundió lo urgente con lo importante, como lo demuestra una cita que se le atribuye ampliamente: «Lo importante rara vez es urgente y lo urgente rara vez es importante».

Podemos definir lo *urgente* y lo *importante* de la siguiente manera:

- Urgente: una tarea que requiere atención inmediata.
- Importante: una tarea que promueva tus valores u objetivos a largo plazo.

La matriz de Eisenhower es una herramienta de productividad formulada por el autor Stephen Covey en su libro más vendido, *Los 7 Hábitos de la Gente Altamente Efectiva*, que te obliga a diferenciar entre lo urgente y lo importante para priorizar y administrar tu tiempo de manera más efectiva. Si bien el ejercicio de las dos listas te ayuda a concentrar tu atención en el nivel macro, la matriz de Eisenhower está diseñada para aprovechar tu atención a nivel micro, diario.

LA MATRIZ DE EISENHOWER

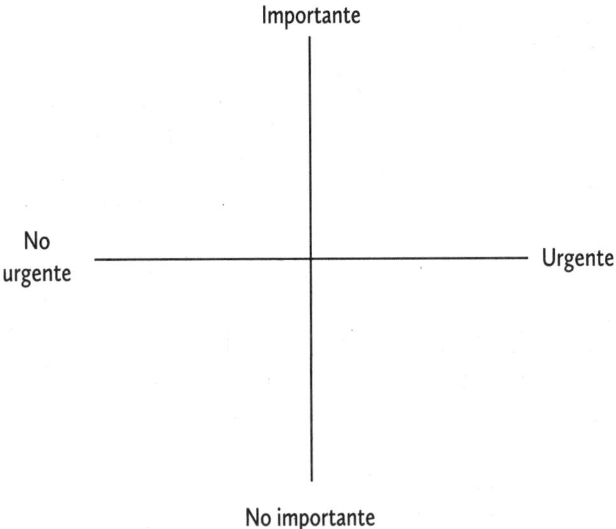

La matriz de dos por dos requiere que clasifiques tus tareas en uno de cuatro cuadrantes:

- **Importante y urgente**: estas son tareas que requieren atención inmediata y enfocada, pero que también contribuyen a tu misión u objetivos a largo plazo. Estas son tareas que tienes que *¡hacer ahora!* Meta: a corto plazo, deseas realizarlas de inmediato, pero a largo plazo deseas administrar las tareas importantes para que rara vez se vuelvan urgentes.

- **IMPORTANTE PERO NO URGENTE**: estas tareas son tus «amplificadores», es decir, crean valor a largo plazo en tu vida. Son los proyectos y oportunidades a los cuales deseas dedicar tu atención enfocada. Meta: dedica más tiempo a estas tareas; planifica tiempo para hacer un profundo trabajo en esta área. A largo plazo, aquí es donde debes intentar dedicar la mayor parte de tu tiempo y energía.
- **NO IMPORTANTE PERO URGENTE**: estas tareas son de la categoría *Ten cuidado*, es decir, pueden robarte el tiempo y la energía sin contribuir a tus metas a largo plazo o a tu visión. Esta son las tareas para delegar Meta: pasa menos tiempo aquí e intenta construir sistemas que te permitan delegar paulatinamente estas tareas a personas para quienes serán importantes.
- **NO IMPORTANTE Y NO URGENTE**: estas son las tareas y actividades que hacen perder el tiempo, agotan tu energía y socavan tu productividad. Son las tareas que tienes que *eliminar*. Meta: pasa menos tiempo aquí.

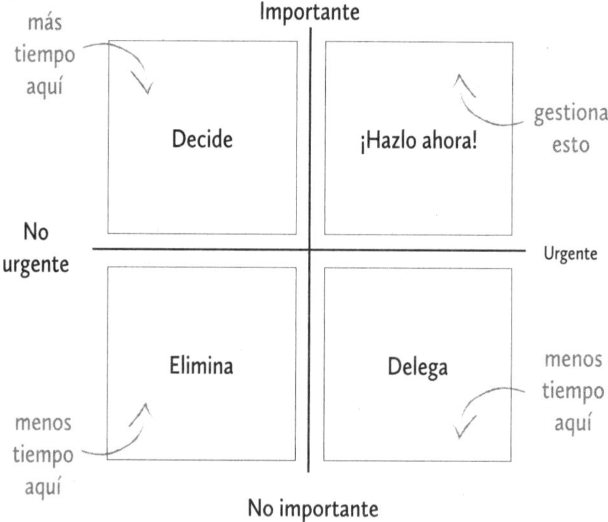

La matriz de Eisenhower crea una conciencia visual de los tipos de tareas en los que estás dedicando tu tiempo. Esta conciencia te permite ajustar el rumbo según sea necesario, para que dediques la mayor parte del tiempo a los proyectos y oportunidades importantes a largo plazo.

Para resumir los tres objetivos clave de la matriz de Eisenhower:

1. Administra la parte superior derecha.
2. Pasa la mayor parte del tiempo en la esquina superior izquierda.
3. Pasa menos tiempo en la mitad inferior.

Nunca he encontrado una sola herramienta de productividad que sea más útil que la matriz de Eisenhower cuando se trata de crear conciencia del tiempo y dirigir mi atención. Me encuentro recurriendo a ella con regularidad, especialmente cuando cargo con mucho y necesito restablecer mi enfoque.

Cómo simplificar tu sistema de tareas pendientes: la ficha bibliográfica

PILAR: ATENCIÓN

Puedes probar todos los sistemas de productividad más sofisticados del mundo, o puedes usar la estrategia simple que funciona tanto para analistas *junior* como para multimillonarios: una ficha bibliográfica.

Marc Andreessen, el exitoso fundador e inversor de tecnología, es un defensor de esta estrategia simple. En el ensayo acerca de su productividad personal, escribió: «Cada noche, antes de acostarse, prepare una ficha bibliográfica de 8 x 14 cm con una breve lista de tres a cinco cosas que hará el día siguiente».[11] Idealmente, esta es una lista de tareas importantes que contribuyen directamente a tus valores u objetivos a largo plazo (elementos identificados en la mitad superior de la matriz de Eisenhower). Evita anotar todos los elementos misceláneos urgentes pero sin importancia.

HOY 3/21

O Termina 3 pilares
O Dharma de propósito
O Grabaciones de audio
O Biografía financiera Q

Por la mañana, comienza por la parte superior de la lista y avanza hacia abajo, tachando los elementos importantes a medida que los superes. Tu objetivo es tachar cada elemento de la lista al final del día. Si eso es todo lo que logras, el día fue una victoria, porque estas fueron las tres a cinco tareas verdaderamente importantes que impulsaron tus valores o metas a largo plazo.

Tendemos a sobreestimar lo que podemos lograr en un día, así que sé intencionalmente conservador en la cantidad de elementos que enumeras. Como regla general, deberían ser tres, a menos que haya una razón muy específica para que sean más.

Los sistemas de productividad más sofisticados a menudo requieren mucha reflexión y mantenimiento. Si dedicas tiempo a pensar en tu sistema de productividad, te estás enfocando en el movimiento en lugar de en el progreso. La estrategia de la ficha bibliográfica simple aprovecha los principios básicos de enfoque e impulso para permitirte hacer más de lo que en verdad importa.

Recuerda siempre: lo simple es hermoso.

Cómo eliminar la pérdida de tiempo: ley de Parkinson

PILAR: ATENCIÓN

La ley de Parkinson es la idea de que el trabajo se expande para llenar el tiempo asignado para terminarlo. Fue formulado por el autor británico Cyril Northcote Parkinson en un ensayo satírico en *The Economist* en 1955. Si bien su artículo pretendía ser una crítica humorística de la ineficiencia burocrática, el principio se aplica a una variedad de situaciones, desde la gestión personal del tiempo hasta los proyectos a gran escala.

La visión generalizada parece cierta:

- Tienes todo el día para procesar el correo electrónico y terminas enviando correos electrónicos durante todo el día; tienes treinta minutos para procesar el correo electrónico y revisarás toda tu bandeja de entrada en un instante.
- Tienes meses para completar una tarea y pospones las cosas lo suficiente como para que la tarea te lleve meses; tienes dos días para completar una tarea y trabajas de manera eficiente y la terminas.

Los marcos temporales amplios conducen a mucho movimiento y poco progreso: el fenómeno del caballito balancín presente en la cultura del trabajo desenfrenado. Tendemos a ser más eficientes y productivos cuando entran en juego las limitaciones. También tendemos a centrarnos en lo *importante* cuando estamos presionados por el tiempo.

Puedes aprovechar la ley de Parkinson para tener más eficiencia y efectividad en tu vida profesional y personal:

- Establece bloques de tiempo más cortos de lo que te resulte cómodo, para tareas de poca importancia pero necesarias. Utiliza esta presión artificial para evitar la procrastinación y liberar tiempo para las tareas importantes y de alto valor.
- Procesa en lotes el correo electrónico durante tres ventanas cortas y limitadas en el tiempo. Si te permites revisar tu correo electrónico durante todo el día, estarás plagado de residuos de atención y nunca terminarás el trabajo. Condensa el procesamiento en ventanas cortas para volverte más eficiente y evitar el impacto cognitivo negativo del cambio de tareas.
- Reduce las reuniones estándar a veinticinco minutos. La ventana más ajustada hace que los participantes sean más eficientes (evita charlas triviales tipo «¿y qué tal el clima?») y te da un descanso de cinco minutos para reajustarte entre cada junta.
- Trabaja en grandes proyectos en bloques enfocados de una a tres horas. Descarga una sencilla aplicación para enfocarte en tu ordenador o teléfono y configura el temporizador. Comienza a los sesenta minutos y ve incrementando el tiempo. La restricción de tiempo te hará más eficiente, y los descansos intermedios restablecerán tu energía mental.
- Agrupa las temidas tareas personales (ordenar, lavar la ropa, lavar los platos, etcétera) en ventanas cortas y dedicadas. Concentrarse en esas tareas en *sprints* es más efectivo que demorarse en ellas durante lapsos prolongados.

Aprovecho la ley de Parkinson en la estructura de mi calendario para concentrarme en breves *sprints* de energía para mis proyectos prioritarios. Las primeras tres horas de mi día, de cinco a ocho de la mañana, siempre están dedicadas a mi proyecto creativo más importante (ahora mismo, ¡este libro!). La restricción forzada de bloques con límite de tiempo genera una densidad que mejora significativamente la cantidad y calidad de mi producción.

Cuando estableces largas horas fijas para hacer tu trabajo, encuentras formas improductivas de llenarlo: trabajas más tiempo, pero haces menos. La mejor manera, parafraseando al empresario Naval Ravikant, es trabajar como un león: correr, descansar, repetir.

Aprovecha la ley de Parkinson para convertirte en un profesional más eficiente, enfocado y saludable.

Cómo dejar de procrastinar: el sistema antiprocrastinación

PILAR: ATENCIÓN

La procrastinación se define como la acción de posponer o retrasar algo. Los filósofos de la Antigua Grecia lo llamaban *acrasia*: actuar en contra de tu buen juicio. Procrastinas cuando es más fácil delegar una tarea a tu yo futuro. La propensión a posponer las cosas está literalmente integrada en nuestro ADN. Valoramos el placer inmediato, incluso si sabemos que no es lo mejor para nosotros a largo plazo. Desafortunadamente, la procrastinación es limitante del crecimiento; impide el avance de tu potencial, por lo que necesitas un sistema para luchar contra ella. El sistema antiprocrastinación implica tres pasos centrales:

1. Deconstrucción.
2. Planificación y puesta en juego.
3. Acción.

Paso 1: Deconstrucción

La procrastinación es a menudo un subproducto directo de sentirse intimidado. En una charla TED que ha sido vista más de setenta millones de veces, el autor Tim Urban usó el ejemplo de una tesis académica para ilustrar este punto. Si defines el proyecto como «escribir mi tesis de cien páginas», ya estás preprogamándote para la procrastinación.

Para quien procrastina, los proyectos grandes y a largo plazo son una gran y aterradora caja negra. Tu imaginación llena esa caja negra con infinitas complejidades y horrores. El conjunto es demasiado intimidante, así que se lo pasas a tu yo futuro.

Deconstruye el proyecto grande y aterrador en tareas pequeñas que sean manejables por separado.

En el ejemplo de la tesis, las tareas podrían ser

- Construir un sistema para tomar apuntes.
- Reunir piezas de investigación importantes.
- Anotar los datos clave de las investigaciones.
- Elaborar el esquema de la tesis.
- Redactar el borrador de la tesis.
- Editar y completar la tesis.

La meta aquí es una simple conversión mental de grande e intimidante a pequeña y manejable.

PASO 2: PLANIFICACIÓN Y PUESTA EN JUEGO

A continuación, debes desarrollar un plan de ataque para marcar como listas las tareas que has deconstruido.

El plan para cada microtarea debe ser:

- Específico: exactamente lo que harás.
- Limitado en el tiempo: cuándo lo harás.

Cuando establezcas límites de tiempo, inclínate por tener menos ambición a pequeña escala. Date victorias fáciles desde el inicio con límites de tiempo alcanzables.

Crea un documento de proyecto:

- Anota las tareas específicas en cada pilar principal del proyecto que hayas deconstruido.
- Anota tu cronograma para cada tarea.

Pon algo en juego para impulsar mejores resultados:

- DECLARACIÓN PÚBLICA: expresa públicamente tus intenciones acerca del proceso. Ponlo en las redes sociales, publícalo en

LinkedIn, cuéntaselo a un grupo de amigos en una cena. Nadie quiere faltar a su palabra.
- **Presión social**: haz un plan para encontrarte con un amigo en algún lugar para hacer el trabajo inicial. Programa una hora y un lugar para reunirte y decide exactamente qué trabajo abordarás mientras estés ahí.
- **Recompensa**: planea una recompensa si haces lo que se supone que debes hacer. Permítete dar un agradable paseo, tomar un café o cenar con tus amigos.
- **Penalización**: planea una penalización si no haces lo que se supone que debes hacer.

Pon algo en juego y ludifica los grandes proyectos. Puede ser muy efectivo.

Paso 3: Acción

La acción suele ser la parte más difícil. Específicamente la primera acción, el primer movimiento. Para crear un movimiento inicial, puedes intentar lo siguiente:

- Planea una sesión de sincronización: similar a lo que vimos de poner algo en juego a través de la presión social, reúnete con un amigo para hacer el movimiento inicial.
- Recompensa el movimiento inicial: adjunta una pequeña recompensa por completar el movimiento inicial (por ejemplo, una caminata afuera).
- Usa la técnica del león: comprométete a un sólo *sprint* corto (de treinta minutos) seguido de un descanso lujoso.

La parte más difícil es comenzar. Regálate una victoria rápida. Las grandes victorias son simplemente el resultado de pequeñas victorias de manera consistente.

TODO A LA VEZ:
Los tres pasos del sistema antiprocrastinación:

1. Deconstrucción: deconstruye el proyecto grande y aterrador en tareas pequeñas y manejables.
2. Planeación y poner en juego: crea un documento de proyecto con tareas específicas y limitadas en el tiempo. Pon algo en juego para ludificar su final.
3. Acción: un cuerpo en movimiento tiende a permanecer en movimiento. Crea sistemas que provoquen un movimiento inicial. Diseña pequeñas victorias (se convierten en grandes victorias con el tiempo).

Este es el sistema exacto que usé para superar mis propias batallas con la procrastinación al escribir este libro. Deconstruí el proyecto en secciones y luego en capítulos, lo cual redujo la intimidación inicial e hizo que el proyecto se sintiera más manejable. Creé un documento de proyecto con fechas límite y establecí microrrecompensas (generalmente me permití comprar algo si cumplía con la fecha límite). Finalmente, tomé medidas diarias y escribía todas las mañanas inmediatamente después de despertarme. El movimiento al inicio del día, como parte del gran proyecto, diseñó una pequeña victoria diaria que generó impulso a medida que avanzaban los días, las semanas y los meses.

Todo el sistema antiprocrastinación pretende ser dinámico e iterativo. A medida que trabajes en tus grandes proyectos, asegúrate de evaluar y modificar constantemente tu plan y tu proceso. Encuentra nuevas formas de aumentar lo que pones en juego y ponte en marcha. No es perfecto, pero este sistema te ayudará a atravesar las murallas de la procrastinación. ¡Las páginas que estás leyendo actualmente son un buen ejemplo!

Cómo concentrar la atención: la secuencia de arranque del estado de flujo

PILAR: ATENCIÓN

En su libro *bestseller* titulado *Céntrate* (*Deep Work*), Cal Newport enfatiza la importancia de trabajar de manera enfocada, ininterrumpida y sin distracciones en las prioridades más importantes, como la única forma de crecer y prosperar en la economía moderna. En palabras de Newport: «La hipótesis del trabajo a fondo: la capacidad de realizar un trabajo a fondo se está volviendo cada vez más escasa, exactamente al mismo tiempo que se está volviendo cada vez más valiosa en nuestra economía. Como consecuencia, los pocos que cultiven esta habilidad y luego la conviertan en el núcleo de su vida laboral prosperarán».

La capacidad de concentrar tu atención y participar en este enfoque centrado, este estado de flujo o *flow*, es esencial para la riqueza de tiempo, ya que te permite romper la relación fija entre las entradas y las salidas. Los bloques de trabajo a fondo y enfocados no serán fáciles de ejecutar al principio. Estarás anulando por la fuerza gran parte de la respuesta natural de la recompensa de dopamina para la cual se construyeron todas estas aplicaciones, herramientas digitales y plataformas sociales.

Desarrollarás tu capacidad de enfoque progresivamente:

- Comienza con treinta minutos, una vez al día.
- Trabaja hasta una hora dos o tres veces al día, al final del primer mes.
- A partir de ahí, extiende los períodos a dos horas (mi máximo personal) o cuatro horas (un objetivo ambicioso) a medida que se fortalezca tu capacidad de enfoque.

Una vez que hayas planeado tus ventanas para el estado de flujo, necesitarás una forma de abordar el estado de enfoque a fondo que se necesita para un trabajo de alta calidad. Cuando enciendes un ordenador y miras fijamente a la pantalla con impaciencia, el ordenador está haciendo algo muy importante: ejecuta una secuencia de arranque. La secuencia de arranque es simplemente un conjunto fijo de operaciones que el ordenador realiza cuando se enciende y para preparar el sistema operativo para su uso. Esta secuencia garantiza que el sistema operativo esté activado adecuadamente y listo para la avalancha de procesamiento de tareas que el usuario le lanzará en la inminente sesión. Tú no eres tan diferente a este ordenador: para fluir de manera óptima, a medida que procesas tareas importantes necesitas preparar tu sistema operativo.

Necesitas una secuencia de arranque personal.

La secuencia de arranque personal es un conjunto fijo de acciones y señales ambientales que marcan mental y físicamente el inicio de una sesión en bloque de trabajo enfocado. Si bien técnicamente se puede usar para cualquier sesión de trabajo, lo encuentro particularmente valioso para preparar un bloque de enfoque. La secuencia se convierte en una puerta de entrada al *estado de flow* en el que necesitas estar. Una secuencia efectiva y repetible te permitirá entrar en tu estado de *flow* y ejecutar un trabajo profundo y enfocado en tus proyectos más importantes de manera rápida y consistente.

La secuencia se puede construir a partir de los cinco sentidos:

1. TACTO: qué movimiento / acción corporal realizaste antes de comenzar.
2. GUSTO: lo que estás bebiendo, masticando o comiendo como aperitivo.
3. VISTA: lo que ves en tu entorno.
4. OÍDO: lo que escuchas en tu entorno.
5. OLFATO: lo que percibes en tu entorno.

Usando este marco simple, construí una secuencia de arranque personal que se ve así:

1. Tacto: antes de sentarme a una sesión de trabajo a fondo, salgo a caminar cinco minutos o me sumerjo en agua fría durante tres minutos. Ambas acciones desbloquean mi energía creativa y preparan mi sistema.
2. Gusto: siempre tomo un café solo frío, al que doy sorbos antes del comienzo de la sesión y mantengo cerca durante ésta. La cafeína ayuda, pero es principalmente un efecto psicológico, porque rara vez me termino la bebida.
3. Vista: mi escritorio da a una ventana con paredes oscuras a ambos lados, algunas plantas y arte neutro.
4. Oído: escucho una lista de reproducción de Spotify llamada «*Classical Essentials*».
5. Olfato: me encanta el olor a madera, así que mi rincón para escribir tiene velas o aceites de cedro o sándalo.

Normalmente repaso esta secuencia dos veces al día: una a primera hora de la mañana (alrededor de las 5:00 h), cuando comienzo mi primera sesión creativa a fondo; una vez por la tarde, después del almuerzo (alrededor de las 12:30 h), cuando comienzo mi segunda sesión de trabajo profundo. Pasar por esta secuencia se ha convertido en una rutina increíblemente efectiva que me lleva al estado apropiado para entrar en mi estado de *flow*.

Para construir tu secuencia, siéntate y recorre cada uno de los cinco sentidos. Para cada sentido, piensa en un momento en el que realmente estuviste en *flow*. ¿Cómo se involucró ese sentido durante (o antes) de esa sesión? Escribe las diferentes formas en que estos sentidos estuvieron involucrados en períodos previos de *flow*, para que te des una idea de la variedad de opciones a tu disposición. Elige la opción para cada sentido sobre la cual sea más fácil actual y que se pueda repetir de manera sencilla. Si estabas en un estado de *flow* en un café con vistas al Mediterráneo en Positano, Italia, y bebiendo un *espresso* de veinte euros, probablemente eso no lo puedas repetir (¡si puedes, por favor intercambia tu vida conmigo!). Si estabas en un estado de *flow* en tu cafetería local y escuchabas tu canción de *house* favorita, probablemente eso sea bastante fácil de repetir.

Una vez que hayas establecido tus opciones para actuar y repetir por cada uno de los cinco sentidos, anota tu secuencia de arranque personal completa. Hasta que se vuelva un hábito, marca los elementos de la lista mientras inicias una sesión de trabajo profundo.

Cómo aprovechar el tiempo: delegación efectiva

PILARES: ATENCIÓN Y CONTROL

La matriz de Eisenhower te alienta a delegar tareas específicas a personas para quienes estas serán importantes. Pero la delegación efectiva no es una asignatura usual en ningún plan de estudios escolar, por lo que la mayoría de las personas no tienen idea de cómo hacerlo. Utiliza esta guía para comenzar tu travesía para delegar.

Hay tres principios básicos para delegar de manera efectiva:

1. **perfilar la tarea apropiada:** perfilar tareas para delegación según su riesgo y reversibilidad. Delega las tareas de bajo riesgo y alta reversibilidad que requieran una supervisión mínima, y delega las tareas de alta reversibilidad que requieran una supervisión significativa. Por ejemplo, la administración del calendario generalmente es de bajo riesgo y reversible, por lo que se puede delegar con una supervisión mínima, mientras que la comunicación clave con el cliente es de alto riesgo y no reversible, por lo que debe delegarse con una supervisión significativa. La creación clara de perfiles de tareas antes de la delegación es esencial para establecer expectativas y comentarios efectivos.
2. **expectativas claras:** establece expectativas claras para la finalización de cada tarea, incluidos los entregables, el cronograma, los ciclos de retroalimentación anticipados y el perfil de riesgo. Por ejemplo, pedirle a alguien que «realice el informe sobre los clientes» es mucho menos efectivo que pedirle a alguien que «realice el informe sobre los clientes antes del martes por la tarde, para que el equipo ejecutivo lo revise antes de presentar los aspectos más destacados en una reunión con la junta directiva el miércoles». Lo primero es vago y am-

biguo; lo segundo proporciona la claridad de la línea de tiempo, la importancia y el uso de la tarea, lo que hace que la probabilidad de un resultado de calidad sea mucho mayor. Pídele siempre a la persona en quien delegues la tarea que te repita las expectativas en sus propias palabras para confirmar que ha comprendido antes de proceder.

3. **Bucles de retroalimentación infinitos:** la delegación más efectiva implica ciclos de retroalimentación constantes e iterativos, de modo que los participantes se vuelvan más inteligentes y mejores a medida que se recopila la información. Los participantes colaboran en lo que salió bien, lo que faltó y en cómo se puede mejorar todo el proceso. Establece una cadencia clara para la supervisión, la retroalimentación y los ajustes, ya sea un registro diario, semanal o mensual, según la tarea.

Al aprovechar los tres principios básicos, puedes avanzar desde un nivel básico hasta un nivel superior de delegación. Los tres niveles pueden aparecer de la siguiente manera:

- **nivel base:** sistema de delegación directa en el que los participantes reciben instrucciones exactas para completar la tarea; son monitoreados de cerca, se les da retroalimentación sobre los horarios establecidos y se repiten en consecuencia.
- **nivel medio:** sistema de delegación semiautónomo en el que los participantes reciben instrucciones por adelantado para completar la tarea, pero luego administran e iteran en el proceso de forma independiente; sólo requiere una modesta supervisión o intervención.
- **nivel superior:** sistema de delegación autónoma en el que los participantes son plenamente conscientes de las tareas requeridas y operan de forma independiente con una supervisión o intervención mínimas.

JERARQUÍA PARA DELEGAR

La idea es progresar desde el sistema básico, directo, hasta el sistema superior, autónomo, durante un período. Aprovecha los tres principios básicos de un modelo de delegación efectivo para crear un sistema que desbloquee un nuevo momento en tu vida.

Cómo simplificar los compromisos: el arte del no

PILAR: CONTROL

En *Happier Hour*, la autora Cassie Holmes hace referencia a un fenómeno al que los psicólogos llaman el efecto «sí-demonios». La idea, propuesta por primera vez por Gal Zauberman, de la Universidad de Carolina del Norte, y John Lynch, de Duke, es que los humanos sobreestiman continuamente la cantidad de tiempo libre que tendrán en el futuro, por lo que dicen que sí a las cosas futuras, ya que asumen que tendrán tiempo para realizarlas. Pero cuando llega esa fecha futura, descubren que estaban equivocados. En otras palabras, dices «Sí», y luego llega la fecha futura y dices «¡Demonios!».

Si quieres tomar el control de tu tiempo, necesitas aprender el arte del no.

Dos atajos que puedes usar:

Para compromisos personales, usa la *prueba del ahora mismo*:

- Al decidir si debes comprometerte a algo, pregúntate, *¿haría esto ahora mismo?* Para propósitos prácticos, puedes pensar en ahora mismo como hoy o mañana. El objetivo es eliminar las distorsiones futuras del tiempo observadas por los psicólogos: al llevar el evento al presente, tomas una decisión más clara y racional.
- Si la respuesta a *¿Haría esto ahora mismo?* es no, di que no.
- Si la respuesta es sí, hazlo.

LA PRUEBA DEL AHORA MISMO

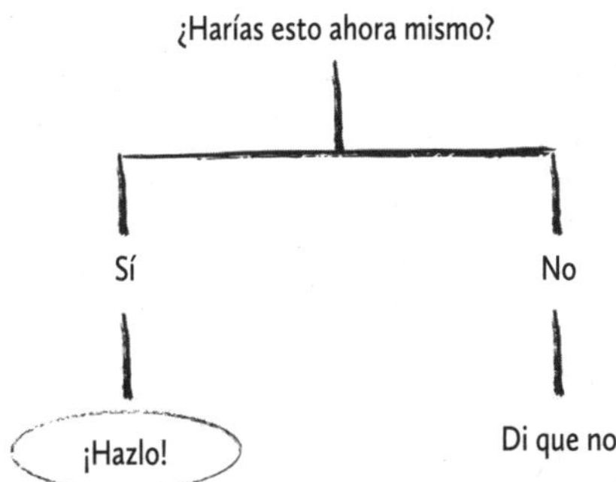

Para compromisos profesionales, utiliza la *prueba de la nueva oportunidad*:

LA PRUEBA DE LA NUEVA OPORTUNIDAD

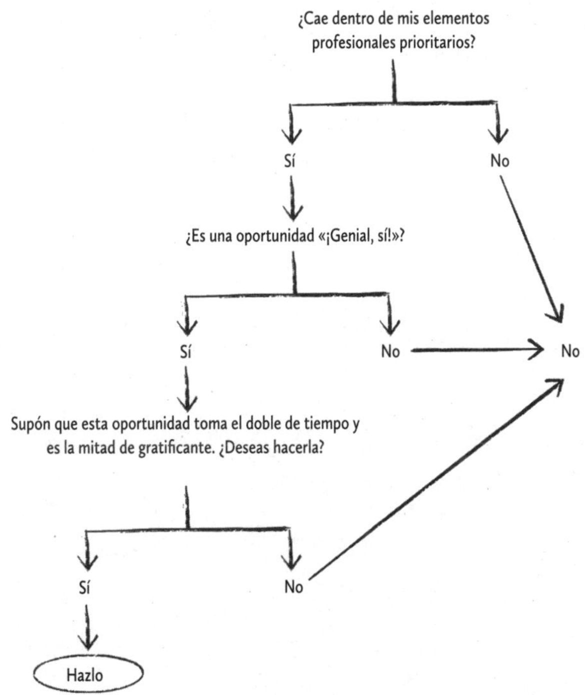

PASO 1: revisa tus sus dos listas del ejercicio anterior. ¿La oportunidad cae dentro de tus elementos profesionales prioritarios? Si no, di que no. Si es así, continúa con el paso 2.

PASO 2: ¿Es esto una oportunidad «¡Genial, sí!»? El escritor Derek Sivers propuso esta regla simple: si algo no es un «¡Genial, sí!», entonces es un no. Si es una oportunidad «¡Genial, sí!», continúa con el paso 3.

PASO 3: Supón que esta oportunidad toma el doble de tiempo y es la mitad de gratificante de lo que esperas que sea. ¿Aún querrías hacerla? Los humanos tendemos a ser demasiado optimistas cuando nos embarcamos en algo nuevo. Fuerza un grado de racionalidad en la decisión bajando tus expectativas. Si la respuesta ahora es no, di que no. Si la respuesta es sí, hazlo.

Usando estos «accesos directos» (*la prueba del ahora mismo* y la *prueba de la nueva oportunidad*), puedes dominar el arte del no y comenzar a tomar el control de tu tiempo.

Cómo administrar tu tiempo: bloques temporales y los cuatro tipos de tiempo profesional

PILAR: CONTROL

Hay muchas cosas que podemos aplicar al futuro estudiando el pasado. En su autobiografía, Benjamin Franklin compartió un desglose de su calendario y rutina diarios. La rutina de Franklin, reproducida a continuación, utiliza bloques temporales, una estrategia simple de administración del tiempo y el calendario que asigna bloques discretos de tiempo para actividades específicas.

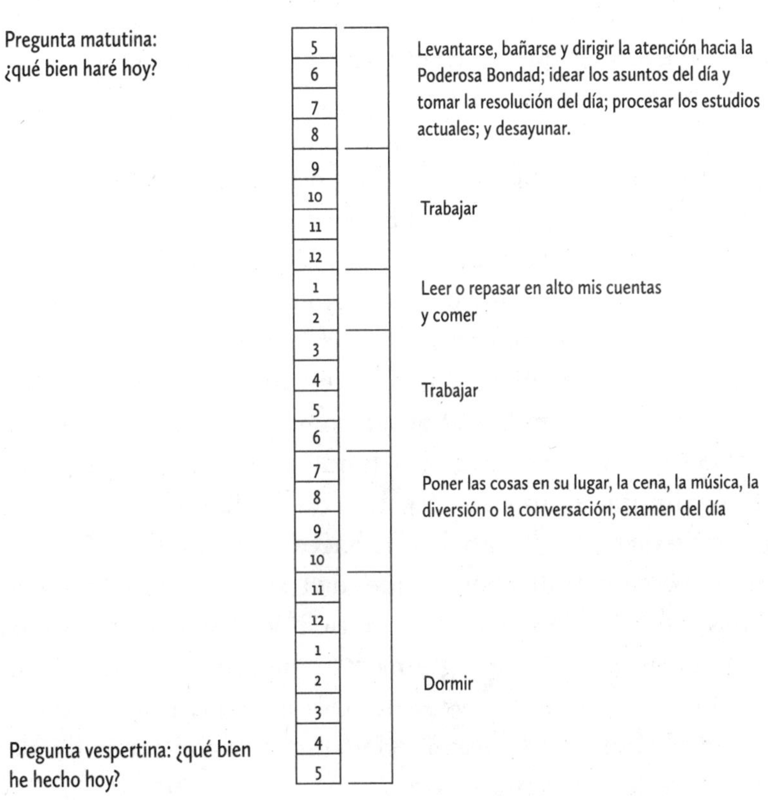

Todo su día se divide en seis bloques de tiempo:

5:00 a 8:00 h: Levantarse, bañarse y dirigir la atención hacia la Bondad Poderosa; idear los asuntos del día y tomar la resolución del día; procesar los estudios actuales; y desayunar.
8:00 a 12:00 h: Trabajo.
12:00 a 14:00 h: Leer o repasar en alto mis cuentas y comer.
14:00 a 18:00 h: Trabajar.
18:00 a 20:00 h: Poner las cosas en su lugar, la cena, la música, la diversión o la conversación; examen del día.
20:00 a 5: 00 h: Dormir.

Si bien la rutina de Franklin claramente omitía algunas de las realidades de la vida que muchos de nosotros enfrentamos (cuidado de niños, responsabilidades en el hogar, etcétera), podemos adoptar su estructura general para mejorar la forma en que manejamos nuestros días.

El concepto de los bloques de tiempo es simple: ciertas ventanas de tiempo están bloqueadas para trabajar en tareas distintas y específicas. En lugar de administrar tu vida a través de una lista de tareas pendientes, administra tu vida por medio de tu calendario o agenda. Poner tu tiempo en bloques aprovecha el conocido principio psicológico de que establecer una intención para tu tiempo es fundamental para impulsar el progreso. Planear tu día de esta manera te permitirá concentrarte a fondo en la tarea específica en cuestión y limitar el impacto negativo de las distracciones. Te dará cierto grado de control sobre lo que haces y cuándo lo haces.

En mi versión, utilizo los bloques de tiempo para mis responsabilidades profesionales, pero dejo mi tiempo personal abierto (prefiero no sentir que estoy programando tiempo para cosas como la familia, los entrenamientos y la relajación). Para realizar bloques de tiempo profesional, utilizo un modelo que desarrollé, que divide el tiempo profesional en cuatro áreas.

Los cuatro tipos de tiempo profesional

Hay cuatro tipos de tiempo profesional:

1. Administración
2. Creación
3. Consumo
4. Ideación

Repasemos cada tipo para entenderlo más claramente.

Tipo 1: Administración

La mayoría de nosotros pasamos la mayor parte de nuestra vida profesional en la administración del tiempo. También es un elemento básico de las grandes organizaciones.

Las actividades típicas de la administración del tiempo incluyen:

- Reuniones
- Llamadas
- Presentaciones
- Procesamiento de correo electrónico
- Administración de equipos y personas

Puede ser altamente productivo y eficiente, pero también puede crear un enfoque en el movimiento en lugar de en el progreso.

Tipo 2: Creación

El tiempo para la creación es el segundo tipo más común de tiempo profesional. Es lo que la mayoría de nosotros luchamos por hacer en los espacios entre los bloques del tiempo de administración.

Las actividades típicas del tiempo para la creación incluyen:

- Escribir
- Programar
- Construir
- Preparar

El tiempo para la creación es donde se halla el nuevo progreso. Las organizaciones prósperas se centran en este tiempo y se aseguran de que el tiempo de administración no se interponga.

Tipo 3: Consumo

El tiempo de consumo es uno de los dos tipos olvidados del tiempo profesional. Es donde se siembran las nuevas ideas para la creación y el crecimiento.

Las actividades típicas del tiempo de consumo incluyen:

- Leer
- Escuchar
- Estudiar

Parafraseando al autor de *Hábitos atómicos*, James Clear, todo lo que creas es el resultado de lo que consumes. [12] El tiempo de consumo se centra en el ejemplo de un río y de cómo la corriente arriba impacta directamente en la calidad de la corriente abajo.

Tipo 4: Ideación

El tiempo de ideación es el segundo de los dos tipos olvidados de tiempo profesional. Es donde se siembran las nuevas ideas para la creación y el crecimiento.

Las actividades típicas del tiempo de ideación incluyen:

- Lluvia de ideas
- Escribir en tu diario

- Caminar
- Reflexionar

La mayoría de nosotros no tenemos tiempo para la quietud y el pensamiento en nuestra vida profesional cotidiana, por lo que hacemos un progreso lineal y perdemos las oportunidades asimétricas que requieren un pensamiento creativo y no lineal. El tiempo de ideación se centra en esta quietud y pensamiento.

Antes de que puedas hacer mejoras en tu equilibrio de tiempo, necesitas comprender su punto de partida. Comencé con un simple ejercicio en mi calendario para identificar mi propio saldo actual en los cuatro tipos de tiempo.

Comenzando un lunes, al final de cada día laboral, codifica por colores los eventos de ese día de acuerdo con esta clave:

- Rojo: Administración
- Verde: Creación
- Azul: Consumo
- Amarillo: Ideación

Al final de la semana, revisa la mezcla general de colores en el calendario. Concéntrate en identificar las tendencias.

- ¿Qué color domina tu calendario?
- ¿Hay distintas ventanas para el tiempo para crear?
- ¿Los colores están organizados o dispersos al azar?

Este simple ejercicio debería darte una idea clara de cómo se ve tu combinación actual de tiempo profesional. A partir de esa línea de referencia, puedes trabajar hacia un equilibrio óptimo.

TRES *TIPS* PARA UN BALANCE ÓPTIMO

	Lunes	Martes	Miércoles	Jueves	Viernes
7 8 9 10 11 12 1 2 3 4 5 6 7 8	**CREAR** 1. Escribir contenido 2. Filmar	**ADMINISTRAR** 1. Emails 2. Juntas de trabajo 3. Dirección de equipo 4. Finanzas	**IDEAR** 1. Nuevas ideas	**CREAR** 1. Escribir contenido 2. Filmar	**CONSUMIR** 1. Aprender 2. Leer 3. Escuchar 4. Ver
	ADMINISTRAR 1. Emails	**CREAR** 1. Filmar	**ADMINISTRAR** 1. Dirección de equipo 2. Finanzas	**CONSUMIR** 1. Leer	**IDEAR** 1. Pensamiento creativo
	CONSUMIR 1. Aprender 2. Leer 3. Escuchar	**IDEAR** 1. Flujo libre 2. Pensamiento creativo	**CONSUMIR** 1. Aprender 2. Leer 3. Escuchar 4. Ver	**ADMINISTRAR** 1. Emails 2. Juntas de trabajo 3. Dirección de equipo	**ADMINISTRAR** 1. Juntas de trabajo 2. Dirección de equipo
	IDEAR 1. Nuevas ideas 2. Flujo libre 3. Pensamiento creativo	**CONSUMIR** 1. Aprender 2. Leer 3. Escuchar	**CREAR** 1. Escribir contenido 2. Filmar	**IDEAR** 1. Flujo libre 2. Creatividad 3. Retos 4. Oportunidades	**CONSUMIR** 1. Aprender 2. Leer 3. Escuchar

TIP 1: ADMINISTRACIÓN DE TIEMPO POR LOTES

El tiempo de gestión es necesario para la mayoría de nosotros, pero puede escaparse y dominar nuestros días si lo permitimos. Las llamadas, las reuniones, y las presentaciones tienden a llenar cada momento del día, lo que nos hace sentir como si estuviéramos constantemente ocupados, corriendo rápido y más rápido sin llegar a ningún lado.

Aprovecha la ley de Parkinson y trabaja hacia un cronograma por lotes:

- Crea bloques discretos de tiempo cada día en los que manejarás las principales actividades de tu tiempo de administración.
- Ten de uno a tres bloques para procesar el correo electrónico durante el día.
- Ten de uno a tres bloques para llamadas y reuniones por día.

La meta en este caso es evitar una agenda en la que el rojo se te desborde todos los días. Estamos tratando de mantener las ventanas del tiempo de administración lo más diferenciadas que podamos, para crear un espacio para los otros tipos de tiempo.

Nota: la habilidad para hacer esto aumentará con el progreso de tu carrera. Si acabas de empezar, entonces las pequeñas mejoras incrementales por lote serán una victoria. Si estás más avanzado en tu carrera, es posible que puedas realizar mejoras por lote más agresivas.

Tip 2: Incrementar el tiempo para crear

Crear es lo que nos impulsa a seguir adelante con proyectos y oportunidades más interesantes. Todos necesitamos más tiempo para crear en nuestro día.

A medida que administres tu tiempo por lotes, ve creando distintas ventanas de tu tiempo para crear. Apártalas en tu calendario. No revises tu correo electrónico ni tus mensajes en esos espacios. Concéntrate durante tu tiempo para crear.

Tip 3: Crea espacio para el consumo y la ideación

El consumo y la ideación son los tipos de tiempo olvidados porque rara vez creamos espacio para ellos, pero son fundamentales para el progreso compuesto a largo plazo. Las personas más exitosas de la historia han practicado la creación de espacios para leer, escuchar, aprender y pensar. Podemos obtener una lección a partir de ello.

Para comenzar, programa un bloque corto por semana para el consumo y un bloque corto por semana para la ideación. Mantente fiel al propósito del bloque. Acepta eso antes de aumentar la presencia de este tipo de tiempo en tu agenda.

Con estos tres consejos en mente, estás en camino para encontrar un equilibrio óptimo entre los cuatro tipos de tiempo profesional. Pruébalos y experimenta los beneficios de inmediato.

Cómo llenar tu tiempo recién creado: los creadores de energía

PILAR: CONTROL

A través de una mejor conciencia y una atención más concentrada, los sistemas simples y procesables en esta Guía de la riqueza de tiempo te han permitido *crear un tiempo nuevo.*

La pregunta clave se convierte entonces en esta: ¿qué debes hacer con este tiempo recién creado?

- ¿Qué actividades debes realizar?
- ¿Qué actividades te «están llamando»?
- ¿Con quién deberías pasar más tiempo?

Este es el poder de tomar el control de su tiempo: tienes la libertad de elegir exactamente cómo gastarlo.

Como un ejercicio sencillo para centrar tu pensamiento conforme comiences las próximas secciones, considera esto como una expansión, ampliada y a largo plazo, del calendario energético:

Revisa tu calendario del año anterior. ¿Cuáles fueron tus creadoras de energía en lo personal y lo profesional?

- ¿Qué actividades fuera del trabajo se sintieron vivificantes y alegres?
- ¿Quién te hizo sentir con energía?
- ¿Qué nuevo aprendizaje o actividades mentales despertaron tu interés de ir más allá y profundizar?
- ¿Qué rituales te crearon más paz, calma y claridad mental?
- ¿Qué actividades físicas disfrutaste?
- ¿Qué actividades profesionales o financieras viviste como fáciles (o incluso divertidas)?

Responder a estas preguntas trata sobre determinar lo que te llena de energía. Se trata de determinar qué da vida a tu mundo, para que así puedas tomar el tiempo recién creado y dedicarlo a más de esas actividades, personas y emprendimientos.

Las cuatro secciones a continuación (*Riqueza social, Riqueza mental, Riqueza física y Riqueza financiera*) te brindarán una inmersión más a fondo en cada área; quizás desees asignar parte de ese tiempo recién creado a ellas.

La travesía apenas comienza, y lo mejor está por venir.

10.

Resumen: la riqueza de tiempo

VISIÓN GENERAL DE LA RIQUEZA DE TIEMPO

La gran pregunta: ¿cuántos momentos te quedan con tus seres queridos?

Los tres pilares de la riqueza de tiempo:

- Conciencia: una comprensión de la naturaleza finita y pasajera del tiempo.
- Atención: la capacidad de dirigir tu atención y concentrarte en las cosas que importan (e ignorar el resto).
- Control: la libertad de ser dueño de tu tiempo y elegir exactamente cómo gastarlo.

La puntuación de la riqueza de tiempo: Para cada afirmación a continuación, responde con 0 (*muy en desacuerdo*), 1 (*en desacuerdo*), 2 (*neutral*), 3 (*de acuerdo*) o 4 (*muy de acuerdo*).

1. Tengo una profunda conciencia de la naturaleza finita y pasajera de mi tiempo y de su importancia como mi activo más preciado.
2. Tengo una comprensión clara de las dos o tres prioridades más importantes en mi vida personal y profesional.

3. Puedo dirigir mi atención y enfocarme de manera constante en las importantes prioridades que he identificado.
4. Rara vez me siento demasiado ocupado o disperso para dedicar tiempo a las prioridades más importantes.
5. Tengo el control de mi calendario y prioridades.

Tu puntuación inicial (de 0 a 20):

Metas, antimetas y sistemas

Utiliza el marco para establecer metas para calibrar tu brújula de riqueza de tiempo:

- METAS: ¿qué puntuación de riqueza deseas lograr dentro de un año? ¿Cuáles son los dos o tres puntos de control que deberás alcanzar en tu camino para lograr esta puntuación?
- ANTIMETAS: ¿cuáles son los dos o tres resultados que deseas evitar en tu travesía?
- SISTEMAS DE ALTO AFIANZAMIENTO: ¿cuáles son los dos o tres sistemas de la Guía de la riqueza de tiempo que implementarás para lograr un progreso tangible y compuesto hacia tu puntuación objetivo?

Tu inicio rápido de una semana

Usa la técnica del calendario energético durante una semana para desarrollar una conciencia sobre cómo usas el tiempo actualmente e identifica tendencias en las actividades que crean o te roban energía.

En una hoja de papel, escribe en el lado izquierdo las actividades generadoras de energía y del lado izquierdo las actividades ladronas de energía. Debajo de tu lista para crear energía, anota las formas en las que podrías dedicar más tiempo a estas actividades en el futuro. Debajo de tu lista de ladronas de energía, anota las formas en las que podrías dedicar menos tiempo a estas actividades en el futuro.

Más atención a las actividades generadoras de energía y menos atención a las actividades que te roban energía construirán una vida más rica.

La riqueza social

11.

La gran pregunta

¿Quién se sentará en la primera fila en tu funeral?

En enero 2023, Erik Newton estaba viviendo una vida bastante típica para un hombre de cuarenta. Él y su esposa, Aubrie, habían dado la bienvenida a su primera hija, una niña a la que llamaron Romy, dos años antes. Ella había llenado su mundo con una alegría que nunca habían experimentado, una sensación de que su llegada había completado sus vidas. En los primeros años de vida de su hija, Erik estaba inmerso, trabajando horas de locura como director de operaciones en una *startup* de Silicon Valley. En febrero de 2023 decidió que era hora de comenzar algo por sí mismo y dejó la empresa para descubrir qué debía hacer a continuación.

Pero, trágicamente, el destino tenía otros planes.

Después de meses de sentirse agotada y de que los médicos ignoraran sus síntomas y le dijeran que eran sólo consecuencias de ser madre primeriza, Aubrie finalmente se había hecho un extenso análisis de sangre. Una noche, después de que los dos acostaran a Romy y se sentaran a ver una película, el teléfono de Aubrie sonó.

«Los médicos no te llaman de la nada a las nueve de la noche; sabíamos que algo andaba mal», recordó Erik acerca de su reacción cuando vieron el número del consultorio en el identificador de llamadas.

«Tienes que ir a urgencias ahora mismo», le dijeron.

Las siguientes veinticuatro horas fueron una mancha borrosa de exámenes y luces fluorescentes de cuarto de hospital. Al final, un grupo de médicos de rostro pálido entró y corrió la cortina. Erik sintió que se le iba la vida mientras le daban la noticia: Aubrie tenía una forma muy poco común de leucemia, y el pronóstico no era bueno. Erik y Aubrie miraron juntos las tomografías con incredulidad. «Todo su cuerpo estaba lleno de tumores: los pulmones, el bazo, el estómago, el cuello. O sea, estaba en todas partes», recuerda Erik.

Con lágrimas en los ojos, me dijo que los siguientes ocho meses fueron toda una montaña rusa. «Pasábamos de tener esperanza en un nuevo tratamiento, a pensar que tenía días de vida, y luego volvíamos a tener esperanza. Nos volvimos muy buenos para despedirnos antes de que ella entrara a la sala de operaciones para los procedimientos que tenía que soportar.»

Para mediados del otoño, estaba claro que a Aubrie no le quedaba mucho tiempo de vida. El 2 de noviembre de 2023, Aubrie Newton falleció pacíficamente, rodeada de amor. En los días y semanas posteriores a su partida de este mundo, mientras procesaba la pérdida a su manera, Erik batalló poderosamente, con todo el peso de su dolor, con la responsabilidad de mantenerse fuerte ante su hija de dos años y medio, quien con frecuencia preguntaba «¿Dónde está mamá?».

Cuando Erik y yo hablamos, en diciembre de 2023, él todavía estaba angustiado, pero había comenzado a reflexionar sobre la belleza indescriptible de su amor y lo que los últimos días de su esposa le habían enseñado.

«Aubrie y yo nos enamoramos de inicio y rápido, pero nos enamoramos más durante el tiempo que ella estuvo convaleciente de lo que jamás pensé que fuera posible.» Enfrentar la muerte todos los días nos permitió dejar de lado las tonterías y concentrarnos en lo que importa. Esa nueva profundidad hizo que su muerte fuera aún más dolorosa, pero, por supuesto, no lo cambiaría por nada del mundo, de ninguna manera. El privilegio de conocerla y amarla tan profundamente supera cualquier otra experiencia que yo haya tenido. Es lo único que importa».

Erik dijo que Aubrie pareció llegar a un nuevo nivel cuando se acercaba el final. «Lo único que lamentaba era no haber dedicado más tiempo a profundizar las relaciones con las personas que le importaban. Visto desde otra perspectiva, su arrepentimiento se convirtió en una visión. Lo único que importa al final es la calidad de las relaciones con las personas que amamos.»

Mientras hablábamos sobre nuestro vínculo común como nuevos padres y sobre cómo había estado inmerso en su trabajo antes del diagnóstico de Aubrie, Erik reflexionó sobre la tensión entre el trabajo y la paternidad. «Todos tenemos obligaciones en la vida que requieren nuestra atención, y esas cosas nos alejan de contemplar el amor con el cien por ciento de nuestra conciencia. Pero, para empezar, debemos de recordar lo que está detrás de nuestro deseo de hacer esas cosas; debemos recordar nuestro centro. Y no es el dinero».

Cierra los ojos y respira profundamente tres veces. Imagina que has muerto. Estás en tu funeral. La gente entra, llora, se abraza. Todo el mundo se sienta. ¿Quién está sentado en la primera fila? Imagina su cara. Estas personas, tu gente de la primera fila, son quienes realmente importan.

Abre los ojos y piensa en ellas.

- ¿Qué estás haciendo para apreciar a las personas que ocupan esos asientos especiales en tu mundo?
- ¿Cómo les estás haciendo saber a esas personas lo que significan para ti?
- ¿Estás priorizando tu tiempo con ellas o dejas que se vayan y desaparezcan?

Las respuestas a estas preguntas fundamentan tu riqueza social: la profundidad de la conexión con esas pocas personas importantes e insustituibles en su mundo. Estas relaciones profundas, significativas y saludables con unas pocas y selectas personas siempre proporcionarán una base estable de apoyo y amor; son las personas con las que puedes celebrar la dulzura y llorar la amargura de la vida. Ya seas extrovertido o introvertido, sociable o ermitaño, puedes y debes construir esta base, ya que la capacidad de pedir apoyo a las personas durante los tiempos difíciles se vuelve cada vez más importante con la edad.

La riqueza social se construye sobre esos cimientos de profundidad; sobre la fuerza de tus lazos con esas pocas, pero muy queridas relaciones. Se expande a través de la amplitud, una conexión con círculos extendidos de amigos, comunidades y culturas. Finalmente, se consigue a través de estatus merecido, una forma duradera de posicionamiento social que no se puede comprar.

Sin duda hay fuerzas oscuras que conspiran contra el hecho de que tu construyas este tipo de riqueza. Durante los últimos treinta años, las tecnologías diseñadas para unirnos nos han hecho sentir más solos que nunca.

- ¿Cuántas veces has caminado por una calle repleta con tanta concentración en tu teléfono que no has mirado a un solo ser humano a los ojos?
- ¿Cuántas veces has estado rodeado de familiares o amigos en persona, pero, de alguna manera distante, perdido en pensamientos sobre completos desconocidos dentro de la aplicación más novedosa?
- ¿Cuántas veces una notificación urgente de texto, correo electrónico o trabajo ha alejado tu mente de las personas sentadas frente a ti?

La innovación tecnológica ha aumentado tu conexión con el mundo que te rodea. Tienes *más conectividad*, pero te sientes *menos conectado*.

Necesitas contraatacar. La conexión humana es, en última instancia, lo que proporciona la textura y el significado duradero de la vida. Sin la riqueza social, los logros en cualquier otro ámbito se sentirán insatisfactorios, o incluso insípidos. ¿Realmente te imaginas a ti mismo solo en ese avión o yate? ¿De qué sirve una casa enorme si no hay amor para llenarla?

El deseo de construir una vida de riqueza social fue lo que nos llevó a mi esposa y a mí a recorrer casi cinco mil kilómetros por todo el país, pues queríamos estar más cerca de nuestros padres. Fue lo que llevó a una de mis lectoras, una mujer de unos sesenta años llamada Vicki Landis, a desarraigar su vida y mudarse a Carolina del Norte para estar cerca de sus tres hijos. Al explicar la decisión, ella escribió: «Si tuviera que elegir una sola cosa tuya que haya leído y que haya cambiado por completo mi vida, esa sería el ejemplo de con qué frecuencia ves a tus padres (¿cuántas visitas quedan, entonces?). Tuvo un gran impacto, y como resultado, me estoy mudando a donde están mis hijos». Fue lo que llevó a Erik y Aubrie Newton, alcanzados por un devastador golpe del destino, a centrar sus vidas en el amor.

La sabiduría convencional dice que uno debe concentrarse en el trayecto, no en el destino.

No estoy de acuerdo.

Concéntrate en la *gente*. Cuando te rodeas de personas inspiradoras, los trayectos se vuelven más hermosos y los destinos se vuelven más brillantes. Es imposible permanecer donde estás y planificar la travesía perfecta. Concéntrate en la compañía, en las personas con las que deseas viajar, y la travesía se te revelara a su debido tiempo. Nada malo ha resultado jamás de rodearse de individuos inspiradores, genuinos, amables y que sumen.

Encuentra a tu gente de la primera fila. Atesórala. Sé ese alguien para alguien más.

12.

La especie singularmente social

Una vez le preguntaron a la antropóloga estadounidense Margaret Mead sobre qué consideraba que era el primer signo de una sociedad humana civilizada. El estudiante que hizo la pregunta esperaba una respuesta sobre herramientas, pinturas rupestres u otros artefactos antiguos, pero Mead llevó la pregunta hacia una dirección interesante. Respondió que el primer signo de la civilización humana era un fémur roto que había sanado.

El fémur, el hueso del muslo, es el hueso más largo del cuerpo humano, y fue particularmente importante para la supervivencia de nuestros antepasados en la naturaleza, dada su participación en todos los movimientos principales. Una fractura de fémur requiere un tiempo notoriamente largo para sanar, a veces hasta diez semanas. Mead razonó que en las sociedades precivilizadas, una fractura de fémur era una sentencia de muerte; la supervivencia inmediata del clan habría tenido prioridad sobre las necesidades del individuo, y a la desafortunada víctima la habrían dejado atrás. Pero un fémur que había *sanado* indicaba que el individuo había sido cuidado, lo que implicaba un cambio con respecto a la usual forma de entender el pensamiento de supervivencia inmediata. Ella creía que este era el primer signo de una sociedad civilizada: la voluntad de cuidarse unos a otros en tiempos de necesidad.

La veracidad de esta anécdota ha sido cuestionada a lo largo de los años, pero su lección es clara: el deseo humano y la necesidad de conexión, amor, cooperación y apoyo son lo que permitió a nuestra especie sobrevivir y prosperar.

La historia humana está repleta de ejemplos de cómo la conexión social está entrelazada con el progreso, la cultura y la felicidad. Nuestros primeros ancestros humanos con cerebros de tamaño similar al nuestro caminaron por la tierra hace unos setecientos mil años.[1] Desarrollaron divisiones de trabajo, tuvieron espacios de reunión comunales e incluso pudieron haber enterrado a sus muertos. Los cazadores-recolectores dependían de la comunicación y el esfuerzo colectivo para cazar grandes presas. La necesaria coordinación de los movimientos y las fuerzas para derribar a un mamut de la tundra de 4.500 kilos es difícil de comprender.

Las antiguas ciudades humanas a menudo incluían elaborados lugares de reunión donde la gente se juntaba para realizar actividades políticas, sociales y culturales. Desde el ágora en la Antigua Grecia hasta el foro en la Antigua Roma, desde los espacios públicos abiertos en Mohenjo Daro hasta las plazas ceremoniales de los antiguos incas, y desde el místico Stonehenge hasta el sitio ceremonial Pueblo Bonito de la cultura pueblo, es justo decir que la conexión social ha sido durante mucho tiempo una fuerza impulsora detrás del diseño de las vidas humanas. El lenguaje hablado y escrito se desarrolló como un medio para difundir información y conocimiento a otros humanos a través del espacio y el tiempo.

La conexión social comenzó como un simple medio de supervivencia (distribuir recursos y apoyo), pero lentamente se desarrolló hasta convertirse en un recurso estratégico, al tiempo que el lenguaje permitía el surgimiento de redes humanas y una coordinación más amplia (para bien y para mal). Se han librado innumerables guerras y perdido millones de vidas por pertenecer a una red social (regional, nacional, religiosa, etcétera) u otra. Los humanos somos una especie compleja; la misma conexión social que permitió la supervivencia y el amor también permitió la guerra, el asesinato, la tristeza y la pérdida.

El antropólogo Robin Dunbar es más famoso por su investigación del número de relaciones sociales estables que una sola persona puede mantener: el muy bien llamado número de Dunbar es 150. También descubrió que el indicador más fuerte del tamaño del cerebro en todas las especies es el tamaño del grupo social típico. El cerebro humano es excepcionalmente grande en relación con el tamaño corporal, lo que Dunbar atribuye al hecho de que nuestra especie es altamente social.

En pocas palabras: eres social porque eres humano, y eres humano porque eres social.

«RELACIONES, RELACIONES, RELACIONES»

En 1938, dos equipos de investigación sin relación alguna en Boston, Massachusetts, comenzaron a rastrear las vidas de dos grupos muy distintos de hombres jóvenes. Los equipos no podían haberlo sabido en ese momento, pero lo que comenzaron en 1938 se convertiría oficialmente en el estudio más importante sobre el desarrollo humano, y cambiaría para siempre la forma en que los científicos piensan sobre la conexión humana.

Un equipo de investigación estuvo dirigido por la médica de Harvard Arlie Bock, quien quería alejarse de la tendencia en la medicina a centrarse en los enfermos y, en cambio, estudiar los atributos de lo normal y lo exitoso. La doctora Bock esperaba que tal estudio pudiera destilar la receta para la felicidad, la salud y el éxito en general, un resultado que, creía, sería más poderoso que cualquier cosa que pudiera lograr a través de una línea de investigación más tradicional. Con el apoyo financiero del magnate de las tiendas de departamentos con sede en Boston W. T. Grant, se puso a trabajar. El Estudio Grant tuvo un grupo inicial de participantes de 268 hombres universitarios de Harvard.

El otro equipo de investigación fue dirigido por Sheldon Glueck y su esposa, Eleanor, ambos profesores de la Facultad de Derecho de Harvard, quienes estudiaron la delincuencia juvenil y el comportamiento delictivo. Los Glueck centraron su investigación en 456 niños de las familias y vecindarios más problemáticos de Boston, en un esfuerzo por determinar los factores que contribuían al comportamiento delictivo.

Durante más de treinta años, los dos estudios longitudinales se desarrollaron en paralelo, pero como una especie de imagen especular: uno estudiaba la vida de los más privilegiados de la sociedad y el otro estudiaba la vida de algunos de los menos privilegiados. En 1972, George Vaillant, psiquiatra e investigador de Harvard, asumió el cargo de director del Estudio Grant e hizo la contribución históricamente importante de integrar el estudio de los Glueck en la investigación. La integración aumentó drásticamente la amplitud del perfil socioeconómico de los participantes y desbloqueó una variedad de conclusiones importantes sobre el estudio.

Los estudios longitudinales suelen experimentar desafíos de financiación cuando el interés disminuye o los benefactores originales van a otras cosas (¡o mueren!), pero el liderazgo y la narración del doctor Vaillant permitieron que el estudio prosperara. Sorprendentemente, al momento de escribir este artículo, el Estudio Grant (ahora formalmente conocido como el Estudio de Harvard sobre el Desarrollo de Adultos) todavía se está ejecutando, más de ochenta y cinco años después. Los investigadores recopilan datos de los participantes cada dos años a través de una encuesta que consta de miles de preguntas sobre la satisfacción de vida, la salud, el estado de ánimo y más; también realizan un conjunto completo de pruebas fisiológicas cada cinco años. El estudio ha rastreado y medido las vidas de un total combinado de 724 participantes masculinos originales y más de 1.300 de sus descendientes masculinos y femeninos. Es ampliamente considerado como el estudio longitudinal más largo sobre la salud y la felicidad de las personas.

Si bien los hallazgos del estudio son amplios y de gran alcance, su conclusión más importante es simple: las relaciones lo son, literalmente, todo.

El doctor Vaillant lo dijo de manera contundente. «La clave para un envejecimiento saludable son las relaciones, relaciones, relaciones.»[2]

El estudio ha encontrado que las relaciones fuertes y saludables son el mejor indicador de satisfacción con la vida, superando con creces otros indicadores hipotéticos, como la clase social, la riqueza, la fama, el coeficiente intelectual y la genética. Quizás aún más importante, el estudio encontró que la satisfacción de la relación tenía un impacto positivo directo en la salud física. El actual director del estudio, Robert Waldinger, destacó los hallazgos en una charla TED que ha sido vista más de cincuenta millones de veces. «No fueron sus niveles de colesterol los que predijeron cómo envejecerían», dijo. «Fue lo satisfechos que estaban en sus relaciones. Las personas que estaban más satisfechas en sus relaciones a los cincuenta años eran las más sanas a los ochenta».

Para reiterar ese punto crítico: *el mayor indicador individual de salud física a los ochenta años fue la satisfacción de la relación a los cincuenta.*

Por otro lado, se descubrió que la soledad era peor para la salud que el consumo regular de tabaco o alcohol. El doctor Waldinger lo resumió así: «Cuidar tu cuerpo es importante, pero cuidar tus relaciones también es una forma de autocuidado. Eso, creo, es la revelación».

Los investigadores del Estudio de Harvard sobre el Desarrollo en Adultos siempre hacen a los participantes esta pregunta: «¿A quién podrías llamar en medio de la noche si estuvieras enfermo o asustado?». Las respuestas varían desde una larga lista de nombres hasta «a nadie», y sirvieron como una medida simple de una métrica importante: la soledad. El doctor Waldinger, al comentar sobre aquellos que habían respondido «nadie», señaló: «Esa es la verdadera soledad, la sensación de que *nadie en el mundo me respalda*. Los costos de eso son enormes. Nos hace sentir sin amor e inseguros, y eventualmente daña nuestra salud».

LA PANDEMIA DE SOLEDAD

Mi abuela materna, Vimala Pawar Reddy, era una mujer fuerte y orgullosa, nacida y criada en la India. Ella era una persona magnética, una narradora de corazón, un ser profundamente social que destacó entre la multitud desde la primera infancia hasta la edad adulta. Recuerdo vívidamente innumerables días y noches sentado en el suelo mientras nos obsequiaba (a mí y a sus otros nietos) historias de su juventud: travesuras, aventuras y experiencias cercanas a la muerte. Era el tipo de mujer que nunca estaba lejos de un amigo o un ser querido. De hecho, cuando mi abuelo les construyó una casa en sus últimos años, decidió hacerlo en un pequeño callejón sin salida cerca de sus tres parejas de amigos más cercanos, principalmente para asegurarse de que su esposa extrovertida siempre tuviera compañía, incluso después de que él partiera. Cuando mi abuelo falleció en 2006, ella permaneció rodeada de amor, tanto metafórica como literalmente. Uno por uno, los hombres de esas cuatro casas en la pequeña calle murieron, pero sus esposas sobrevivieron; la proximidad a la amistad y el amor resultó vivificante tanto en las buenas situaciones como en las malas.

Mi abuela continuó prosperando. En la celebración de su nonagésimo cumpleaños, en 2019, tomó el micrófono, lanzó una sonrisa dulce e infantil y agradeció a todos por asistir. Pero como la mayor parte del mundo, ella no estaba preparada para el caos que se desató poco después. Pareció envejecer 20 años en el lapso de dos durante los confinamientos intermitentes que afectaron a la India desde marzo de 2020 hasta mediados de 2022. Su apretada agenda social, que anteriormente había incluido un club semanal de Scrabble, almuerzos diarios y visitas regulares de familiares y amigos, se paralizó. Ella nunca contrajo COVID-19, pero, como destaca la investigación, el deterioro de su salud y facultades cognitivas podría deberse puramente a la falta de conexión humana. Cuando finalmente pude visitarla de nuevo, en enero de 2023, parecía casi catatónica la noche de nuestra llegada. Para el segundo día de nuestra visita, ella estaba despierta, charlando activamente e incluso logrando dominarnos juguetonamente a mi padre, profesor de Harvard, y a mí en un juego de Scrabble (mientras nos consolaba con la afirmación de que «sólo le estaban saliendo muy buenas letras)». La conexión social, la calidez y el amor sirvieron como la mejor medicina para sus diversas enfermedades.

En 2023, el secretario de Salud de los EE. UU., Vivek Murthy, publicó «Nuestra epidemia de soledad y aislamiento»,[3] un informe completo que agregó rigor científico a mi observación anecdótica. El informe señalaba que la conectividad estaba en su punto más alto de todos los tiempos, con un 96 a 99 por ciento de adolescentes y adultos menores de sesenta y cinco años usando Internet, y el estadounidense promedio usándolo durante seis horas al día. Aproximadamente, uno de cada tres adultos estadounidenses, dijo, estaban conectados «casi constantemente». El uso de las redes sociales aumentó del cinco por ciento en 2005 al 80 por ciento en 2019, y el 95 por ciento de los adolescentes informaron que usaban las redes sociales en 2022.

Esto es un gran problema, porque la constante conexión tecnológica nos aleja de las interacciones humanas en persona, una peligrosa batalla de suma cero que se libra por nuestra atención.

Cuando las redes sociales y la tecnología ganan constantemente esa batalla, aumentan los sentimientos de soledad y aislamiento social. La cantidad de tiempo que los estadounidenses pasan solos ha aumentado constantemente en la era de las redes sociales, de 285 minutos por día en 2003 a 309 minutos por día en 2019 (y 333 minutos por día durante la pandemia de COVID-19, según la encuesta de 2020).[4]

El resultado es lo que muchos llaman una «recesión de la amistad». Según un estudio[5] citado en el informe del ministro de Salud, la soledad entre los adultos jóvenes aumentó cada año desde 1976 hasta 2019. Los adolescentes y adultos jóvenes pasan un 70 por ciento menos de tiempo con sus amigos en persona que hace dos décadas.[6] La tendencia parece particularmente grave para los hombres, con un 15 por ciento de los hombres que informan que no tienen amistades cercanas (un aumento de cinco veces desde 1990); el número de hombres que dicen tener al menos seis amistades cercanas se redujo a la mitad durante el mismo período.[7] Un estudio de Gallup de 2022 encontró que sólo el 39 por ciento de los adultos estadounidenses se sentían muy conectados con los demás.[8] Si bien la pandemia de COVID-19 puede haber amplificado la percepción de soledad, está claro que ésta se ha ido acelerando de manera oculta durante mucho tiempo.

Lamentablemente, mi abuela falleció en octubre de 2023. En mi opinión, ella fue una víctima más de este nuevo y generalizado desafío global: la pandemia de la soledad. Las tecnologías que hemos creado y adoptado están conspirando en nuestra contra. Quizá no a la manera distópica y de ataque de robots de nuestros *thrillers* de ciencia ficción favoritos, sino de una manera sigilosa, como la del caballo de Troya, que es terriblemente efectiva. Es más, en una cultura en la cual la optimización financiera se ha convertido en la norma celebrada, muchos de nosotros estamos tomando medidas que exacerban el problema de la soledad.

LA TRAMPA DE LA OPTIMIZACIÓN

En una encuesta del 2021 de estadounidenses que se habían mudado recientemente, alrededor de un tercio expresó cierto pesar por la decisión, y el arrepentimiento más común fue dejar a amigos y familiares.[9] La llamada Gran Renuncia de 2021, en la que Estados Unidos experimentó una agitación del mercado laboral sin precedentes, ahora se conoce descaradamente como el Gran Arrepentimiento; una encuesta reciente mostró que alrededor del 80 por ciento de quienes saltaron de un trabajo a otro ahora lamentan la medida. Según un artículo en *Fortune* que cita la encuesta, «la razón más común que dieron quienes buscan trabajo para querer volver con sus antiguos empleadores fue que extrañaban a sus antiguos colegas, y casi un tercio de los encuestados dijeron que extrañaban a su antiguo equipo».[10] La pérdida de relaciones familiares y estables superó los beneficios del salario, la geografía o la flexibilidad.

Cuando no mides y valoras tu riqueza social, no la consideras en tus decisiones.

Esto plantea un punto importante, particularmente en el contexto de las narrativas populares sobre el arbitraje geográfico, la cultura nómada digital, la optimización fiscal y similares:

- ¿De qué sirve toda esa optimización financiera si estás solo?
- ¿Cuántas personas han vendido su casa y se han mudado a áreas con impuestos más bajos para ahorrar dinero sólo para darse cuenta de que sin sus familias y amigos, no se sienten como en casa?
- ¿Cuántas personas han viajado en avión por todo el mundo y han visto lugares increíbles sólo para darse cuenta de que verlos solo no es tan significativo?
- ¿Cuántas personas han aceptado trabajos bien remunerados en nuevos lugares sólo para encontrarse profundamente infelices sin sus redes de apoyo, amigos y familiares?

Un querido amigo de unos treinta años tenía una próspera vida social en la ciudad de Nueva York, pero decidió mudarse a una hora de distancia para evitar el considerable impuesto municipal que iba a afectar sus ganancias cuando su empleadora fuera adquirida o cotizara en la bolsa. Después de sólo seis meses, comenzó a ver su error de cálculo: «Estaba ahorrando cientos de miles [de dólares] en papel, pero no había valorado las relaciones y la vida social que eran tan fundamentales para quien era yo como persona». Después de doce meses, regresó a la ciudad de Nueva York y pagó la carga tributaria completa, una sabia elección, me parece.

La soledad y el aislamiento social que a menudo se dan tras mudarse al extranjero por motivos financieros es un tema común en la popular página r/expats en *Reddit*. En una publicación reciente, un usuario señaló: «Me gusta mi trabajo y me caen bien mis colegas, [pero] sufro de depresión y ansiedad y he descubierto que vivir solo es realmente difícil. He estado llamando a mis padres todas las noches durante las últimas dos semanas... He sentido tanta presión que me tomaré unas semanas libres del trabajo para poder ir a casa y estar con mi familia».

La investigación, las historias y los aprendizajes se alinean en torno a una realidad fundamental: puedes ignorar la importancia de la riqueza social, pero lo haces poniendo en riesgo tu propia felicidad y satisfacción a largo plazo.

Hablando a partir de mi propia experiencia: nada mejoró más nuestra calidad de vida que vivir a poca distancia en automóvil de nuestra familia y amigos más cercanos. La proximidad a las personas que amas vale más de lo que cualquier trabajo te pagará.

Puede ser que necesites comida, agua y un techo para sobrevivir, pero es la conexión humana lo que te permite prosperar.

13.

Los días son largos, pero los años son cortos

Los padres, los hijos y el tiempo perdido

Greg Sloan iba en camino ascendente.

Apenas entrado en la treintena, se había convertido en vicepresidente de Goldman Sachs, una de las instituciones financieras más prestigiosas del mundo, y se desempeñaba como asesor financiero de confianza de una larga lista de famosos ejecutivos corporativos. Su experiencia y orientación fueron valiosas, un hecho que se reflejó en su salario (siempre en aumento) y en una compensación adicional por ser parte de la compañía.

Sloan estaba logrando todo lo que se había propuesto: el dinero, la confianza, la lista de clientes, el respeto... Todo estaba allí. El camino a seguir estaba despejado y bien iluminado hasta que un día, una simple interacción con su hijo de cinco años lo cambió todo.

El preescolar de su hijo tendría un evento de Rosquillas con Papá, donde los papás se unirían a los estudiantes para una mañana de rosquillas y actividades divertidas. Desafortunadamente, Greg iba a estar en un viaje de negocios importante en ese momento, por lo que tendría que perdérselo. Cuando su esposa le dio la noticia a su hijo, él reaccionó encogiéndose de hombros y dijo: «Está bien, papá nunca está cerca de todos modos».

Esas palabras se convirtieron en ácido cuando su esposa se las repitió a Greg esa noche. Definitivamente esto, decidió, era la gota que colmaba el vaso.

«Dejé mi trabajo en Goldman Sachs más tarde, ese año. Mi hijo tiene veinticuatro años ahora. No me arrepiento.»

LOS AÑOS MÁGICOS

Durante diez años, tú eres la persona favorita de tu hijo en todo el mundo.

Después de eso, los niños tienen otras personas favoritas: mejores amigos, amigas, novios, parejas y, eventualmente, sus propios hijos. Pero durante esos diez años, lo eres todo para ellos. Ocupas un lugar único en su mundo. Es durante este período cuando se construyen las bases de la relación padre-hijo, tan fundamental para la riqueza social de muchas personas. Pueden ser unas bases sólidas (que probablemente durarán por décadas) o endebles (que probablemente se desmoronarán en pocos años), pero en ello hay una verdad aterradora: para cuando tus hijos tengan dieciocho años, ya habrás agotado la gran mayoría del tiempo que tendrás con ellos. Desafortunadamente, vivimos en una sociedad en la que los primeros años de los niños coinciden con las horas pico de trabajo, los viajes y otras responsabilidades profesionales de sus padres. Para muchos de nosotros, estos años especiales van y vienen en un abrir y cerrar de ojos: una confusión de noches en la oficina, reuniones tras reuniones, correos electrónicos en mesa y llamadas de fin de semana.

En una publicación viral de *Reddit* de mayo de 2023, un usuario escribió: «Dentro de 20 años, las únicas personas que recordarán que trabajaste hasta tarde serán tus hijos». Quienes comentaban, respondieron con publicaciones llenas de emoción, como «El cementerio está lleno de personas "irremplazables" e "importantes"» y

«Me he perdido tantos cumpleaños, obras de teatro y eventos por trabajo, y ni siquiera puedo decirte por qué. No recuerdo en qué estaba trabajando, no puedo decirte por qué era importante. Pero puedo decirte cómo hizo sentir a mis hijos el hecho de que yo no estuviera allí». Tengo dos opiniones sobre esto:

1. Estar presente y pasar tiempo con tus seres queridos es lo más importante al final.
2. Hacer que las personas que amas te vean trabajar duro en las cosas que te importan es un principio que recordarán por el resto de sus vidas.

La importancia y el valor del segundo punto a menudo se pierde en la narrativa sobre el equilibrio entre la vida laboral y la vida personal. Comprender, navegar y equilibrar la tensión de estas dos creencias es como realmente «ganas» la partida. Dicho de otra manera, el objetivo no es sacrificar la progresión de tu carrera, no estar a la altura de tu potencial profesional o dejar de aprender o crecer en un esfuerzo por estar constantemente presente con tus hijos.

La meta es tener la claridad para elegir, para definir tu equilibrio y vivir por diseño en lugar de en modo automático.

La meta es hacer la pregunta y elaborar tu propia respuesta, no aceptar ciegamente la respuesta «correcta» que alguien quiere venderte. La meta es comprender que estos diez cortos años son diferentes, que puede que no sean el momento adecuado para que optes por ese ascenso o nuevo rol en el trabajo. Como mínimo, debes reconocer e internalizar lo que ganas y lo que pierdes si lo haces.

Greg Sloan eligió. Cuando sus colegas «se creyeron que el éxito financiero resolvería nuestros problemas de equilibrio entre la vida laboral y personal», él optó por un camino diferente. Mientras reflexionaba acerca de su decisión, años después, Greg sonrió y dijo: «Dejar [Goldman Sachs] me permitió entrenar a los equipos de béisbol [de mi hijo] y estar muy involucrado en su pasión deportiva. Ahora tiene veinticuatro años y tenemos un vínculo especial». Incluso atribuye a su audaz elección el haber salvado su matrimonio: «Creo que hay una gran posibilidad de que Katherine y yo nos hubiéramos divorciado si me hubiera quedado. El estilo de vida de viajes y alto estrés simplemente no era saludable para nuestro matrimonio. Celebraremos treinta y un años de matrimonio en junio».

La habilidad para elegir es un privilegio en sí mismo, ya que requiere de un cierto nivel de comodidad de base. Para quienes tienen la capacidad de elegir, es importante no desperdiciarla cayendo en la ruta predeterminada. Es importante hacer preguntas, pensar con claridad y poner en la balanza lo que este libro te insta a considerar.

Mi propio acercamiento está basado en mi experiencia con mi padre. Su habilidad para equilibrar las dos visiones del mundo es algo que siempre recordaré. Llegaba a cenar a casa, jugaba a béisbol conmigo afuera y luego trabajaba hasta tarde una vez que me acostaba. Gran parte de mi propia disciplina y ética de trabajo provino de verlo trabajar duro en cosas que lo emocionaban intelectualmente, pero que nunca permitió que se interpusieran en el camino de lo que era más importante pare él: su familia. Recuerdo vívidamente haber ido con él a uno de sus viajes internacionales de trabajo cuando tenía diez años. Mientras yo veía películas y disfrutaba de los bocadillos en el largo vuelo, él se quedó despierto durante doce horas seguidas trabajando en su presentación. Cuando le pregunté, casi incrédulo, cómo es que no había visto una sola película en todo el vuelo, sonrió y respondió: «Esto es lo que es necesario: cumplir con mis expectativas para mí y poder acompañarte en el viaje».

Siempre me sentí conectado con su trabajo porque él se tomó el tiempo para explicar el *porqué*, por qué estaba trabajando duro en los asuntos y lo que esperaba lograr con ello. Involucrar de esta manera a tus seres queridos en tu viaje es algo hermoso. Ellos entenderán por qué estás trabajando duro, el valor que eso crea para ellos y para ti, y se sentirán conectados con tu crecimiento y tus logros. Una ausencia debida al trabajo se comprende mejor y se aprecia más con el beneficio del contexto.

Los años mágicos deberían ser un llamado a las armas: poner en la balanza esta tensión, estar ahí y apreciar esa ventana de tiempo brutalmente breve que tienes con tus hijos. Deja de vivir un plan de felicidad diferida, diciendo: «Bueno, voy a trabajar muy duro ahora para poder ser feliz y pasar tiempo con mis hijos cuando tenga sesenta años».

Porque cuando tengas sesenta, ellos ya no tendrán tres años.

Los años mágicos se desvanecerán y desaparecerán si los dejas. Rechaza los valores predeterminados, haz las preguntas, acepta la tensión, y diseña un equilibrio que se adapte a tu mundo.

Recuerda siempre: los días son largos, pero los años son cortos.

14.

Los tres pilares de la riqueza social

A principios de 2022, el mensaje de un suscriptor de veintiocho años de mi boletín me llamó la atención.

Rohan Venkatesh era, en cierto sentido, una versión un poco más joven de mí. Hijo mayor de dos inmigrantes indios, había crecido en un pequeño pueblo a las afueras de Boston, Massachusetts, donde se destacó académicamente en la escuela secundaria pública. Asistió a la Northeastern University en Boston, se graduó *magna cum laude* y comenzó su carrera en finanzas, aceptando un prestigioso y exigente puesto como analista en un banco de inversión. Unos años de buen desempeño más tarde, se unió a un fondo de inversión y vio crecer sus responsabilidades. Tal como yo lo había hecho, agachó la cabeza e hizo el trabajo con la creencia profundamente arraigada de que lo mejor estaba por venir.

Las cosas ciertamente parecían así hasta una mañana de agosto de 2021 cuando todo cambió.

Esa mañana, Rohan se despertó listo para conquistar el mundo. Acababa de aceptar un nuevo trabajo que lo catapultaría a una oficina en el corazón de la ciudad de Nueva York. La mañana comenzó como cualquier otra: un poco de trabajo seguido de una carrera con su madre, algo que se había convertido en un ritual. Mientras corría, Rohan sintió una extraña sensación en una de sus piernas. Suponiendo que estaba fatigado por los entrenamientos o por la falta de sueño, simplemente caminó hasta su casa y se unió a su siguiente llamada de trabajo. En medio de la llamada, notó que no podía mover el brazo izquierdo. Llamó pidiendo ayuda. Unos minutos más tarde, su condición había empeorado hasta el punto de que requirió una silla de ruedas para ingresar en el hospital. En veinticuatro horas, un equipo de médicos entró en su habitación para darle la impactante noticia: Rohan Venkatesh tenía un tumor cerebral inoperable.

En el lapso de un día, su futuro pasó «de maravillosamente infinito a terriblemente finito».

La semana que había marcado con entusiasmo en su calendario como el comienzo de su nuevo trabajo se convirtió en la semana en que comenzó su tratamiento de radiación. Los meses siguientes fueron un caos de habitaciones de hospital, exámenes y tratamientos. Soportó seis semanas de radiación que amenazaban con drenarle la vida. Soportó la etapa siguiente mientras esperaba noticias sobre si el tratamiento había detenido el crecimiento del tumor. Soportó los meses de rehabilitación mientras trabajaba para recuperar su fortaleza mental y física, un proceso que continúa en la actualidad.

Cuando Rohan me contactó y compartió su historia, acababa de entrar en lo que podría describirse mejor como un «patrón de contención» del tumor: no había desaparecido, pero había dejado de crecer. Me cautivó su optimismo contagioso, casi inexplicable, por una nueva oportunidad de vida. Durante el año siguiente, tuve la oportunidad de pasar tiempo con él y desarrollamos una amistad. Hablamos sobre la luz de la vida que se encuentra en la oscuridad de la muerte, la belleza de una vida desprovista de las falsas pretensiones que la permanencia percibida te inculca. El fundador de Apple, Steve Jobs, lo expresó bien: «Casi todo, todas las expectativas externas, todo el orgullo, todo el miedo a la vergüenza o al fracaso, estas cosas simplemente desaparecen ante la muerte, dejando sólo lo que es verdaderamente importante. Recordar que vas a morir es la mejor manera que conozco de evitar la trampa de pensar que tienes algo que perder.

Ya estás desnudo».[11]

Rohan Venkatesh ya estaba desnudo, y frente a la oscuridad, encontró su luz:

«Tenía el poder de elegir».

Una vieja parábola budista se hace eco de este sentimiento. El Buda pregunta a su alumno: «Si una persona es alcanzada por una flecha, ¿duele?» El estudiante asiente. El Buda pregunta: «¿Si una persona es alcanzada por una segunda flecha, ¿duele más?». El estudiante asiente de nuevo. El Buda explica entonces: «En la vida, no siempre podemos controlar la primera flecha, lo malo que sucede. Sin embargo, la segunda flecha es nuestra reacción a lo malo, y esa segunda flecha es *opcional*». La primera flecha es el evento negativo que te golpea: el caos, el dolor, los desafíos y la complejidad que amenazan con descarrilarte, expulsarte del juego. Da en el blanco y duele. Pero la segunda flecha es tu respuesta a la primera, y como nos enseña la parábola, puedes evitar ser alcanzado por la segunda flecha; está completamente bajo tu control.

Rohan Venkatesh estaba decidido a evitar ser alcanzado por la segunda flecha, incluso ante circunstancias extremas. «Había perdido mucho. Tenía esta espada de Damocles (de manera literal y figurada)* colgando sobre mi cabeza. Pero cada mañana podía decidir en qué concentrarme. Podía elegir concentrarme en cosas fuera de mi control. Podía elegir permanecer solo conmiserándome. Po-

*La espada de Damocles es una referencia a una antigua historia griega de un cortesano llamado Damocles, a quien el rey Dionisio le permite sentarse en el trono por un día. Pero todo el tiempo, una espada cuelga sobre su cabeza por un solo hilo de crin de caballo. La espada de Damocles representa la ansiedad constante de estar esperando la inminente perdición.

día elegir navegar por las redes sociales y ver a la gente haciendo las cosas que yo ya no podría hacer. O podía elegir concentrarme en las cosas que estaban en mi control. Podía elegir pasar el tiempo con personas que me levantaban, que me inspiraban a crecer. Podía elegir ser el tipo de persona con la cual ellas querrían estar.

La vida es tan, pero tan frágil... Pero sin importar lo frágil que sea, cada día tenemos la elección de cómo vivirla. Cada día es un nuevo comienzo, una nueva elección que hacer. Las palabras de Rohan acerca de elegir a su gente son particularmente conmovedoras. Tienes muchas opciones a lo largo de tu vida, pero una se destaca como la elección más importante que harás: ¿a quién elegirás para que te acompañe en este viaje salvaje y loco? ¿A quién elegirás para regalarle tu energía, amor y respeto? ¿Con quién elegirás pasar tu tiempo *aterradoramente finito*?

Necesitas conexión para sobrevivir y prosperar, para tu salud, para tu felicidad y satisfacción. Necesitas construir una vida de riqueza social.

Tu riqueza social se basa en tres pilares fundamentales:

- PROFUNDIDAD: la conexión con un pequeño círculo de personas con vínculos profundos y significativos.
- AMPLITUD: la conexión con un círculo más amplio de personas que brindan apoyo y pertenencia más allá de uno mismo, ya sea a través de relaciones individuales o mediante infraestructura comunitaria, religiosa, espiritual o cultural.
- ESTATUS MERECIDO: el respeto, la admiración y la confianza duraderos de tus pares, que recibes a partir de los símbolos de estatus merecidos, no obtenidos.

Esto no requiere ningún punto de partida, situación familiar o medios financieros especiales. Sí requiere, sin embargo, de un sentido de urgencia: el horizonte temporal de nuestra inversión en la riqueza social es importante. En *Una buena vida*, por el autor *bestseller* del *New York Times* Marc Schulz y el director del Estudio de Harvard sobre el Desarrollo Adulto, Robert Waldinger, se señala: «Al igual que los músculos, las relaciones descuidadas se atrofian». Si asumimos de manera incorrecta un horizonte temporal infinito para nuestras relaciones (lo que significa que una inversión en el futuro es en efecto lo mismo que una inversión ahora), encontraremos que muchas de esas relaciones se habrán atrofiado hasta un punto de no retorno para cuando alcancemos esa fecha posterior.

Si te saltas esos viajes familiares a los veinte y los treinta años, es posible que no tengas la oportunidad a los cuarenta y cincuenta. Si fallas en comunicarte con tus amigos en tus treinta y cuarenta, puede que ya no estén cerca cuando tengas entre cincuenta y sesenta. Si no te unes a ese grupo comunitario local a los cuarenta y cincuenta años, no tendrás esas conexiones a los sesenta y setenta. Si no estás presente para tus seres queridos en sus momentos de necesidad, ellos no estarán para ti durante los tuyos.

Invertir en tu riqueza social ahora, a través de acciones diarias y deliberadas para mejorar tu fortaleza social, es el camino más claro para desarrollar una vida rica en conexiones, de la profundidad a la amplitud y más allá.

A medida que mides la riqueza social como parte de tu nuevo marcador, los tres pilares (profundidad, amplitud y estatus merecido) proporcionan un plan para la acción correcta para construirla. Al desarrollar una comprensión de estos pilares y los sistemas de alto afianzamiento que los afectan, puede comenzar a crear los resultados correctos.

PROFUNDIDAD: LA GENTE DE LA PRIMERA FILA

Profundidad es la conexión con un pequeño círculo de personas con vínculos profundos y significativos. Forma la base de tu riqueza social: el pequeño grupo en el que puedes confiar para obtener amor, conexión y apoyo durante tus momentos altos más altos y tus momentos bajos más bajos. Sabes qué es la profundidad en cuanto la sientes. Son las personas a las que puedes llamar a las 3:00 a.m. cuando todo va mal. Encuentra a tu gente de la primera fila.

La profundidad se construye a través de tres acciones, comportamientos y actitudes principales:

- HONESTIDAD: compartir tu verdad y debilidad internas, escuchar la de ellos.
- APOYO: sentarse juntos en la oscuridad durante sus dificultades.
- EXPERIENCIA COMPARTIDA: encontrar juntos experiencias positivas y negativas.

Cultivas la profundidad durante largos períodos; se forja durante (y a lo largo de) los altibajos de la vida. Como un músculo, la profundidad se construye cuando las relaciones se ven obligadas a soportar dificultades, dolores y tensión. Así como el músculo se fortalece después de ser probado, también lo harán tus relaciones más duraderas.

Si bien este círculo puede incluir a miembros de tu familia, no hay ningún requisito que diga que debes encontrar profundidad a través de las relaciones familiares. La profundidad de la conexión es personal (*donde* la encuentres en tu vida no es importante); lo importante es *que la encuentres.*

Un ejemplo proviene de Okinawa, una isla japonesa con una de las densidades más altas de mayores de cien años del mundo. Los residentes de Okinawa tienen una vida social notoriamente animada y estructurada. El término *moai*—que se traduce aproximadamente como «reunirse con un propósito común»[12]— se refiere a los grupos de amigos que los residentes forman durante su juventud (a veces cuando tienen tan sólo cinco años) y mantienen durante toda su vida. Estos grupos de amigos son tanto para divertirse como para recibir apoyo social a medida que surgen los inevitables desafíos de la vida. Los amigos se reúnen regularmente, conversan, chismorrean, ríen y aman, un sistema que ha resistido la prueba del tiempo y parece contribuir a sus vidas largas y saludables.

Además, tu círculo de profundidad no es una constante, tiene una naturaleza viva y fluctuante. Las relaciones, como tu vida, tienen etapas. Puedes desarrollar profundidad en nuevas relaciones y en nuevos lugares o desarrollarla en viejas relaciones que finalmente estén listas para prosperar.

Puede que lleve muchos años para que una relación florezca en toda su profundidad. Mi hermana es unos tres años mayor que yo. Durante la mayor parte de nuestra infancia, la vi como la «niña de oro», la que no podía hacer nada malo. Obtuvo mejores calificaciones, ingresó a las mejores escuelas y siempre pareció sobresalir en las áreas que mi familia valoraba. Mi inmadurez creó un ambiente de competencia con mi hermana en lugar de uno de alegre apoyo y amor. A veces, me molestaba su éxito y deseaba estar logrando todas las cosas que ella lograba. Desafortunadamente, esa mentalidad inmadura y competitiva dañó la profundidad de nuestra relación durante nuestra temprana adultez. Pero en los últimos años, sucedió algo asombroso que lo cambió todo: los dos tuvimos hijos. De repente, ese delgado velo de competencia que había nublado nuestra relación se rasgó, y lo que quedó fue un entendimiento, un reconocimiento de que, por primera vez, estábamos en la misma fase de la vida. En la misma travesía, en el mismo fango.

A los treinta años de nuestra relación, nos conocimos por primera vez. Pudimos vernos con hermosa claridad: nos conocíamos. He visto florecer mi relación con mi hermana a una de verdadera profundidad (con el conocimiento de que hay años de amor y apoyo sin reservas por delante).

La lección: tendrás una relación profunda, amorosa y de apoyo con alguien a quien ni siquiera has conocido todavía.

La profundidad es el pilar fundamental de la riqueza social. Se construye a través de acciones y comportamientos diarios (honestidad, apoyo y experiencia compartida) realizados de manera constante durante largos períodos. Sin profundidad, no puedes vivir una vida feliz y plena. Con profundidad, todo es posible.

AMPLITUD: PERTENECER A ALGO MÁS GRANDE

Desde la base con un círculo pequeño, puedes construir hasta llegar a la amplitud, con uno más grande.

La amplitud es la conexión con un círculo más grande de apoyo y pertenencia. En su libro *Amigos: El poder de nuestras relaciones más importantes*, Robin Dunbar propone el concepto de círculos de amistad para visualizar las relaciones de un individuo. El círculo más íntimo —alrededor de quince de sus relaciones más cercanas— es la base de la profundidad que hemos discutido. A medida que los círculos se extienden hacia fuera, hacia los buenos amigos, los simplemente amigos, los conocidos y más allá, nos movemos hacia el reino de la amplitud. Estas relaciones son importantes, ya que pueden brindar un apoyo variado, como redes para las oportunidades profesionales, el disfrute, las conexiones idílicas con nuevas parejas y más.

Esta amplitud se puede construir a través de conexiones individuales incrementales, así como a través de la comunidad. La comunidad puede tomar muchas formas (cultural, espiritual, local, regional, nacional y más), pero en su sentido más amplio, se basa en la conexión con algo más grande que el yo. La participación en una comunidad crea influencia en tu ecosistema de riqueza social: te conecta con personas que no has conocido físicamente. Esa conexión infunde un sentimiento de pertenencia que es una fuente de satisfacción duradera en la vida. Una encuesta reciente de WSJ-NORC13 descubrió que el porcentaje de entrevistados en Estados Unidos que indicaron que la participación comunitaria, la religión y el patriotismo eran muy importantes para ellos ha disminuido drásticamente desde 1998. El único valor central que aumentó en importancia: el dinero. En la misma encuesta, el porcentaje de personas que informaron que «no estaban muy felices» aumentó drásticamente, un hecho que es difícil de descartar como coincidencia, si me lo preguntas.

La amplitud se construye a través de comportamientos que te exponen a nuevas personas y entornos:

- Únete a un club o comunidad local en torno a un área de interés. Podría ser un club de lectura si te encanta leer, un club de arte si te encanta crear, o un gimnasio si te encanta el *fitness*. Vuelve a ser un niño y participa en nuevas actividades para conocer amigos.
- Asiste a una reunión espiritual semanal si eres alguien impulsado por la fe.
- Participa en reuniones digitales de causas que te importan.
- Coordina caminatas o paseos frecuentes con otras personas de tu área.
- Ve al evento de *networking* del que te has estado alejando.

Todo esto crea el potencial para muchos nuevos nodos de conexión a través de una sola acción.

La amplitud requiere que pruebes cosas nuevas, que te abras al mundo que te rodea. Si das generosamente sin esperar nada a cambio, construirás una nueva amplitud de conexión que creará riqueza social duradera.

ESTATUS MERECIDO: UNA MONEDA SOCIAL QUE PERDURA

Eres una criatura que busca estatus, y eso no tiene nada de malo.

El *estatus* puede definirse como la posición o posicionamiento de una persona en relación con otra persona o grupo. El deseo de ser respetado y admirado por tus semejantes es natural (y útil desde la perspectiva evolutiva). Cecilia Ridgeway, socióloga estadounidense y profesora Lucie Stern de Ciencias Sociales en la Universidad de Stanford, se refiere al estatus como «la estima que otras personas tienen por nosotros, cómo nos ven los demás, cómo nos evalúan, el valor que nos atribuyen en la situación».[14] El estatus es una forma básica de moneda social: dicta nuestras interacciones con quienes nos rodean.

Si bien puede tener una connotación negativa, el estatus es un muy natural (¡e importante!) fenómeno humano. En *The Status Game,* el autor Will Storr señala: «En la Edad de Piedra, un mayor estatus significaba una mayor influencia, acceso a una mayor variedad de parejas y más seguridad y recursos para nosotros y nuestros hijos. Todavía lo hace». En *Spent: Sex, Evolution, and Consumer Behavior*, el autor Geoffrey Miller señaló: «Los humanos evolucionaron en pequeños grupos sociales en los que la imagen y el estatus eran de suma importancia, no sólo para sobrevivir, sino para atraer parejas, impresionar a amigos y criar hijos». Ridgeway se refirió al estatus como una «tecnología social brillante», ya que permitió a los humanos coordinarse y organizarse.

Resulta que ganar el juego del estatus es bueno para la salud. En un estudio publicado en 2014 en la revista *Evolution, Medicine, and Public Health*, un grupo de investigadores descubrió que entre los tsimané, una sociedad pequeña, preindustrial y políticamente igualitaria en la Bolivia amazónica, los individuos de mayor estatus exhibían niveles más bajos de estrés y mejor salud.[15] Otros estudios han demostrado de igual manera los beneficios para la salud de estar más cerca de la cima de la jerarquía de estatus social, incluso cuando se controlan variables como la riqueza financiera.[16]

Para nuestros ancestros, el estatus generalmente se señalaba a través de exhibiciones de destreza física, tamaño o asociación con las parejas más atractivas. En el mundo actual, donde las demostraciones abiertas de fortaleza física están (generalmente) mal vistas, no sorprende del todo que los humanos elijan señalar su posición relativa en la sociedad, en gran medida a través de la adquisición y exhibición de bienes materiales. Ese Rolex, el Range Rover y el bolso Gucci, los símbolos de estatus del mundo actual, son los equivalentes modernos de los golpes de pecho de nuestros antepasados.

El problema: el estatus duradero que buscas, el verdadero respeto y admiración de tus pares, no se puede comprar. Es más, la búsqueda incesante de ello ha llevado a muchos hombres y mujeres por un camino oscuro y sinuoso que no lleva hacia ninguna parte.

Sin duda has visto a otros caminando por este sendero (o lo has hecho tú mismo):

- Derrochas en el nuevo guardarropa, pero te decepcionas cuando pasa desapercibido, eclipsado por el reloj y los zapatos nuevos de tu colega.
- Obtienes el elegante auto nuevo, pero te olvidas de él en el momento en que ves el modelo más reciente en la puerta de tu vecino.
- Te unes al nuevo club, pero rápidamente te sientes insatisfecho cuando los miembros más reconocidos se van para unirse a un club de reciente formación del otro lado de la ciudad.
- Compras la casa nueva, pero te frustras cuando escuchas vocecitas de que no está en la parte «buena» de la ciudad.

El atractivo de estos símbolos no se da porque respetes y admires a las personas que los tienen; se da porque imaginas el respeto y la admiración que tú recibirás una vez que los tengas. Como señaló el autor Morgan Housel en su libro más vendido, *La psicología del dinero*: «cuando ves a alguien conduciendo un buen auto, rara vez piensas: "Guau, el tipo que conduce ese auto es genial". En cambio, piensas: "Guau, si tuviera ese auto, la gente pensaría que soy genial"».

Para evitar caer en esta trampa, debes identificar a las personas que realmente respetas y admiras y luego determinar qué activos o rasgos específicos provocan ese respeto y admiración. Estoy dispuesto a apostar que eso no incluye los símbolos atractivos que persigues. Son fugaces; pueden impresionar en la superficie, pero el respeto y la admiración provienen de la profundidad.

El empresario e inversionista Naval Ravikant dijo una vez: «Un cuerpo en forma, una mente tranquila y una casa llena de amor. Estas cosas no se pueden comprar, se deben merecer». Las cosas más preciadas, valiosas y duraderas de la vida no se pueden adquirir con dinero. Las cosas que se ganan el profundo respeto y admiración de tus pares no están a la venta.

Esto lleva a una distinción importante. Hay dos tipos de estatus: comprado y merecido.

El *estatus comprado* es el posicionamiento social que se mejora a través de símbolos de estatus adquiridos:

- La membresía del club que te hace parte de la movida.
- El costoso automóvil, reloj, bolso o joyería adquiridos con el único propósito de mostrar a otros tu riqueza financiera.
- El vuelo en avión privado o el viaje en barco que se hace más por la foto de Instagram que por su utilidad.

El *estatus merecido*, en cambio, es el verdadero respeto, admiración y confianza recibidos a través de tesoros que se ganan con mucho esfuerzo:

- La libertad de elegir cómo pasas el tiempo (y con quién lo pasas).
- Las relaciones familiares sanas y amorosas, posibles gracias a los años de energía y presencia.
- El trabajo y la maestría impregnados de propósito dentro de un campo, construido a través de años de esfuerzo.

- La ansiada sabiduría, acumulada en décadas de experiencias de vida.
- La mente flexible capaz de navegar por encuentros estresantes, moldeada a través de una práctica constante de atención plena e introspección reflexiva.
- El físico fuerte y en forma, construido por medio de horas de movimiento y alimentación disciplinada.
- El ascenso profesional o la venta para la compañía logrados después de un largo período de arduo trabajo tras bambalinas.

Como puedes ver, el estatus merecido es un subproducto natural de la búsqueda de una vida basada en los conceptos de *Los 5 tipos de riqueza*. Estos símbolos de estatus pueden no ser llamativos, pero transmiten una profundidad a quienes te rodean que es imposible de adquirir a través de medios financieros.

Los juegos de estatus son parte de la vida y son fundamentales para establecer tu posición en las jerarquías relativas que gobiernan tus mundos personal y profesional. Nunca escaparás de ellos, simplemente necesitas jugar los correctos.

El estatus comprado es pasajero. Puede mejorar tu posición relativa, pero sólo hasta que se desbloquee el siguiente nivel y vuelvas a estar en el fondo de nuevo. Te mantendrá tratando de ingresar a lo que el autor C.S. Lewis llamó *«el círculo íntimo»:* «Mientras seas gobernado por ese deseo nunca podrás obtener lo que quieres. Estás intentando pelar una cebolla: si tienes éxito, no quedará nada».

El estatus merecido es duradero. Provocará el respeto, la admiración y la confianza duraderos que buscas de las personas que te importan, aquellas cuyas opiniones valoras y aprecias.

Para vivir una vida de abundante riqueza social, concéntrate en lo que se debe ganar o merecer, no en lo que se puede comprar.

Es importante destacar que, si bien los pilares de la riqueza social siguen siendo los mismos, su aplicación será diferente para todos, ya que el nivel de conexión social que la gente necesita para sentirse feliz, saludable y realizada varía de persona a persona. Un extrovertido por naturaleza puede necesitar una mayor amplitud y profundidad de conexión para mantener a raya la soledad, mientras que un introvertido por naturaleza puede necesitar sólo unas cuantas relaciones cercanas para hacer lo mismo. En consecuencia, los sistemas y ejercicios de la Guía de la riqueza social expuestos a continuación están destinados a ser dinámicos y aplicados en el contexto de sus propias necesidades personales. Son universales en su fundamento, pero no en su aplicación.

Habiendo establecido una comprensión de los tres pilares, podemos pasar a la Guía de la riqueza social, que proporciona las herramientas y sistemas específicos para construir sobre estos pilares y cultivar una vida de riqueza social.

15.

La guía de la riqueza social

Sistemas para el éxito

La guía de la riqueza social expuesta a continuación proporciona sistemas específicos de alto afianzamiento para construir cada uno de los pilares de una vida de riqueza social. Esto no es un enfoque igual para todos y no deberías sentirte en la obligación de leerlos todos; selecciona los que te parezcan más apropiados y útiles.

A medida que consideres y ejecutes los sistemas para el éxito proporcionados en la guía, usa tus respuestas a cada afirmación del test para dirigir tu enfoque a las áreas donde necesitas tener el mayor avance (aquellas en las que respondiste *totalmente en desacuerdo*, en *desacuerdo*, o *neutral*).

1. Tengo un núcleo de relaciones profundas, amorosas y de apoyo.
2. Constantemente puedo ser la pareja, el padre, el familiar y el amigo que querría tener.
3. Tengo una red de relaciones informales de las que puedo aprender y sobre las que puedo construir.
4. Tengo un profundo sentimiento de conexión con una comunidad (local, regional, nacional, espiritual, etcétera) o con algo más grande que yo mismo.

5. No intento alcanzar estatus, respeto o admiración a través de compras materiales.

Algunas antimetas usuales relacionadas con la riqueza social que debes evitar en tu travesía:

- Permitir que mi búsqueda del éxito financiero dañe mis relaciones más profundas.
- Perder mi conexión con mis redes y comunidad locales.
- Buscar símbolos de estatus para mejorar mi posición social.

Aquí hay doce sistemas probados para generar riqueza social.

Trucos de riqueza social que desearía haber sabido a los veintidós

Una colaboración con Arthur C. Brooks, científico social, profesor de la Escuela de Negocios de Harvard y autor *bestseller* número uno del New York Times con *La madurez inteligente* y *Construye la vida que anhelas.*

1. La felicidad no es un destino sino una dirección; lo que cuenta es cómo viajas por la vida y con quién viajas.
2. La gente está hecha para el amor, todos lo anhelamos y podemos encontrar algo que amar en casi todos quienes conocemos. No siempre lo damos o lo aceptamos, porque cometemos muchos errores, pero el amor es lo que todos nuestros corazones anhelan.
3. Incluso las personas que no están de acuerdo en lo político pueden disfrutar de relaciones cercanas.
4. Las personas felices aman a las personas, usan las cosas y adoran a lo Divino; las personas infelices usan a las personas, aman las cosas y se adoran a sí mismas.
5. Es un mal trueque ser especial en lugar de feliz. Eso es lo que la gente está haciendo cuando elige la decimocuarta hora de trabajo antes que la primera hora con sus hijos.
6. Aborda los desacuerdos con tu pareja no como un «yo» sino como un «nosotros». Las parejas más armoniosas son las que aprenden a jugar para el mismo equipo. Su modo predominante de interacción es colaborativo, no competitivo.
7. La felicidad no depende de un determinado patrimonio neto, configuración familiar o conjunto de opiniones ideológicas. Requiere que seas generoso en el amor y te permitas ser amado.
8. Habla con personas diferentes a ti. El camino social de menor resistencia es permanecer en tu grupo de amigos tradi-

cional, donde las interacciones son familiares y fáciles. El camino social de mayor beneficio es alejarse de ese grupo tradicional y exponerse a nuevas creencias, mentalidades y puntos de vista.

9. Trata las peleas como si fueran ejercicio. Será doloroso, claro, pero no deberías sentirte infeliz por hacerlo regularmente, porque te hace más fuerte, especialmente si lo haces con un espíritu de crecimiento, no de desprecio.
10. Concéntrate en tus relaciones; no dejes su calidad e intensidad al azar. Trátalas con el tipo de seriedad que la gente suele reservar para su dinero o su carrera.
11. Cuando se trata de amor, expande tu horizonte temporal. Pensar a corto plazo conduce a malas relaciones.
12. Los verdaderos emprendedores arriesgan sus corazones al enamorarse, incluso cuando es arriesgado.
13. Di exactamente lo que quieres significar. Nadie, ni siquiera tu familia, puede leerte la mente.
14. No trates a tu familia como cajeros automáticos emocionales. Cuando las personas tratan a su familia como una válvula unidireccional de ayuda y consejo (generalmente son los padres quienes dan y los hijos quienes reciben), las relaciones sufren.
15. Haz de la amistad un fin en sí mismo, no un trampolín hacia otra cosa.
16. Los sentimientos son contagiosos, no propagues el virus de la desdicha.
17. Ponte tu propia máscara de oxígeno primero. Trabaja en tu propia felicidad antes de tratar de ayudar a los demás. Renunciar a tu propia alegría por el bien de otra persona puede parecer el camino más virtuoso, pero esa es una estrategia en la que todos pierden.
18. No te concentres en la apariencia y el estatus de los demás. Una buena dentadura y un trabajo bien remunerado no pre-

dicen la fidelidad y la amabilidad. Busca evidencia de los dos últimos rasgos.

19. Cuando pienses algo bueno de alguien, házselo saber.
20. Dile a tu pareja algo que aprecies de ella todos los días.
21. Si estás tratando de entablar una conversación con personas que te intimidan, pregúntales en qué están trabajando actualmente y qué les entusiasma más. Haz preguntas de seguimiento y escucha con atención.
22. Cuando alguien está pasando por un infierno, decir «Estoy contigo» es lo más poderoso que puedes hacer. Sé el amigo «de la hora más oscura» para tus seres queridos.
23. Graba una entrevista en video con tus padres. Hazles preguntas y pídeles que cuenten historias sobre su infancia, aventuras, esperanzas, sueños y temores. Nuestro tiempo con ellos es finito, pero a menudo no lo reconocemos hasta que es demasiado tarde. Estas grabaciones durarán para siempre.
24. Si no sabes qué regalo enviarle a alguien, envíale un libro que ames.
25. Carga una libreta y un bolígrafo a dondequiera que vayas. Si alguien dice algo interesante, sácala y escríbelo.
26. Nunca lleves el marcador en la vida. Cuando estés con amigos, paga la cuenta de vez en cuando; todo se iguala si son verdaderos amigos. *Quid pro quo* es una forma terrible de vivir.
27. Si tienes demasiados *amigos de negocios* no tendrás suficientes *amigos de verdad*.
28. Si estás a punto de tomar una acción inducida por la emoción, espera veinticuatro horas. Muchas relaciones se han roto por acciones tomadas al calor del momento. No caigas en esa trampa.
29. Hazle un cumplido a un extraño todos los días. Di que te gusta la camisa o los zapatos de alguien, felicita a alguien por su corte de pelo, lo que sea. No lo uses para iniciar una conversación; dilo y continúa tu camino.

30. Deja de tratar de ser interesante y concéntrate en estar interesado. Las personas que están interesadas prestan mucha atención a algo para aprender más sobre ello. Se abren al mundo; hacen grandes preguntas y observan. Estar interesado es como te vuelves interesante.
31. A los veinte y treinta años, haz algunas cosas que te emocionaría contarles a tus hijos algún día. Embárcate en una aventura, entrena para algún evento alocado, ensúciate las manos con un proyecto descabellado, lo que sea. Crea algunas historias que valga la pena contar.

Cómo evaluar tu línea de referencia: el mapa de las relaciones

PILARES: PROFUNDIDAD Y AMPLITUD

El mapa de relaciones es un ejercicio simple para evaluar tu actual línea de referencia en lo social, así como las áreas de enfoque y mejora. Se trata de una adaptación de un ejercicio propuesto en *Una buena vida* por los coautores Robert Waldinger y Marc Schulz.

El ejercicio del mapa de las relaciones implica tres pasos:

Paso 1: Enlista tus relaciones principales

El primer paso es crear una lista de las relaciones sociales principales de tu vida. Estas pueden incluir a tu familia, amigos, pareja o colegas de trabajo. Para la mayoría de las personas, habrá entre diez y quince relaciones en esta lista, pero otras pueden tener hasta veinticinco.

Paso 2: Evalúa tus relaciones principales

Para cada relación, haz estas dos preguntas de evaluación:

1. ¿La relación es solidaria, ambivalente o degradante?
2. ¿La interacción de la relación es frecuente o infrecuente?

Para definir los términos clave asociados a la primera evaluación:

- Una *relación solidaria* es una donde hay un entendimiento mutuo de cuidado, amor, respeto y comodidad.
- Una *relación degradante* se caracteriza por la ausencia de las cualidades que definen una relación solidaria, y, por lo gene-

ral, implica un comportamiento específico que socava nuestra autoestima.

- Una *relación ambivalente* tiene elementos de relaciones tanto de apoyo como degradantes en diferentes momentos; es inconsistente.

Sorpresivamente, aunque podrías esperar que las relaciones degradantes sean las más dañinas para tu vida, las investigaciones han demostrado que las relaciones ambivalentes crean más problemas para tu bienestar físico y mental. Por ejemplo, un estudio[17] descubrió que los participantes experimentaron una presión arterial más alta después de una interacción con alguien que inspiró sentimientos ambivalentes que con alguien que inspiró sentimientos puramente negativos. La inconsistencia de las interacciones es dañina.

Es probable que hayas experimentado una relación como esta en tu propia vida, una persona que brinda amor y apoyo en algunos momentos, pero críticas y desprecio en otros. El amor y la solidaridad o apoyo hacen que te abras, dejes entrar a la persona, lo que causa que las críticas y el desprecio futuros sean aún más dolorosos. Como escribió el autor *bestseller* Adam Grant en un artículo en el *New York Times,* acerca del tema: «Las relaciones más tóxicas no son las puramente negativas. Son las que son una mezcla de positivo y negativo».[18]

PASO 3: MAPEA LAS RELACIONES PRINCIPALES

Después de que hayas evaluado tus relaciones principales, colócalas en un mapa de relaciones, una cuadrícula simple de dos por dos con *salud de la relación* en el eje *X* (de degradante a solidaria) y *frecuencia de la relación* en el eje *Y* (de rara vez a diario).

MAPA DE RELACIONES

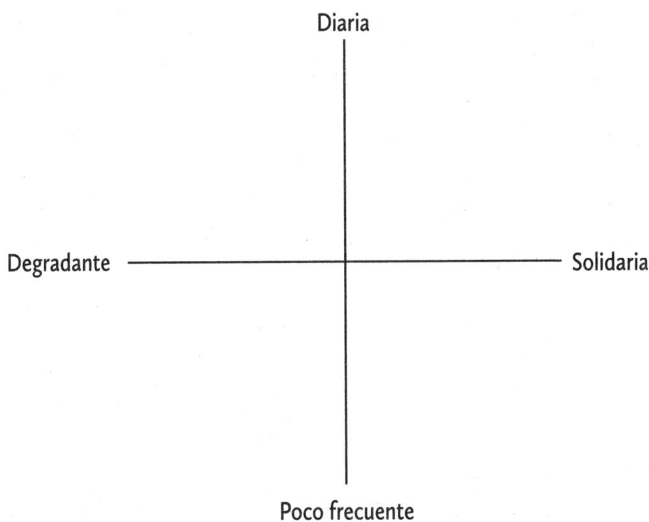

Una vez que las relaciones principales se colocan en el mapa de las relaciones, considera las zonas relevantes y las implicaciones para cada una:

- Zona verde: muy solidaria y frecuente.
- Zona de oportunidad: muy solidaria y poco frecuente. Debes concentrarte en estas relaciones para aumentar la frecuencia de las interacciones.
- Zona de peligro: ambivalente y frecuente. Estas relaciones deben gestionarse para reducir la frecuencia de su impacto o para mejorar la solidaridad en las interacciones.
- Zona roja: degradante y frecuente. Estas relaciones deben gestionarse o eliminarse para reducir la frecuencia del impacto.

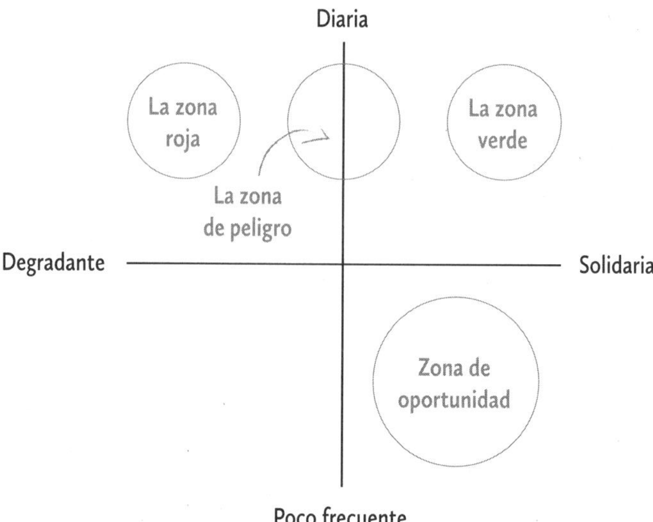

Para ilustrar esto, aquí están los hallazgos de mi primera experiencia con el ejercicio:

- **Zona verde**: Afortunadamente, hubo varias relaciones que identifiqué como frecuentes y solidarias. Voy a continuar priorizando estas relaciones y asegurándome de hacerle saber a estas personas cuánto significan para mí.
- **Zona de oportunidad**: Identifiqué más de diez relaciones que eran poco frecuentes pero muy solidarias, algunas con viejos amigos y colegas y algunas con familiares. Aumenté deliberadamente la frecuencia de interacciones con este grupo, de varias maneras, incluso a través de viajes grupales y registros más informales (mensajes de texto, llamadas).
- **Zona de peligro**: Hubo tres relaciones que identifiqué como frecuentes y ambivalentes (inconsistentes, tanto en solidaridad como degradantes). En un caso, me comuniqué directamente con el individuo (un miembro de la familia) para

explicarle cómo ciertos comportamientos me parecían degradantes. La comunicación abierta me condujo a mejores interacciones, y esta relación ahora está trasladándose a la zona verde. En los otros dos casos, reduje la frecuencia de mis interacciones con estas personas, lo que las ha sacado de la zona de peligro.

- **Zona roja:** Hubo una relación profesional, un socio en uno de mis negocios, que identifiqué como frecuente y degradante. Con la naturaleza de la relación identificada, tomé la decisión de comunicar una salida escalonada de mi participación en el negocio. Me llevó seis meses, pero una vez que se completó, la frecuencia de las interacciones degradantes se redujo de manera significativa.

Con un mapa de relaciones completo, estás bien equipado para concentrarte en las relaciones que crean más energía, valor y prosperidad emocional en tu vida.

El mapa de las relaciones no es estático; es muy dinámico. Las relaciones se moverán en el mapa y, sin duda, agregarás y eliminarás a distintas personas en diferentes etapas de tu vida, por lo que vale la pena regresar a este ejercicio con regularidad.

Cómo navegar las relaciones románticas: dos reglas para crecer en el amor

PILAR: PROFUNDIDAD

Con quién eliges estar en la vida es la decisión más importante que tomarás.

Recuerda los gráficos de la sección de *Riqueza de tiempo* acerca de con quién pasas tu tiempo. Tu pareja es la única persona con la que pasas más y más tiempo hasta el final.

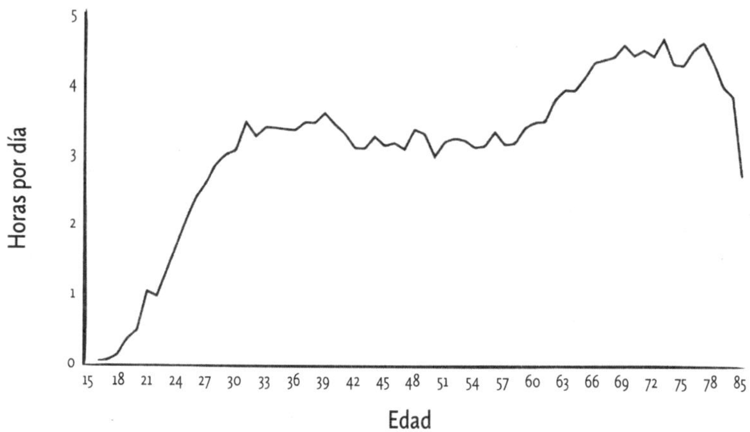

He sido extremadamente afortunado en mi propia experiencia y observación del amor. Al momento de escribir este libro, mi esposa y yo hemos estado casados durante siete años y juntos durante más de diecisiete, desde que nos conocimos y comenzamos a salir en la escuela secundaria. Mis padres han estado casados durante cuarenta y dos años, los padres de mi esposa durante más de treinta y todos nuestros abuelos estuvieron casados hasta el final.

Aprendí muchísimo al estar rodeado de estas relaciones. Lo más importante: aprendí sobre lo que significa *crecer* en el amor.

Enamorarse es fácil. *Crecer* en el amor es difícil. Enamorarte es lo que ves en las redes sociales. Crecer es lo que no ves. Crecer en el amor se trata de desarrollar y profundizar un vínculo a través de la incomodidad, los períodos dolorosos, la oscuridad, las conversaciones difíciles y los desafíos. Crecer en el amor ocurre durante largos períodos, a lo largo de las etapas de la vida, en oleadas que van y vienen. Crecer en el amor es lo que crea la profundidad de un vínculo de por vida.

Hay dos reglas que he observado que siguen las parejas que consiguen crecer en el amor, y ambas han sido especialmente valiosas en mi relación con mi mujer.

Regla 1: Entiende los lenguajes del amor

En 1992, un pastor bautista llamado Gary Chapman publicó un libro llamado *Los 5 lenguajes del amor: El secreto del amor que perdura*. Chapman sugirió que hay cinco lenguajes del amor que rigen la forma en que las parejas románticas dan, reciben y experimentan el amor:

1. **Palabras de afirmación**: Expresiones verbales de amor y afecto. Las personas que usan este lenguaje del amor se sienten más amadas cuando escuchan cumplidos, palabras de aliento y expresiones de agradecimiento.
2. **Tiempo de calidad**: Tiempo y presencia, energía dedicada. Las personas que usan este lenguaje del amor se sienten amadas cuando su pareja les presta toda su atención y pasa tiempo de calidad con ellas. Están presentes en el momento, entablan conversaciones significativas y crean experiencias compartidas juntos.
3. **Regalos**: Las personas que usan este lenguaje del amor valoran el pensamiento y el esfuerzo detrás de los regalos. Se sienten amadas cuando reciben regalos detallistas y con significado.

4. ACTOS DE SERVICIO: Las personas que usan este lenguaje del amor valoran las acciones por encima de las palabras. Se sienten amadas cuando su pareja realiza actos de servicio para hacerles la vida más fácil o cómoda (haciendo las tareas del hogar, haciendo recados o asumiendo tareas para aligerar su carga).
5. CONTACTO FÍSICO: Las personas que usan este lenguaje del amor descubren que la conexión física y humana es lo que más los hace sentirse amados: abrazos, besos, tomarse de la mano, abrazarse y otras formas de contacto físico. Para ellos, el contacto no sexual es tan importante como la intimidad sexual.

La conciencia y el reconocimiento de tu lenguaje del amor y el de tu pareja son esenciales para una relación próspera, porque le permite a cada uno mostrarse de la manera más efectiva para la otra persona.

Por ejemplo, sé que el lenguaje del amor de mi esposa es el contacto físico. Cuando está molesta o estresada, un abrazo o un masaje en la espalda es más efectivo que cualquier otra acción que yo pueda llevar a cabo. Cuando se siente genial, tomarnos de la mano y un beso en la mejilla crea una sensación de conexión poderosa y duradera. Durante años me costó trabajo estar con ella donde ella necesitaba que estuviera, simplemente porque no era consciente de que esta conexión física era todo lo que ella requería de mí en los momentos difíciles.

Para poner en práctica los cinco lenguajes del amor, conviértelo en un juego con tu pareja. Sentaos juntos y haced el test gratuito de 5lovelanguages.com/quizzes/love-language Adivinad el lenguaje de amor del otro antes de comenzar y ved si teníais razón. Una vez determinadas las respuestas correctas, considera cómo puedes incorporar la comprensión de los lenguajes del amor de los demás en tus interacciones diarias y expresiones de amor. La relación se beneficiará por considerarlo.

Regla 2: Evita estas trampas

Al principio del libro, mencioné una broma del difunto Charlie Munger: «Todo lo que quiero saber es dónde voy a morir, para nunca ir para allá». Considera la importancia de esta línea en el contexto de tus relaciones románticas: conoce dónde morirá tu relación para que nunca vayas para allá.

Afortunadamente, el psicólogo John Gottman ha hecho el arduo trabajo de encontrar ese lugar. Su investigación predice quién eventualmente se divorciará, y en uno de esos experimentos se demostró que tenía razón un asombroso 94 por ciento de las veces.

En un influyente estudio de 1992, el doctor Gottman y su equipo entrevistaron a cincuenta y dos parejas casadas. Les hicieron una variedad de preguntas sobre cómo se conocieron, por qué decidieron casarse y qué cambios habían sufrido sus relaciones, y los observaron mientras participaban en una discusión de quince minutos sobre un área actual de conflicto en su relación. Con base en las breves entrevistas y observaciones, el doctor Gottman y su equipo pudieron predecir con un 94 por ciento de precisión qué parejas permanecerían juntas y cuáles se separarían dentro de los tres años posteriores al estudio.

El Dr. Gottman describió los cuatro estilos de comunicación que aparecían constantemente en las relaciones que fracasaban (los llamó «los cuatro jinetes», un guiño a los cuatro jinetes del apocalipsis).

Considero que estos son los lugares donde morirá tu relación:

1. Críticas: Si bien articular una queja es un juego limpio y necesario para una relación sana, el doctor Gottman definió la crítica como un ataque *ad hominem* a la otra persona.
2. Actitud defensiva: En respuesta a las críticas, la mayoría de las personas tratarán de protegerse a sí mismas a través de estrategias defensivas con excusas. Cuando estamos a la defensiva, no somos responsables de nuestros fracasos y acciones.

3. **Desprecio**: Tratar a la pareja con faltas de respeto, atacar el carácter y lo más profundo de la persona. La investigación del doctor Gottman reveló que el desprecio es el mayor indicador de divorcio.
4. **Actitud evasiva**: En respuesta al desprecio, una o ambas personas pueden simplemente cerrarse y evadirse de abordar el tema.

Con la conciencia del lugar adonde irá a morir tu relación, puedes concentrarte en nunca ir para allá. Si notas que estos estilos de comunicación surgen en tu relación, el doctor Gottman y su equipo desarrollaron un conjunto de "antídotos" que son efectivos para defenderse de ellos:

1. **Antídoto contra la crítica (el suave inicio)**: Concéntrate en una queja sin culpar, evitando la palabra tú y enfocándote en la palabra yo. Este replanteamiento evita culpar y, en cambio, se enfoca en lo que sientes o necesitas de tu pareja.
2. **Antídoto contra la actitud defensiva (hacerse responsable)**: Reconoce y acepta la perspectiva de tu pareja y ofrece una disculpa por las acciones o comportamientos que crearon esa perspectiva.
3. **Antídoto contra el desprecio (construir una cultura de agradecimiento)**: Crea un recordatorio frecuente de los rasgos, acciones o comportamientos positivos de tu pareja y siéntete agradecido por esas características.
4. **Antídoto contra la actitud evasiva (autorregulación fisiológica)**: Pausa y tómate un descanso. Pasa ese tiempo en una actividad que te relaje, te distraiga o te calme, como caminar, respirar de manera consciente o sentarte con los ojos cerrados.

Desarrollar una comprensión de las trampas comunes en la travesía y aprender a evitarlas ha sido muy positivo para la relación entre mi esposa y yo. Estoy seguro de que también lo será para la tuya.

Quinientos años de consejos para las relaciones

Para nuestro séptimo aniversario de bodas, el 17 de diciembre de 2023, les hice una pregunta simple a las parejas que habían estado casadas cuarenta, cincuenta o incluso sesenta años:

¿Qué consejo de relación de pareja le darías a tu yo más joven?

Los participantes iban desde una pareja de más de sesenta que acababa de celebrar su cuadragésimo aniversario, hasta un «niño» de noventa y nueve años que acababa de celebrar sesenta y seis años de felicidad con su novia. En total, los consejos representaban más de quinientos años de merecida sabiduría de estas hermosas relaciones.

He aquí diez consejos sobre relaciones que todos deben escuchar:

1. Nunca lleves la cuenta en el amor. Los marcadores son para los juegos deportivos, no para los matrimonios.
2. Mantén tus intereses y pasiones separados de los de tu pareja. El matrimonio no debería ser el fin de la individualidad.
3. No siempre puede ser cincuenta y cincuenta. A veces será noventa y diez; a veces será diez y noventa. Lo único que importa es que sume cien.
4. Un hombre dijo: «Nunca dejes de tener citas. ¡Tengo noventa y nueve años y sigo cortejando a mi esposa!». Los matrimonios no se vuelven aburridos; dejas de intentarlo.
5. Nadie se ha pasado la vida discutiendo para lograr un matrimonio feliz. Cuando enfrentéis un desafío, enfrentadlo juntos.
6. No puedes cuidar de tu pareja si no te cuidas a ti mismo. Haz una lista de tus necesidades diarias para sentirte bien y pídele a tu pareja que haga lo mismo. Asegúrate de que tu pareja y tú podéis hacer las cosas que están en esa lista.
7. Nunca involucres a terceros no profesionales (padres, amigos, hermanos, compañeros de trabajo) en los desacuerdos. Te olvidarás de eso, pero ellos no.

8. Tu cónyuge siempre debe tener la prioridad por encima de tu familia biológica. Recuerda eso cuando los dos aspectos se sientan en conflicto.
9. La complementariedad es tan importante como la compatibilidad. Permitíos el uno al otro el espacio para liderar dentro de diferentes campos de vuestra relación.
10. Tu amor es tuyo. Olvídate de la aprobación de los demás. No podréis hacer felices a todos. Aceptad eso y abrazaos.

Terminaré repitiendo la hermosa frase de la mujer de noventa y cuatro años que participó en el ejercicio de cumpleaños que mencioné al principio del libro:

«En caso de duda, ama. El mundo siempre necesita más amor.»

La cena de la vida: crear un ritual mensual de pareja

PILAR: PROFUNDIDAD

La cena de la vida es un poderoso ritual mensual de pareja creado por el empresario Brad Feld.

El problema: con el tiempo, tu vida se torna cada vez más agitada. Es fácil permitir que la relación con tu pareja pase a un segundo plano mientras apagas los fuegos más apremiantes de la vida cotidiana. Si bien esto puede parecer aceptable a corto plazo, puede generar problemas a largo plazo.

La solución: una fecha fija mensual para sentarse a comer en pareja y reflexionar sobre el progreso, los desafíos y las metas personales, profesionales y de la relación. La cena de la vida es una forma considerada de mantener una relación viva, a pesar de las limitaciones de tiempo y el estrés de la vida diaria.

Algunos detalles para que lleves a cabo el ritual de la cena de la vida:

- Establece una fecha mensual recurrente.
- Elige tu lugar favorito, explora un sitio nuevo o cocina una comida en casa.
- Si no tienes tiempo para una comida completa, hazlo con un café o con una bebida.

La cuestión es convertirla en un ritual sagrado mensual. Tres áreas por cubrir en la discusión:

- Personal
- Profesional
- Relación

Dentro de cada área, cada persona debe tener la palabra para reflexionar sobre el progreso y los desafíos del mes anterior y discutir los objetivos a futuro. Después de que ambos hayáis tenido vuestro tiempo respectivo tiempo, podéis discutir los temas clave en equipo. La meta es dar tiempo a cada uno de vosotros para hablar libremente antes de la discusión conjunta.

A mi esposa y a mí nos encanta la cena de la vida porque crea una estructura a través de la cual podemos crecer juntos. Desde que tuvimos a nuestro hijo, en mayo de 2022, ha sido una parte fundamental de nuestro sistema para garantizar que sigamos creciendo juntos, a pesar de tener un recién nacido en la casa.

Si estás en una relación, pero te resulta difícil reducir la velocidad ante el caos de la vida, te animo a que pruebes la cena de la vida. En el peor de los casos, tendrán una buena comida juntos, ¡pero estoy dispuesto a apostar a que obtendrán mucho más que eso!

Cómo mejorar la comunicación en las relaciones: ayuda, escucha o abrazo

PILAR: PROFUNDIDAD

Soy un solucionador: cuando la gente acude a mí con problemas, estoy predispuesto a tratar de solucionarlos. Esto es bueno (en su mayoría) en un contexto profesional, pero cuando traigo esa predisposición a mis relaciones, los resultados pueden ser definidamente mixtos. A lo largo de los años, mi mentalidad de arreglarlo todo me llevó a tener muchos momentos tensos con mi esposa, familia y amigos. Venían a mí con un problema e inmediatamente comenzaba a deconstruir la situación y a ofrecer posibles soluciones. Me pareció desconcertante que la otra persona a menudo rechazara mis soluciones y se retirara (o incluso se enojara conmigo por ofrecerlas).

De lo que me di cuenta (después de demasiado tiempo) fue esto: a veces, la gente no quiere que arregles su problema. Sólo quieren que estés ahí, con ellos.

El método de «ayuda, escucha o abrazo» es utilizado por terapeutas, maestros y consejeros, pero también es inmensamente útil para mejorar tu manejo de estas situaciones cotidianas de relación; te permite dar a otras personas lo que necesitan.[19]

Cuando alguien que amas se acerca a ti con un problema, pregunta: «¿Quieres que te ayude, te escuche o te abrace?»

- Ayuda: deconstruye el problema e identifica las posibles soluciones. La mentalidad de arreglarlo todo puede ponerse a trabajar.
- Escucha: escucha atentamente y permite que la otra persona exprese (y se desahogue) según sea necesario.

- **ABRAZO**: proporciona contacto físico reconfortante. El tacto es un poderoso lenguaje del amor para muchas personas (incluida mi esposa). A veces la gente sólo quiere sentir tu presencia con ella.

La idea es hacer la pregunta para crear una conciencia bidireccional de lo que se necesita en la situación. Esta conciencia me sacó de mi configuración predeterminada de «arreglalotodo». En lugar de estar para mis seres queridos de la manera que era conveniente y natural *para mí*, me vi obligado a conocer a otros de la manera que más les *convenía a ellos*.

P.D.: Preguntar específicamente «¿Quieres que te ayuden, te escuchen o te abracen?» puede ser útil al principio, pero después de un tiempo, debería surgir un patrón reconocible.

Si eres como yo y has tenido problemas para identificar adecuadamente lo que tu pareja, amigo o familiar necesitaba en una situación, prueba el método de «ayuda, escucha o abrazo».

Cómo entablar una conversación: los cuatro principios de un maestro de la conversación

PILAR: AMPLITUD

El conversador habilidoso puede adoptar muchas formas diferentes:

- Extrovertido o introvertido
- Narrador teatral o desglosador prudente de hechos
- Dador o tomador

El punto es que su predisposición natural no mejora ni anula su capacidad para convertirse en un conversador experto. El extrovertido que constantemente se escapa con las conversaciones y no deja que la otra persona hable, tiene el mismo desafío que el introvertido que se niega a crear un impulso hacia adelante con la escucha activa o las progresiones. El objetivo es aprovechar al máximo nuestras habilidades naturales y convertirnos en los mejores conversadores que podamos ser.

Aquí hay cuatro principios básicos del maestro de la conversación que cualquiera, independientemente de su disposición natural, puede usar:

Principio 1: crea picaportes

Un artista de la improvisación se refirió una vez al concepto de «picaportes» en las conversaciones. La mayoría de las preguntas son como las señales de alto: invitan a una respuesta que naturalmente termina la conversación. Los picaportes son preguntas o declaraciones que invitan a la otra persona a abrir o cerrar una puerta. Invitan a la otra persona a comenzar a contar una historia. Un ejemplo:

- Pregunta de alto: ¿dónde te casaste?
- Pregunta de picaporte: ¿cómo decidiste el lugar de la boda?

La versión de la señal de alto probablemente conducirá a que se detenga la conversación cuando la persona responda con una ubicación. La versión del picaporte probablemente conducirá a una historia.

Cada historia ofrece nuevas oportunidades para que tú, el oyente, promuevas la conexión en el discurso. Los picaportes crean historias: debes crear picaportes.

He aquí un conjunto de excelentes picaportes que me gusta usar en las conversaciones. Elige algunos para incorporarlos a tu *kit* de herramientas y utilízalos la próxima vez que te encuentres en una situación social o profesional desconocida. Te recomiendo que pienses en tu propia respuesta a estos temas, ya que es probable que te encuentres en situaciones en las que la otra persona te las aplique para iniciar la conversación:

DISPARADORES DE CONVERSACIÓN:

- ¿Qué es lo que más te entusiasma en este momento, personal o profesionalmente?
- ¿Cuál era tu lugar preferido (o el que menos te gustaba) de tu ciudad natal?
- ¿Cuál es el origen de tu nombre? ¿Por qué tus padres te dieron ese nombre?
- ¿Qué es lo más interesante que has leído o aprendido recientemente?
- ¿Cuál es la mejor película o programa que has visto recientemente? ¿Qué lo hizo tan interesante para ti?
- ¿Qué te ha hecho sonreír recientemente?
- Si tuvieras un día entero para ti solo sin responsabilidades, ¿cómo lo usarías?

Desarrolladores de conversación:

- ¿Cuáles recuerdas como algunos de los momentos más formativos de tu vida? ¿Qué los hizo tan formativos?
- ¿Sobre qué has cambiado de opinión recientemente?
- Si pudieras cenar con tres a cinco personas de cualquier momento de la historia, ¿a quién elegirías y por qué?
- ¿Qué es algo que has comprado por un poco de dinero que ha marcado una gran diferencia en tu vida?
- ¿Cómo escapas o te relajas?
- ¿Qué es lo más amable que alguien ha hecho por ti?

No están en ningún orden en especial, pero todos han sido efectivos y me han llevado a conexiones profundas con amigos viejos y nuevos.

Principio 2: Sé un oyente en voz alta

En su *bestseller* publicado por *The New York Times, Cómo conocer a una persona*, David Brooks se refiere a la idea de escuchar en voz alta. Escuchar en voz alta puede tomar muchas formas, pero, generalmente, los oyentes actúan para que los oradores sepan que están siendo escuchados y percibidos.

Algunos ejemplos de escucha en voz alta:

- **Sonidos**: decir «Sí» o «Ajá» o «Mmm» para señalar que escuchas y alentar una energía continua del orador.
- **Expresiones faciales**: cambiar las expresiones faciales para reaccionar a la historia que se cuenta.
- **Lenguaje corporal**: una postura inclinada hacia adelante y hacia el hablante indica compromiso y energía positiva. Nunca te des la vuelta ni te coloques de lado, ya que indica que estás tratando de abandonar una conversación e inmediatamente lastima la energía de un momento.

Todos hemos estado en conversaciones en las que queda muy claro que la otra persona no está interesada en quiénes somos o en lo que tenemos que decir. Conocemos ese sentimiento. No lo crees para otros.

PRINCIPIO 3: REPITE Y AÑADE

La escucha activa conduce directamente al método de «repetir y seguir»: repite los puntos clave al orador con tus propias palabras y añade una idea adicional, una historia o una pregunta picaporte. Esta es una oportunidad para transmitir con qué estás de acuerdo o en desacuerdo y mostrar una escucha comprometida. Esta actitud genera impulso en la conversación y consolida la conexión.

PRINCIPIO 4: HAZ CONTACTO VISUAL SITUACIONAL

El contacto visual tiene matices: muy poco y pareces inestable; demasiado y pareces psicótico.

Me gusta el contacto visual situacional:

- Profundo y conectado mientras la otra persona habla.
- Orgánico mientras hablas tú. Está bien apartar la mirada mientras piensas, pero usa el contacto visual para enfatizar los puntos y momentos clave de una historia.

Si te enfocas en esos cuatro principios básicos, mejorarás inmediatamente tu habilidad general como conversador. Ya seas introvertido o extrovertido, narrador de historias o divulgador de hechos, tienes el potencial de ser un gran conversador. Dominar el arte y la ciencia de la conversación dará frutos profesionalmente, pero, de manera más importante, los dará personalmente, ya que conduce a conexiones significativas que dan una nueva textura y riqueza a la vida.

Utiliza los cuatro principios básicos para comenzar tu travesía, con objeto de convertirte en un maestro de la conversación.

Cómo construir nuevas relaciones: la guía antinetworking

PILAR: AMPLITUD

Una dura verdad: el *networking* está muerto... Al menos, en el sentido tradicional de la palabra *networking*.

No se llega a ninguna parte acumulando miles de conexiones transaccionales personales y profesionales. Llegas a algún lado construyendo relaciones genuinas:

- Dar sin intención de recibir a cambio.
- Actuar al servicio de los demás.
- Crear valor para quienes te rodean.

Aquellos que inviertan en construir relaciones en lugar de establecer contactos obtendrán las recompensas más valiosas a largo plazo: salud, riqueza y felicidad.

Va una confesión: no soy un constructor de relaciones natural. De hecho, soy un poco introvertido y socialmente ansioso, particularmente en entornos de grupos grandes, como conferencias, cocteles y eventos concurridos. Y, sin embargo, he construido una profundidad y amplitud de conexiones que me han brindado una gran alegría y valor a lo largo de los años.

Ya sea que te mudes a una nueva área, comiences un nuevo trabajo, progreses en tu carrera actual, asistas a un evento profesional o simplemente quieras hacer nuevos amigos, esta guía te ayudará.

A continuación hay cuatro principios básicos *antinetworking* que cualquiera puede utilizar:

PRINCIPIO 1: ENCUENTRA ENTORNOS CON VALOR AGREGADO

El mejor consejo que he recibido cuando se trata de construir nuevas relaciones: sitúate en entornos con una alta densidad de personas alineadas con tus valores.

Qué significa esto: piensa en tus valores fundamentales, pasatiempos e intereses personales, luego considera qué «entornos» probablemente filtrarán a las personas con un conjunto similar de valores e intereses. Un ejemplo: si eres el dueño de un perro y te encanta estar afuera, es probable que los parques locales para perros, las cervecerías al aire libre o los senderos para caminar tengan una alta densidad de personas con intereses similares.

La cuestión es que puedas aumentar tus probabilidades de conocer gente con la que conectarás, al situarte en entornos donde ya se han producido varios niveles de filtrado incluso antes de tu llegada.

- Si te apasiona el deporte y la salud, frecuenta los mercados locales, el gimnasio temprano en la mañana y las rutas de senderismo locales.
- Si estás enfocado en tu carrera en *marketing*, busca eventos locales de *marketing* y asiste a conferencias sobre redes sociales o creadores.
- Si te gustan los libros y el arte, busca un club de lectura local, ve a inauguraciones de galerías de arte y únete a la comunidad de museos local.

En las áreas profesionales, los entornos suelen ser más fáciles de encontrar, ya que tu negocio o empresa tendrá conferencias, eventos, fiestas y cenas específicas a las que se te animará a asistir. En tu vida personal, necesitarás trabajar un poco más para encontrar estos entornos.

Colócate en los entornos correctos y ya estarás bien posicionado para entablar nuevas relaciones.

Principio 2: Formula preguntas interesantes

Una vez que estés en el entorno, entabla conversaciones con gente nueva. Un saludo cálido y una sonrisa en general son un excelente lugar para comenzar, ya que tienden a romper barreras y a reducir la tensión en cualquier situación.

A partir de aquí, tengo algunas preguntas que he descubierto que crean un discurso confiable e interesante:

- ¿Cuál es tu conexión con [insertar lugar o evento actual]?
- ¿Qué es lo que más te entusiasma en este momento?
- ¿Qué te anima fuera del trabajo?
- ¿Cuál es el libro favorito que has leído recientemente?

Nota: Siempre evita «¿A qué te dedicas?» como una pregunta. Es genérica y en general te darán una respuesta común, automática o incómoda si las personas no se sienten orgullosas de su trabajo. «¿Qué es lo que más te entusiasma en este momento?» conduce a respuestas más personales e interesantes y a un mayor impulso conversacional.

Si eres socialmente ansioso, gran parte de tu nerviosismo en estas situaciones surge de una presión autoinducida para ser «interesante» para otras personas. Dale la vuelta y enfócate en estar interesado. Formula preguntas interesantes. Es mucho más fácil (y más efectivo).

Principio 3: Conviértete en un oyente de nivel 2 y 3

Existe el concepto de que hay tres niveles de escucha:

> Nivel 1. Escucha del «Yo»: estás teniendo una conversación, pero tu voz interna está relacionando todo lo que escuchas con algo en tu propia vida. Tu voz interna se escapa por la tangente; estás pensando en tu propia vida mientras la otra persona habla.

Estás esperando a hablar, no escuchando para aprender. Este es el modo predeterminado para todos.

NIVEL 2. Escucha del «Tú»: estás teniendo una conversación y estás profundamente concentrado en lo que dice la otra persona. No estás esperando para hablar; estás escuchando para aprender.

NIVEL 3. Escucha del «Nosotros»: estás construyendo un mapa de la otra persona, entendiendo cómo toda la nueva información que te comparte encaja en el mapa más amplio de la vida y el mundo de la persona. Estás escuchando para comprender, considerando las capas debajo de lo que dice la otra persona.

La mayoría de las personas utiliza de forma predeterminada la escucha de Nivel 1, pero la gente carismática tiene una intención practicada en torno a la escucha de Nivel 2 y Nivel 3. Si quieres construir relaciones nuevas y genuinas, tienes que vivir en el Nivel 2 y el Nivel 3.

Sé un oyente «ruidoso». Después de hacer preguntas, inclínate y muestra tu enfoque y presencia con lenguaje corporal, expresiones faciales y sonidos.

Mientras escuchas, toma notas mentales de algunos hechos pertinentes sobre los intereses de la persona o cualquier otra cosa que te llame la atención. Estas serán relevantes junto con el Principio 4.

PRINCIPIO 4: UTILIZA SEGUIMIENTOS CREATIVOS

Cuando una conversación haya llegado a su fin, no te sientas presionado a mantenerla. Sal con elegancia. Siempre he encontrado que «¡Fue genial conocerte, espero verte de nuevo pronto!» funciona bien en cualquier entorno personal o profesional. Si tiene sentido, puedes ofrecerte a compartir información de contacto para el futuro.

Al terminar la conversación, registra las notas mentales que tomaste en tu teléfono o en un cuaderno y crea un plan para hacer un seguimiento en los próximos días.

Como ejemplo, yo solía hablar sobre mis libros favoritos con gente nueva. Si estaba hablando con un nuevo contacto profesional y me parecía como una relación que esperaba profundizar, le enviaba una copia del libro con una nota escrita a mano a la oficina de la persona. He construido muchas excelentes relaciones con mentores a partir de ese comienzo.

Algunas ideas para hacer seguimientos reflexivos y creativos:

- Comparte un artículo o un pódcast que creas que le gustará a la persona por un motivo específico.
- Aporta valor en forma de una nueva idea relacionada con uno de los puntos de tensión profesional que se reveló durante la conversación.
- Ofrécete a conectar a la persona con un amigo que tenga un interés compartido.

El objetivo es demostrar que estabas escuchando de forma atenta y que tomaste la iniciativa de dar seguimiento. Hacerse el difícil es infantil. Invierte energía en construir relaciones nuevas y genuinas y serás recompensado.

Nota: Si tú y la otra persona no compartieron información de contacto, es posible que tengas que investigar un poco y ser sutil para obtener una dirección física o de correo electrónico. Por ejemplo, si no recibiste una dirección de correo electrónico en el evento, adivínalo:

- *[nombre] @ [empresa] . com*
- *[primera inicial] [apellido] @ [empresa] . com*
- *[nombre] . [apellido] @ [empresa] . com*
- *[apellido] @ [empresa] . com*

Los datos de direcciones de correo electrónico muestran que esas estructuras sintácticas abarcan más del 80 por ciento de los correos electrónicos. ¡Un poco de esfuerzo ayuda mucho!

Recuerda, ¡la satisfacción en las relaciones favorece la salud! Las relaciones son, literalmente, todo. Así que deja de hacer *networking*. Utiliza estos cuatro principios *antinetworking* y comienza a construir relaciones genuinas; pagarán dividendos en todas las áreas de tu vida durante muchos años por venir.

Cómo construir un consejo personal de asesores: el Brain Trust *(comité creativo)*

PILAR: AMPLITUD

Pixar Animation Studios es ampliamente considerado como uno de los estudios más creativos de todos los tiempos; sus películas han ganado más de veinte Premios de la Academia e innumerables reconocimientos. A lo largo de sus más de treinta años de historia, el estudio ha creado y promovido películas entrañables, que incluyen *Toy Story*, *Buscando a Nemo*, *Bichos*, *Monsters Inc.*, *Los increíbles*, *Wall-E*, *Coco*, *Intensamente* y más. Si eres padre o madre o si creciste en la década de 1990 o 2000, es probable que te hayas enamorado de una historia y un personaje de Pixar.

Pero esta prolífica producción creativa no es fruto de la casualidad. Como reveló el cofundador de Pixar, Ed Catmull, en su libro más vendido *Creatividad, S.A.*, los sistemas y los procesos se implementaron de forma deliberada para garantizar la más alta calidad y consistencia absoluta del producto a lo largo de las décadas.[20]

Uno de estos sistemas, al que Pixar se refiere como *Braintrust*, es especialmente relevante como modelo aplicable a nuestras vidas.

Braintrust de Pixar es un grupo de personas que se reúnen cada pocos meses para hablar sobre películas en proceso. El grupo incluye a los principales directores de las películas que se están discutiendo, así como otras personas que no están directamente involucradas en las películas, pero que son parte de la compañía y tienen un gran interés en su éxito. Como explicó Catmull: «Nuestra toma de decisiones es mejor cuando nos basamos en el conocimiento colectivo y las opiniones sinceras del grupo... Confiamos en [*braintrust*] para empujarnos hacia la excelencia y erradicar la mediocridad. Es nuestro sistema principal para hablar claro».

Podemos aplicar el modelo general de *braintrust*: un grupo de personas con distintas perspectivas y puntos de vista que formulan preguntas y someten a prueba los supuestos para mejorar la calidad del producto final en nuestras vidas, para nuestras propias actividades personales y profesionales.

Tradicionalmente, las personas han recurrido a mentores para navegar por las aguas inexploradas que encuentran en las nuevas etapas de su vida. Pero el término *mentor* se siente muy formal. Connota una cadencia fija y un compromiso de tiempo. Desde la perspectiva del mentor, puede parecer un gran compromiso que diluye la calidad de la relación, la experiencia y los resultados. Además, tener un mentor formal a menudo se queda corto. Es posible que tu único mentor no se haya enfrentado al reto al que tú te enfrentas y que esa persona no tenga un mapa que tú puedas aprovechar para navegar por el terreno.

En lugar de encontrar un solo mentor, puedes aprovechar la creación de Pixar para formar tu propio *braintrust*: un consejo personal de asesores para tu vida. Así como Pixar utilizó este grupo para mejorar la calidad de sus decisiones creativas, tú puedes usar a tu *braintrust* para mejorar la calidad de tus decisiones personales y profesionales.

Tu *braintrust* es un grupo de cinco a diez personas. Algunas características clave del grupo:

1. Imparcial (idealmente no familiar).
2. Experiencias diversas, perspectivas, puntos de vista.
3. Dispuesto a proporcionar comentarios sinceros y francos.
4. Interés personal en tu éxito (es decir, quieren verte ganar).

A medida que construyes tu *braintrust*, puede ser útil pensar que cada miembro se ajusta a un arquetipo en particular:

- Ejecutivo sénior (navega por jerarquías y rangos superiores).

- Líder inspirador (principios de liderazgo y gestión de personas).
- Compañero de entrenamiento intelectual (muy dispuesto a presionar y poner a prueba tu pensamiento).
- Pensador contrario (dispuesto a jugar al abogado del diablo).
- Conector (relaciones profundas y redes).
- Pares (en una etapa personal o profesional similar).

No se trata del *braintrust más impresionante*. Quieres personas que estén genuinamente interesadas en verte triunfar. Con el tiempo, puedes sumar y restar de tu grupo: agrega las relaciones nuevas y profundas, resta las personas cuyo valor ha disminuido a medida que tú o ellas hayan cambiado o progresado.

A diferencia de Pixar, no necesitarás organizar reuniones formales de tu *braintrust* (esto evita en general el desafío formal de un mentor), por lo que los miembros no necesitan conocerse entre sí o saber que son parte de él. Cuando te enfrentes a retos, decisiones clave o puntos de inflexión en tu vida personal y profesional, puedes acudir a los miembros de tu *braintrust* para obtener perspectivas fundamentadas, franqueza, comentarios y consejos.

Nuestro tiempo y energía son finitos, por lo que el hecho de que estas personas estén usando una parte de su tiempo para apoyarte no es poca cosa. Siempre hazles saber que los aprecias. Cómprales libros. Envíales notas de agradecimiento escritas a mano por pasar tiempo contigo. Los pequeños gestos de gratitud son de gran ayuda.

Cómo construir autoridad: la guía para hablar en público

PILARES: AMPLITUD Y ESTATUS MERECIDO (O GANADO)

Confesión: solía ser un orador público nervioso.

Sé que no estoy solo; de hecho, diversas encuestas han revelado que las personas incluyen el hablar en público en la lista de sus mayores temores, incluso antes del miedo a morir. Pero hablar en público con confianza es una habilidad crítica para las carreras y la vida de muchas personas; expande los círculos potenciales de relación y genera autoridad y experiencia que son marcadores del estatus merecido o ganado. Tiene el potencial de acelerar los esfuerzos personales y profesionales de manera significativa. No puedes simplemente esconderte de eso, necesitas un conjunto de estrategias para aumentar tu confianza y desempeñarte como la mejor versión de ti mismo.

A continuación te muestro las estrategias que he usado para desarrollar un poderoso músculo para hablar en público: estrategias que puedes comenzar a usar de inmediato.

PREPARACIÓN PREVIA AL EVENTO

CREAR UNA ESTRUCTURA CLARA

Los mejores oradores públicos no dan un discurso; cuentan una historia. Llevan a la audiencia a una travesía. Crea una estructura clara que conozcas y que sea fácil de seguir. Es útil ser claro y explícito sobre la estructura por adelantado, ya sea en los materiales de la presentación o en tu entrega anticipada.

CONSTRUYE TUS BLOQUES DE LEGO

Cuando estés nervioso por un discurso, brindis, presentación o charla, tu sesgo natural es memorizar el contenido palabra por palabra.

La memorización está destinada a servir como un muro protector que te proteja de tus miedos. Puedes recitar algo y semidisociarte del acto en sí.

Desafortunadamente, he descubierto (y observado) que la memorización a menudo tiene el efecto contrario.

Cuando memorizas material, un pequeño desliz puede desalentarte. Conoces el material sólo en una trayectoria lineal fija, por lo que no puedes adaptarte. Todo lo que se necesita es una falla en las diapositivas, una pregunta fuera de contexto de la audiencia o un ligero tropiezo en tu apertura y tu preparación se va por la borda.

Mis recomendaciones:

- Construye bloques de Lego al practicar los momentos clave, como la apertura, las transiciones y el final. Perfecciona estos bloques de Lego.
- Practica el discurso en segmentos en lugar de en secuencia. Esto puede parecer contradictorio, pero te hará más dinámico si las cosas no salen de manera perfecta según lo planeado.

Un truco más raro para un gran discurso: Practica una vez mientras caminas enérgicamente o trotas de forma ligera. Descubrí que simula de forma efectiva el aumento de la frecuencia cardiaca que puedes experimentar cuando subes al escenario.

Trabajo previo opcional: estudia al mejor

Si quieres mejorar en algo, estudia a los especialistas más expertos. Vivimos en una era increíble con acceso a los mejores *coaches* de oratoria del mundo con sólo hacer clic en un botón. Identifica de tres a cinco oradores que admires. Pueden ser políticos, líderes empresariales, comediantes, oradores motivacionales, lo que sea. Ve a YouTube y encuentra videos de cada uno dando un discurso. Reduce la velocidad de reproducción y toma notas.

Presta atención a lo siguiente:

- ¿Cómo estructuran sus charlas?
- ¿Cuál es el ritmo de sus palabras? ¿Cuándo se detienen y cuándo aceleran?
- ¿Cuándo alzan la voz? ¿Cuándo la bajan?
- Fíjate en sus movimientos en el escenario. ¿Cómo gesticulan?
- ¿Cómo se involucran con la audiencia?

Al estudiar a los mejores, naturalmente nos movemos para encarnar los rasgos que identificamos.

Preparación previa al escenario

Aborda el foco de atención

El efecto foco es un fenómeno psicológico frecuente en el que las personas sobrestiman el grado en que otras personas se dan cuenta u observan sus acciones, comportamientos, apariencia o resultados. Hablar en público es uno de los momentos en los que el efecto foco es más pronunciado (y potencialmente paralizante).

Para atenuar el efecto foco de atención, intenta el enfoque «¿Y qué?»:

- Enfréntate a tus peores temores sobre lo que podría salir mal.
- Imagina que el peor miedo se convierte en realidad. Ahora pregúntate: «¿Y qué?» Entonces, ¿qué pasa si olvidas tus comentarios o no los transmites a la perfección? Te tropezarás, pero no te matará. Tu familia aún te amará cuando llegues a casa y la vida seguirá adelante.

Por lo general, la respuesta a «¿Y qué?» no es tan mala como pensamos. Como escribió Séneca: «Sufrimos más en la imaginación que en la realidad».

Entra en personaje

La invención de un personaje es una técnica en la que creas un personaje que puede aparecer y actuar en situaciones que te provocan miedo o dudas.

La estrategia general: Crea un personaje en tu mente que pueda dar en el clavo y, a continuación, «enciende el interruptor» para convertirte en ese personaje antes de entrar en escena.

Imagina al personaje orador que quisieras encarnar:

- ¿Qué rasgos posee?
- ¿Cómo interactúa con su entorno?
- ¿Qué aspecto físico tiene ante los demás?
- ¿Cuál es su mentalidad?

Enciende tu personaje y asume el momento con nueva energía como la mejor versión de ti mismo.

Elimina el estrés

El suspiro fisiológico es una técnica notablemente efectiva y respaldada por la ciencia para eliminar con rapidez el estrés.

Es un patrón de respiración marcado por una inhalación larga, una inhalación corta y una exhalación larga. La gente lo hace de forma natural cuando los niveles de dióxido de carbono en el torrente sanguíneo son demasiado altos. Crea una sensación relajante al liberar mucho dióxido de carbono muy rápido.

Si sientes que tus nervios aumentan antes del evento, inténtalo:

- Inhala por la nariz dos veces, una lentamente y luego una con rapidez.
- Exhala por la boca de forma prolongada.
- Repite dos o tres veces.

Impacto positivo inmediato.

Entrega

Reduce la tensión

Unos minutos antes de dar un discurso de apertura en junio de 2023, los organizadores me preguntaron con qué canción quería entrar. Probablemente asumieron que elegiría música alegre y estimulante. Les dije «Girl on Fire» de Alicia Keys. Pensaron que estaba bromeando, pero hablaba en serio. ¿Por qué? Hacer algo inesperado y divertido al principio de una charla reduce de inmediato la ansiedad y la tensión en la sala. Cuando entré con esa canción, ¡tenía una broma incorporada!

«Tal vez se estén preguntando por qué acabo de entrar con *Girl on Fire*... Bueno, es la canción favorita de mi hijo de un año, y pensé que estará más emocionado al ver la repetición si su papá entraba con su canción favorita.»

Mi ansiedad desapareció cuando vi las caras sonrientes y risueñas en la multitud.

Lección: Encuentra una forma sencilla de cortar la tensión pronto y pon a la gente de tu lado.

Jugar al juego de la lava

Quizás recuerdes haber jugado un juego de la infancia en el que partes del piso son lava que no puedes tocar. Durante un discurso, trato de jugar un juego similar. Pienso en mis bolsillos y torso como lava: no puedo tocarlos.

Esta simple estrategia te obliga a alejar los brazos de tu cuerpo, hacer gestos amplios y expresar confianza.

Consejo profesional: utiliza gestos grandes, audaces y que abran el cuerpo al principio de la charla. Descubrí que hacerlo genera confianza e impulso (considera esto como un guiño a la muy debatida investigación de Amy Cuddy sobre las posturas de poder).

Muévete con intención

Pasear como si estuvieras hablando por teléfono con la persona que te gusta de la infancia no es útil. Sólo te pone más nervioso.

Da pasos lentos, metódicos y decididos. Muévete con seriedad. Usa tus movimientos para agregar pausas dramáticas a tus palabras mientras te desplazas por la sala.

Hay personas que se mueven por moverse y luego hay personas que se mueven con intención, que van a lugares. Siempre haz esto último.

Hacerlo todo junto

Estas nueve estrategias harán maravillas para hablar en público:

1. **Estudia al mejor:** usa YouTube para aprender de los oradores que admiras.
2. **Crea una estructura clara:** sé deliberado sobre el arco narrativo.
3. **Construye tus bloques de Lego:** practica sin descanso la apertura, las transiciones y las líneas clave, pero evita la memorización.
4. **Aborda el foco:** pregunta «¿Y qué?» sobre tus peores miedos y deja de sufrir en tu imaginación.
5. **Entra en personaje:** enciende tu personaje ideal antes del comienzo.
6. **Elimina el estrés:** usa el suspiro fisiológico para eliminar el estrés.
7. **Reduce la tensión:** encuentra una manera de reducir la tensión pronto, con una broma o un comentario autocrítico para que la audiencia esté de tu lado.
8. **Juega al juego de la lava:** usa gestos grandes y seguros y evita tocarte los bolsillos o el torso.
9. **Muévete con intención:** da pasos lentos, metódicos y decididos.

Hablar en público es un músculo que todos podemos trabajar para desarrollar. Si aprovechas estas estrategias, estarás en el buen camino.

Cómo jugar los juegos adecuados: las pruebas de estatus

PILAR: ESTATUS MERECIDO

Denis Diderot fue un filósofo y escritor del siglo XVIII que tenía la reputación de ser un pensador profundo en los círculos intelectuales. Su trabajo no condujo a ningún nivel de riqueza financiera, un hecho que no parecía preocuparle, pero cuando no pudo proporcionar una dote para su hija, su falta de medios financieros pasó a primer plano en su mente. Afortunadamente, su trabajo le había granjeado muchos admiradores, incluida Catalina la Grande, la emperatriz de Rusia, quien al enterarse de su lucha financiera, se ofreció a comprar su biblioteca y retener sus servicios como su bibliotecario personal, por lo que le pagaría una compensación generosa.

Poco después de esta buena fortuna financiera, Denis Diderot llegó a poseer una elegante bata escarlata nueva. A Diderot le gustaba el estatus que le confería la bata de fantasía, pero sentía que el resto de sus posesiones no podían compararse con la belleza y el prestigio de esta.

¿Cómo se podía esperar que se vistiera con semejante bata pero se sentara en una silla tan destartalada, caminara con unos zapatos tan andrajosos o escribiera en un escritorio tan espartano? En rápida sucesión, compró un nuevo sillón de cuero, zapatos nuevos y un elaborado escritorio de madera, todo lo cual parecía hacer juego con su bata escarlata... o, quizá más importante, hacer juego con el tipo de persona que llevaba algo tan elegante.

La nueva bata había creado una nueva identidad, una a la que Denis Diderot se apegó y que quiso seguir mostrando al mundo. En un ensayo publicado posteriormente, que tituló, de forma apropiada, *Lamentos por mi vieja bata*, Diderot se arrepentía: «Yo era el amo absoluto de mi vieja bata. Me he convertido en el esclavo de una nueva».

Denis Diderot había sido víctima de los peligros del estatus comprado: la sed lenta y progresiva de más, de lo siguiente que le confería un nivel de afirmación externa.

Identificar y evitar estos juegos de estatus comprado y jugar en su lugar a juegos de estatus ganado o merecido es importante para construir una vida de riqueza social.

Aquí hay dos pruebas simples que puedes utilizar para evaluar los juegos que estás jugando:

La prueba del estatus comprado

¿Compraría esto si no pudiera mostrárselo a nadie o contárselo a alguien?

El estatus comprado es la posición social mejorada y fugaz obtenida a través de símbolos de estatus adquiridos. Con esta pregunta se elimina el ruido para determinar si el objeto en sí proporciona felicidad o utilidad, o si su único propósito es señalar tu éxito o tus logros a los demás.

Por ejemplo:

- ¿Compras el reloj elegante porque te encantan las complejidades de la ingeniería y los detalles de los relojes o porque quieres que la gente vea que tienes un reloj elegante?
- ¿Compras el automóvil rápido porque estás obsesionado con los automóviles y sueñas con conducir en carreteras de montaña en tus días libres, o porque quieres que la gente te vea en el automóvil y piense que lo has logrado?
- ¿Pagas la mesa en el evento benéfico porque crees en la misión de la organización benéfica y donarías el dinero de forma anónima, o porque quieres que te vean en el evento como alguien que compró una mesa completa?

Es poco probable que llegues a eliminar de tu vida los juegos de estatus comprados, pero hacer estas preguntas sobre tus motivaciones subyacentes para una compra determinada creará una nueva conciencia y te alentará a enfocar tu tiempo y energía en los juegos de estatus ganado.

La prueba del estatus ganado o merecido

¿La persona más rica del mundo podría adquirir lo que quiero para mañana?

El estatus ganado o merecido es el gran igualador. Es el verdadero respeto, admiración y confianza recibidos a través de tesoros ganados con tanto esfuerzo:

- Tiempo libre.
- Relaciones amorosas.
- Trabajo con propósito, experiencia y sabiduría.
- Mente y cuerpo sanos.
- Éxito financiero ganado a pulso.

Las personas más ricas del mundo no pueden adquirir estas cosas en un día. Si no haces un esfuerzo claro para crear el espacio y priorizar de manera efectiva, cada uno de estos marcadores resultará esquivo. Las personas más ricas del mundo no pueden construir una relación amorosa más rápido que tú. Ellas no pueden forjar una mente y un cuerpo sanos más rápido que tú. Ninguna de ellas puede comprar su camino hacia la experiencia, la sabiduría o el propósito. El dinero puede mejorar las probabilidades de adquirir algunos de ellos (tiempo libre, por ejemplo), pero el esfuerzo es inevitable. Como dice el refrán, «Roma no se construyó en un día».

El empresario Naval Ravikant bromeó una vez: «Juega a juegos estúpidos, gana premios estúpidos».

Denis Diderot jugó a un juego estúpido y ganó un premio estúpido. No caigas en la misma trampa: evita los juegos de estatus comprado y concéntrate en jugar juegos de estatus ganado o merecido, porque los premios son mucho más gratificantes.

16.

Resumen: la riqueza social

VISIÓN GENERAL DE LA RIQUEZA SOCIAL

La gran pregunta, ¿quién estará sentado en la primera fila en tu funeral?

LOS TRES PILARES DE LA RIQUEZA DE TIEMPO:

- **PROFUNDIDAD**: la conexión con un pequeño círculo de personas con vínculos profundos y significativos.
- **AMPLITUD**: la conexión con un círculo más amplio de personas que brindan apoyo y pertenencia más allá de uno mismo, ya sea a través de relaciones individuales o mediante infraestructura comunitaria, religiosa, espiritual o cultural.
- **ESTATUS MERECIDO**: el respeto, la admiración y la confianza duraderos de tus pares que recibes con base en los símbolos de estatus merecidos, no obtenidos.

La puntuación de la riqueza de tiempo: Para cada afirmación a continuación, responde con 0 (*muy en desacuerdo*), 1 (*en desacuerdo*), 2 (*neutral*), 3 (*de acuerdo*) o 4 (*muy de acuerdo*).

1. Tengo un núcleo de relaciones profundas, amorosas y de apoyo.

2. Constantemente puedo ser la pareja, el padre, el familiar y el amigo que querría tener.
3. Tengo una red de relaciones informales de las que puedo aprender y sobre las que puedo construir.
4. Tengo un profundo sentimiento de conexión con una comunidad (local, regional, nacional, espiritual, etcétera) o con algo más grande que yo mismo.
5. No intento alcanzar estatus, respeto o admiración a través de compras materiales.

Tu puntuación inicial (de 0 a 20):

Metas, antimetas y sistemas

Utiliza el marco de establecimiento de metas para calibrar tu brújula de riqueza social:

- Metas: ¿qué puntuación de riqueza social deseas lograr dentro de un año? ¿Cuáles son los dos o tres puntos de control que deberás alcanzar en tu camino para lograr esta puntuación?
- Antimetas: ¿cuáles son los dos o tres resultados que deseas evitar en tu travesía?
- Sistemas de alto afianzamiento: ¿cuáles son los dos o tres sistemas de la Guía de la riqueza social que implementarás para lograr un progreso tangible y compuesto hacia tu puntuación objetivo?

Tu inicio rápido de una semana

Utiliza el mapa de relaciones para desarrollar una conciencia de tus relaciones actuales e identificar las oportunidades de profundidad y amplitud.

Comienza enumerando todas las relaciones principales que integran tu vida. Evalúa cada relación principal de acuerdo a si la relación es de solidaridad, ambivalente o degradante y la frecuencia de interacción en la relación. Con esta información, crea un mapa de tus relaciones principales en una cuadrícula de dos por dos, con la salud de la relación en *la riqueza social* en el eje *X* (de degradante a solidario) y la *frecuencia de relación* en el eje *Y* (de inusual a diario).

Considera cómo puedes priorizar las relaciones en la zona verde (saludables, frecuentes) y dedicar más tiempo a las relaciones en la zona de oportunidad (saludables, poco frecuentes).

La riqueza mental

17.

La gran pregunta

¿Qué diría hoy tu yo de diez años?

El nonagenario se sentó en la primera fila del auditorio de conferencias de la universidad y sacó su cuaderno.

Cuando comenzó la clase, escuchó atentamente y tomó notas sobre el Big Bang, el sistema solar y el destino final del Sol. Cuando terminó la clase, sonrió, recogió sus cosas y se fue, casi mezclándose con el mar de estudiantes de primer curso de Harvard College, de dieciocho años, que salían de la clase introductoria de astronomía.

El hombre se llamaba Hank Behar y, cuando la gente me pregunta qué quiero ser de grande, les digo que quiero ser como Hank.

Hank Behar vivía en la misma comunidad que mis padres cuando yo era joven. Él es, de alguna manera, bastante ordinario, no es particularmente rico, famoso o poderoso, sino la suma de sus *ordinarios* que empiezan a parecer más bien *extraordinarios*. Hank pasó la mayor parte de su carrera como guionista y director de Hollywood y tiene un ingenio agudo e inteligente para demostrarlo. Ha estado casado durante más de cincuenta años con la misma mujer, Phyllis, una glamorosa exestrella de telenovelas a quien conoció en un set y, como él lo describió, de alguna manera lo convenció de tener una cita con él. Hank y Phyllis tienen tres hijos, cuatro nietos y dos bisnietos. Hank tiene una personalidad dulce y cariñosa que brilla con luz propia, y siempre es rápido con un chiste autocrítico. Él se mantiene activo a pesar de su edad, y él y Phyllis han sido conocidos por subirse a un avión o tomar un crucero para una nueva aventura por capricho.

En 2014, Phyllis le preguntó a Hank qué quería para su nonagésimo cumpleaños. Ambos gozaban de buena salud, y ella asumió que él pediría unas buenas vacaciones, una escapada de fin de semana o tal vez sólo una cena especial.

Su respuesta la sorprendió.

«Siempre quise ver qué hacían esos genios en Harvard. Me gustaría pasar un día allí.»

Como no se dejaban intimidar por un desafío, se pusieron en contacto con mi padre, profesor de la escuela desde hacía muchos años. Él y un puñado de profesores se encargaron de que Hank asistiera a clase por un día: su deseo de cumpleaños estaba en marcha. Unas semanas más tarde, Hank se levantó temprano, se puso unos buenos pantalones de vestir, una camisa y un suéter, y peregrinó a Cambridge, Massachusetts, para pasar el día en la Universidad de Harvard.

Así fue como este hombre de noventa años se encontró en primera fila de una clase de introducción a la astronomía entre algunos de los jóvenes de dieciocho años más brillantes del mundo. Era un estudiante modelo: llegó temprano, tomó notas e incluso hizo preguntas cuando no entendía algo.

La sola imagen es suficiente para arrancar una sonrisa a cualquiera. Pero el día de Hank en Harvard es mucho más que una historia conmovedora. Conlleva un conjunto más profundo de ideas y lecciones, con implicaciones respaldadas por la ciencia, sobre cómo vivir una vida más sana y satisfactoria hasta bien entrada la vejez.

LA VERDADERA FUENTE DE LA JUVENTUD

La curiosidad es la base de una vida de riqueza mental.

También es parte de la configuración predeterminada del fabricante: literalmente naces con ella. Si tienes hijos o has pasado tiempo con niños, has visto de primera mano cómo es la curiosidad verdadera y desinhibida. Los niños abordan todo con los ojos muy abiertos, con asombro completamente sin filtro. La novedad enciende el asombro acerca del mundo que parece imposible de contener. La curiosidad es como aprendes sobre el mundo y como te mantienes vivo.

La ciencia respalda esta idea. Resulta que la curiosidad es muy, muy buena para ti. Es la verdadera fuente de la juventud.

Un estudio de 2018 encontró que los sistemas cerebrales que están activados por la curiosidad contribuyen a mantener la función cognitiva, la salud mental y la salud física con la edad.[1] Además, la curiosidad se ha relacionado con niveles más altos de satisfacción con la vida y emociones positivas y niveles más bajos de ansiedad.[2] La curiosidad nos mantiene más felices, saludables y satisfechos. Si la curiosidad fuera una píldora, todas las compañías farmacéuticas del mundo la llamarían una superdroga y clamarían por venderla.

La riqueza mental se trata de construir sobre la base de la curiosidad que te alienta a buscar, explorar, cuestionar y aprender. Es a través de la curiosidad que emprendes el viaje para descubrir y vivir según tu finalidad, desbloquear nuevos conocimientos y crecimiento de por vida, y buscar el espacio necesario para pensar, reiniciar, lidiar con preguntas y recargar energías.

Es difícil determinar cómo, pero cuando persigues la vida con curiosidad genuina, inspirada e infantil, tienden a suceder cosas buenas, tanto personal como profesionalmente.

Puedes encontrar ejemplos del poder de la curiosidad a tu alrededor:

- Los aspirantes a emprendedores que encuentran sus «grandes ideas» explorando profundamente nuevos mercados y modelos de negocio que despiertan su interés.
- Los jubilados que mantienen su mente trabajando al aprender nuevos idiomas que los intrigan.
- Las personas que conocen a sus compañeros de vida asistiendo a eventos que despiertan su entusiasmo.
- Los directores ejecutivos que atribuyen sus éxitos a largo plazo a un «Día de reflexión» con frecuencia (un día libre para contemplar libremente los mayores desafíos que enfrenta el negocio).

Un hecho es claro: la fortuna favorece a los curiosos.

Desafortunadamente, esa natural curiosidad infantil con la que naces se atrofia lentamente a lo largo de tu vida adulta. La realidad se asienta: la necesidad de proveer, el «ajetreo» de la vida, la urgencia de casi todo... La curiosidad queda permanentemente en segundo plano.

Esto está lejos de ser una conjetura. Los estudios han demostrado que la curiosidad intelectual[3] y el grado de apertura a nuevas experiencias[4] parecen disminuir con la edad a partir del final de la adolescencia y durante la edad adulta. Un grupo de investigadores ha argumentado que esa disminución está impulsada por una menor percepción del *tiempo futuro*, lo que significa que a medida que envejeces, ves menos valor en actuar según la curiosidad, ya que te beneficiaría principalmente en una ventana de tiempo futura que se está cerrando rápidamente.

Me gustaría proponer que la disminución de la curiosidad relacionada con la edad es un rasgo evolutivo de supervivencia inteligente, aunque obsoleto. La curiosidad te sirve en tus primeros años a medida que aprendes sobre el mundo; un rápido avance en la curva de aprendizaje es lo que te permite sobrevivir hasta la edad reproductiva en la naturaleza. Pero una vez que hayas descubierto cómo funciona tu mundo, es más probable que esa misma curiosidad te mate en tus últimos años si te empuja a explorar más allá de la seguridad de tus rutinas básicas. Desafortunadamente, en un mundo moderno donde pocos necesitan preocuparse por el riesgo de ser devorados por un león si sienten curiosidad por un sonido en la maleza, yo diría que nuestra disminución de la curiosidad hace más daño que bien.

Una vida sin curiosidad es una vida desprovista del deseo de buscar, explorar y aprender, y carece de la textura creada por este deseo. Una vida sin curiosidad es una vida vacía, una vida de estasis, una vida sin asombro.

Parafraseando acerca del tema a un amigo: dentro de cada octogenario hay un niño de diez años preguntándose «¿Qué m*erda acaba de pasar?»

Pero las semillas de ese sentimiento se siembran muchos años antes. Se siembran a los veinte y treinta años, cuando dejas de buscar intereses o pasatiempos fuera de tu trabajo. Se siembran a los cuarenta y cincuenta años cuando dejas de tratar de entender el mundo y empiezas a decir: «Así es como es». Se siembran a los sesenta y setenta cuando dejas de aprender cosas nuevas porque ya no le ves ninguna utilidad.

La mayoría de las personas han perdido el contacto con sus niños de diez años internos... *Pero no es demasiado tarde para reconectarnos.*

Los viajes en el tiempo mentales son un buen truco para la autorreflexión. En su forma más simple, implica separarse del yo presente y entrar en una versión pasada o futura del yo. Es una herramienta útil para crear gratitud: imagina lo asombrado que estaría tu yo más joven por lo que has logrado. Y te da perspectiva: imagina cuánto anhelaría tu yo mayor estar donde estás hoy. En este caso, el viaje mental en el tiempo puede proporcionar una lente clara a través de la cual podemos evaluar nuestra riqueza mental.

Entonces, ¿qué te diría hoy tu yo hipercurioso y travieso de diez años?

- ¿Expresaría ese niño de diez años entusiasmo por tu fortaleza para la travesía o resentimiento de que te conformaste con algo menos de lo que mereces?
- ¿Estaría ese niño de diez años impresionado por tu alegría por el crecimiento continuo, desarrollo y aprendizaje?
- ¿Se estremecería ese niño de diez años ante la ausencia de espacio, silencio y quietud en tu vida?

Tu yo de diez años te recordaría que te mantuvieras interesado en el mundo y te divirtieras en el camino. Cuando la vida te empuja hacia la mismidad de la adultez inexperta y estática, debes luchar para mantener tu asombro por el universo.

Hank Behar cumplirá cien años antes de que este libro llegue a las estanterías. En su cumpleaños noventa y nueve, uno de sus nietos hizo un corto documental en el que siguió a Hank durante un día y le preguntó sobre sus secretos para una larga vida. El desayuno es café descafeinado con leche; arenque; Cheerios con leche descremada, arándanos y un plátano; dos galletas saladas con mermelada; y exactamente diez uvas; y después de que su esposa, Phyllis, lo ayuda a pelar el plátano, ella se marcha con un beso en la mejilla. Hank mira a la cámara y dice: «¿Cómo llegas a los noventa y nueve? Te casas con una buena mujer». Su naturaleza amorosa y traviesa se deja ver. Después del desayuno, Hank aparece en su sillón reclinable, periódico en mano, donde felizmente dice: «Leo el periódico todos los días. Me gusta saber qué está pasando, por supuesto, ¡quién, qué, cuándo y dónde!».

Espero que tenga muchos años de aprendizaje por delante, y espero que su historia inspire a cada uno de ustedes a reconectarse con su niño interior. Supongo que hay muchas razones por las que le digo a la gente que quiero ser como Hank cuando sea grande, pero una está por encima del resto:

Hank ha construido una vida de abundante riqueza mental.

18.

Un relato tan antiguo como el tiempo

Algunas personas mueren a los veinticinco años y no son enterradas hasta los setenta y cinco.

—Desconocido

Un joven príncipe criado en un mundo de lujo se aventura fuera del palacio y se encuentra con la realidad de que el sufrimiento existe fuera de los muros. Ve a un anciano, frágil a medida que se acerca el final; a una persona enferma que siente el dolor de la enfermedad; a un cadáver perdido en este mundo; y a un asceta que ha renunciado a la vida mundana. Repentinamente expuesto a la verdad que su educación real ha enmascarado, decide embarcarse en un viaje para enfrentar y superar el sufrimiento y lograr una comprensión más elevada de la existencia. Se quita la túnica y adornos que significan su estatus principesco y cruza el río para buscar su propósito de orden superior.

El joven príncipe, Siddhartha Gautama, se enfrenta a un largo y arduo camino de pruebas que culminan en su quietud debajo de un árbol *bodhi*. Aquí alcanza la iluminación, convirtiéndose en el Buda, y se compromete a compartir sus aprendizajes sobre cómo superar el sufrimiento. Hoy, más de quinientos millones de personas en todo el mundo siguen sus enseñanzas.

A lo largo de la historia, la búsqueda de una vida con propósito, crecimiento y reflexión ha sido una parte fundamental de la experiencia humana. Esta búsqueda aparece en diferentes formas en una variedad de culturas antiguas.

En las antiguas tradiciones hindúes, el concepto de *dharma* se refiere al deber sagrado de uno: el propósito de vida que le permite navegar por lo desconocido con valentía y coraje. Tu *dharma* no tiene que ser grandioso o impresionante; simplemente debe ser *tuyo*. En la escena inicial del Bhagavad Gita, un texto hindú que forma parte de la epopeya Mahabharata, el protagonista, Arjuna, se encuentra frente a un campo de batalla al comienzo de una gran guerra con sus rivales. Luchando con la confusión interna de una batalla que lo hará pelear con miembros de su familia, Arjuna consulta a su auriga, Krishna, una encarnación mortal del dios Vishnu, en busca de orientación. Krishna lo alienta a centrar sus acciones en su propósito, diciendo: «El propio *dharma* de uno realizado imperfectamente es mejor que el *dharma* de otro bien realizado... Es mejor esforzarse en el propio *dharma* que tener éxito en el *dharma* de otro. Nada se pierde nunca en seguir el propio *dharma*. Pero la competencia en el *dharma* de otro genera miedo e inseguridad».

En la antigua Grecia, el concepto de *areté* se usaba para capturar la idea de estar a la altura de todo el potencial y propósito de uno. *Areté* fue, en cierto sentido, la encarnación más antigua conocida del movimiento moderno de superación personal, alentando a las personas a luchar por el crecimiento continuo y la excelencia en una variedad de áreas de la vida, incluidas las relaciones, las actividades intelectuales, la conducta moral y más. El concepto se conecta estrechamente con *eudaimonía*, un estado de felicidad floreciente y satisfacción que sólo se logra buscando crecimiento, significado, propósito y autenticidad. Los antiguos filósofos griegos creían que a través de la búsqueda de la *areté*, la vida intencional de crecimiento y propósito, uno puede lograr un estado de felicidad eudaimónica.

En las enseñanzas budistas del joven príncipe iluminado, el Noble Óctuple Sendero describe las prácticas clave para lograr la iluminación. Los ocho elementos se dividen en tres categorías: sabiduría (visión perfecta, emoción perfecta, habla perfecta), conducta ética (acción perfecta, subsistencia perfecta, esfuerzo perfecto) y disciplina mental (atención consciente perfecta, concentración perfecta). El Noble Óctuple Sendero es un viaje de por vida que proporciona a los buscadores un propósito y una dirección claros para su práctica diaria. A menudo se lo conoce como el camino intermedio, un camino de vida que existe entre una vida de pura autocomplacencia y una vida de pura mortificación propia; y ofrece una promesa de equilibrio y utilidad en el camino hacia la liberación del sufrimiento.

La búsqueda de la visión era una práctica espiritual común en varias culturas indígenas de las Américas. El buscador se embarcaba en un viaje personal que normalmente incluía soledad, meditación y ayuno. Era un viaje emprendido para comprenderse a uno mismo y su papel en la familia, la comunidad y el universo.

Las legendarias personas centenarias de Okinawa, Japón, hablan de *ikigai*, una combinación de la palabra japonesa *iki*, que significa «vida», y *gai*, que significa «efecto» o «valor». Juntos, connotan «una razón de vida», un motor para su vivacidad diaria. El *ikigai* se puede visualizar como cuatro círculos superpuestos: *1)* lo que amas, *2)* en lo que eres bueno, *3)* lo que el mundo necesita y *4)* por lo que se te puede pagar. El área donde se superponen los cuatro círculos representa tu *ikigai*.

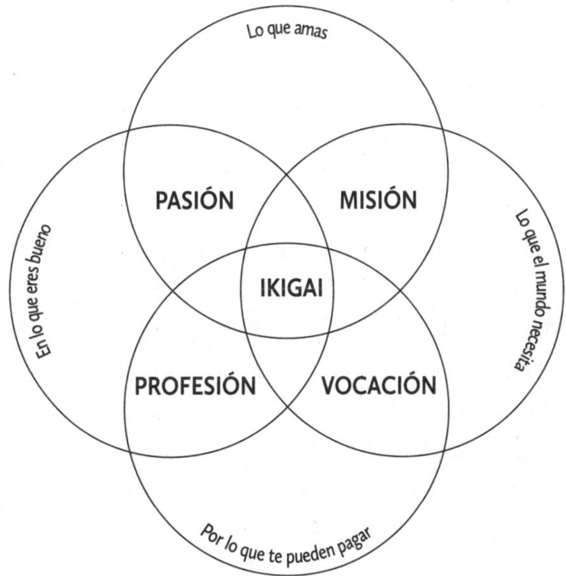

Si bien la versión occidentalizada del concepto se ha centrado en gran medida en el propósito a través del éxito laboral o profesional, la versión original, y, de hecho, la de los centenarios habitantes de Okinawa, está destinada a trascender la carrera profesional. Si bien tu propósito ciertamente puede involucrar tu carrera profesional y consideraciones económicas, no necesita ser definido por ellos. Por esta razón, mi propia interpretación de *ikigai* elimina el cuarto círculo de la imagen. *Lo que el mundo necesita* puede interpretarse en sentido amplio para incluir o excluir construcciones profesionales basadas en tu situación personal.

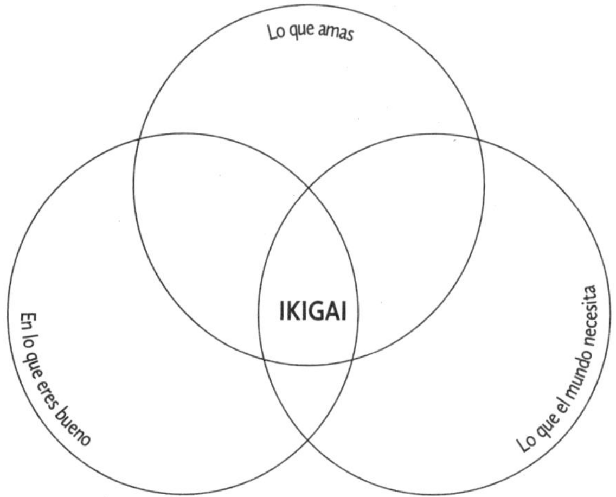

El arco narrativo del viaje del héroe (un individuo en busca de un propósito definitorio navega por las dolorosas pruebas de la vida, crece a través de ellas y encuentra el verdadero yo en el proceso) es irresistible para el cerebro humano, porque es exactamente el sendero en el que la mayoría de las personas se encuentran. Todos estamos buscando nuestro propósito. Es un relato tan antiguo como el tiempo, observado, escrito y transmitido a través de las historias y mitos de todas las culturas, religiones y sociedades. El camino de Siddhartha Gautama de príncipe protegido a maestro iluminado es un ejemplo clásico del viaje del héroe: un niño escapa de los confines del destino que le fue escrito y crea su propio destino.

Estás en el viaje de tu propio héroe, un viaje para descubrir y vivir tu propósito, para superarlo y encontrarte en el camino. Desafortunadamente, las fuerzas que conspiran contra ti en la era moderna son robustas. Estas fuerzas amenazan con sacarte de tu camino, confinarte a una vida vivida en modo predeterminado.

Sólo tú puedes ser el héroe de tu historia; es hora de que comiences a actuar como tal.

LA PELEA MÁS IMPORTANTE DE TU VIDA

Dura verdad: el mundo quiere que consientas a una vida de estancamiento. El mundo quiere que te conformes.

En su última carta a los accionistas antes de renunciar como CEO, el fundador de Amazon, Jeff Bezos, citó un pasaje del libro de Richard Dawkins *El relojero ciego*:

«Evitar la muerte es algo en lo que hay que estar trabajando continuamente. Abandonado a su suerte —y esto es lo que sucede cuando muere— el cuerpo tiende a revertir a un estado de equilibrio con su medio ambiente... Si los seres vivos no trabajasen activamente para prevenirlo, se fundirían con su medio circundante y dejarían de existir como seres autónomos. Esto es lo que sucede cuando mueren.»

El equilibrio con su entorno, este estado de normalidad, es su estado natural. Es fácil vivir en este estado natural, ajustarse al camino trazado para ti, creer en tus límites, aceptar la configuración predeterminada de significado y propósito que se te otorga, permitir que la vida pase rápidamente de largo.

Reflexionando sobre el pasaje, Bezos escribió: «¿De qué manera te atrae el mundo en un intento de hacerte normal? ¿Cuánto trabajo se necesita para mantener tu carácter distintivo?... Lo que realmente te estoy pidiendo que hagas es aceptar y ser realista sobre cuánta energía se necesita para mantener esa distinción. El mundo quiere que seas típico, te succiona de mil maneras. No dejes que suceda. Tienes que pagar un precio por tu carácter distintivo, y vale la pena».

Debes luchar para mantener tu carácter distintivo, de manera constante e implacable.

Lo distintivo se trata de elegir vivir *tu* historia, no la de otra persona:

- La madre que define su actual etapa de la vida en torno al deseo de estar presente con sus hijos pequeños en lugar de continuar ascendiendo en la escala corporativa.
- El emprendedor que persigue la loca idea de la que todos se ríen.
- El recién graduado que busca un camino creativo, en lugar del obvio que sus compañeros de clase siguieron.
- El jubilado reciente que aprende un nuevo idioma en lugar de sentarse en la playa.
- El mando intermedio que asume un pasatiempo excéntrico porque le da energía.
- El hombre de noventa años que pasa su cumpleaños en una clase de astronomía de Harvard en lugar de mirar la televisión.

La lucha contra la normalidad es la lucha más importante de tu vida. Mantener tu singularidad, vivir en tus propios términos en un mundo que te empuja a integrarte, es la única forma de desarrollar todo tu potencial y vivir una existencia plena y rica en textura.

En última instancia, esto es lo que significa construir una vida de riqueza mental: vivir de acuerdo con tu propio propósito, creer en tu propia capacidad para crecer, cambiar, aprender y desarrollarte, y encontrar tu definición de paz, calma y soledad en un mundo en rápido movimiento.

Una vida de riqueza mental es una vida de victorias en la lucha contra el equilibrio; es una vida que paga el precio porque se distingue de su entorno y cosecha las inmensas recompensas que yacen ahí.

19.

Los tres pilares de la riqueza mental

Un cálido y soleado día de junio de 2005, el fundador y director ejecutivo de Apple, Steve Jobs, subió al podio del Stanford Stadium en Palo Alto, California.

En ese momento, Jobs, ampliamente considerado como uno de los grandes emprendedores de la historia (había fundado Apple, Pixar y la *startup* informática NeXT), se recuperaba de una batalla librada en un terreno desconocido, fuera de sus estudios de diseño, oficinas y salas de juntas favoritos. En 2003, le diagnosticaron una forma rara de cáncer de páncreas; requirió tratamiento y, eventualmente, cirugía, después de lo cual regresó al trabajo de su vida en Apple. Fue en este contexto que Steve Jobs subió al escenario para pronunciar el discurso de graduación en la Universidad de Stanford a la promoción de graduados de 2005.

Si bien todo el discurso es poderoso, termina con una nota particularmente llamativa:

> Tu tiempo es limitado, así que no lo desperdicies viviendo la vida de otra persona. No te dejes atrapar por el dogma, que es vivir con los resultados del pensamiento de otras personas. No dejes

que el ruido de las opiniones de los demás ahogue tu propia voz interior. Y lo más importante, ten el valor de seguir tu corazón y tu intuición. Ellos de alguna manera ya saben en qué quieres convertirte. Todo lo demás es secundario. Permanece hambriento. Permanece insensato.

Las palabras de Steve Jobs ofrecen una introducción adecuada a los tres pilares centrales de la riqueza mental:

- **Propósito**: La claridad de definir tu visión y enfoque únicos que crean significado y alinean la toma de decisiones a corto y largo plazo; la falta de voluntad para vivir la vida de otra persona.
- **Crecimiento**: El hambre de progresar y cambiar, impulsado por una comprensión del potencial dinámico de tu inteligencia, habilidad y carácter.
- **Espacio**: La creación de quietud y soledad para pensar, reiniciar, luchar con preguntas y recargar energías; la capacidad y la voluntad de escuchar tu voz interior.

Conforme mides la riqueza mental como parte de tu nuevo marcador, los tres pilares (propósito, crecimiento y espacio) proporcionan un plan para las acciones correctas para construirla. Al desarrollar una comprensión de estos pilares y de los sistemas de alto afianzamiento que los afectan, puedes comenzar a crear los resultados correctos.

PROPÓSITO: VIVIR *TU* VIDA

En noviembre de 2005, la revista *National Geographic* publicó una historia de portada que tomó al mundo por sorpresa.

El artículo "Los secretos de una larga vida" se basó en los hallazgos de Dan Buettner, un intrépido ciclista transcontinental poseedor de récords, productor ganador del Premio Emmy y empresario, que había pasado años explorando y estudiando la vida de personas centenarias de todo el mundo. Buettner se había encontrado originalmente con estos puntos clave de longevidad en sus viajes como ciclista —entre ellos, uno de 25.000 kilómetros entre Prudhoe Bay, Alaska, hasta Tierra del Fuego, Argentina, y otro de poco más de 19.000 kilómetros desde Bizerta, Túnez, hasta Cabo Agulhas, Sudáfrica—, pero empezó a estudiarlos de manera más diligente a medida que construía una empresa educativa centrada en la exploración global dirigida por estudiantes. Tras la venta de su empresa y su salida de las funciones operativas, Buettner inició una búsqueda formal para aplicar ingeniería inversa a los principios de la longevidad mediante el estudio de aquellas sociedades que parecían haber descifrado su código. Se asoció con Michel Poulain y Giovanni Pes, dos investigadores de la longevidad que habían acuñado el término *zona azul* para referirse a un área geográfica caracterizada por una longevidad humana extraordinaria, y se dispuso a identificar y decodificar todas esas zonas azules en todo el mundo.

Tres años después, luego de expandir el cuerpo de investigación, Buettner lanzó un libro sobre el tema, titulado *El secreto de las zonas azules: come y vive como la gente más saludable del planeta*, en donde exploró los hábitos de las poblaciones sin edad de estos lugares. Un hábito común particularmente interesante de las personas más longevas del mundo: todas encuentran el propósito de su vida.

Este propósito aporta significado diario. Crea una identidad, una comprensión de quién eres, qué representas y hacia dónde vas. Define cómo te conectas con el mundo que te rodea.

Por ejemplo, mi propósito es simple: crear ondas positivas en el mundo a través de mis escritos y contenido, los negocios que inicio o en los que invierto, y mis relaciones. Este propósito único (y algo abstracto) proporciona claridad en torno a mis acciones. Cuando escribo, me concentro en cómo las palabras y el tema pueden crear reacciones en cadena en el mundo, cómo los lectores pueden ser impulsados a tomar acciones que tendrán un impacto positivo en su vida. Cuando construyo o invierto, me concentro en cómo la empresa puede crear valor en la vida de las diversas partes interesadas. Cuando amo, me concentro en cómo puedo llevar a otros a nuevas alturas, darles una nueva visión del mundo y desbloquear todo su potencial. La forma en que me comprometo con mi propósito cambia día a día, pero siempre es única para mí: es parte de lo que soy.

Tu propósito es tu espada en la lucha por lo distintivo, una lucha que se gana cuando te extiendes mucho más allá de tu yo y manifiestas ese propósito en el mundo.

Vivir una vida impregnada de propósito significa conectarte regularmente con algo más grande que tú, algo fuera de ti que define tu identidad y guía tus acciones diarias. Podría ser para construir una compañía que influye en millones de vidas, para mantener a tus seres queridos, para llevar alegría a un grupo que rara vez lo siente o para ser un miembro útil de tu comunidad local. Tu propósito no tiene por qué ser impresionante o grandioso para nadie más; es personal; es tuyo.

Es importante destacar que, como han descubierto la investigación de las zonas azules y varios estudios científicos, esto se asocia con una vida más larga, feliz y plena. Robert Butler, un legendario gerontólogo considerado uno de los pioneros de la investigación sobre el envejecimiento saludable, dirigió un estudio de once años para evaluar el papel que juega el propósito en la longevidad.[5] Encontró que quienes expresaron un propósito claro en su vida vivieron aproximadamente siete años más y tuvieron una mayor calidad de vida que quienes no lo hicieron. Un estudio más reciente de 2019 en *The Journal of the American Medical Association* analizó a siete mil estadounidenses y relacionó un fuerte sentido de propósito con un menor riesgo de mortalidad por todas las causas después de los cincuenta años.[6]

Tu propósito no necesita estar relacionado con tu carrera. De hecho, entre los más de cien lectores que encuesté que afirmaron tener una gran claridad de propósito, menos del 20 por ciento dijo que el trabajo que estaban haciendo para el empleo principal era su propósito.

Con este grupo, el propósito era, en esencia, como un copo de nieve, nunca aparecía de la misma manera dos veces:

- Un hombre casado de cuarenta y tantos años tenía un proyecto apasionante como mentor de jóvenes locales en riesgo. La oportunidad de ser la fuerza positiva que sintió que le faltaba desde su infancia fue un motor poderoso.
- Una madre de tres hijos adultos de unos cincuenta años dijo que su estrecha participación en su iglesia local le había dado nueva vida a su mundo desde que sus hijos se habían ido de casa.
- Una madre de treinta y pocos años identificó la crianza de hijos felices y amorosos como el propósito de esta etapa de su vida. Había sido una directora creativa de gran poder en la etapa anterior, pero sentía una motivación intrínseca en torno a este nuevo propósito, ajeno al trabajo más que nunca.
- Una mujer soltera de veintitantos años estaba enfocada en el clima y el activismo político. La oportunidad de inspirar a otros a generar un cambio era estimulante.
- Una mujer casada de cuarenta y pocos años señaló su amor por sus compañeros de trabajo y la visión compartida dentro de la empresa para mejorar la calidad de la narración de historias de las marcas con las que trabajan.
- Un jubilado de cerca de setenta años dijo que su propósito era mimar a su esposa en sus años dorados, después de todos los sacrificios que había hecho por su familia en los cincuenta anteriores.

- Un esposo de cincuenta años y padre de cuatro hijos estaba completamente enfocado en proveer para sus hijos. Lo llamó un «deber sagrado» y dijo que lo hacía sentir más conectado con su trabajo.
- Un hombre soltero en sus treinta y tantos años identificó que el propósito que lo definía era construir su nueva empresa para eventualmente influir en mil millones de vidas.

Si eres alguien que siente un propósito y un significado profundos a través de tu empleo principal, eso es genial; pero si no lo sientes, recuerda que no estás solo y que aún puedes vivir una vida con un propósito, al conectarte con éste fuera del trabajo.

Recuerda la lección del Bhagavad Gita: «El propio *dharma* realizado imperfectamente es mejor que el *dharma* de otro bien realizado». Tu propósito no tiene que ser grandioso o importante para nadie más, simplemente debe ser tuyo.

CRECIMIENTO: PERSIGUIENDO TU POTENCIAL ILIMITADO

La esposa de Hank Behar, Phyllis, es diez años menor que él. A los ochenta y ocho años, tiene una sonrisa y un brillo juvenil por los cuales mis amigos de treinta y tantos años matarían. Cuando hablé con ella para escuchar su perspectiva sobre la visita de cumpleaños de su esposo a Harvard y recopilar las fotos que tenía del día, mencionó casualmente una nueva fuente de alegría en su vida: «Estoy convencida de que la pintura me da vida. A los ochenta y ocho años, asisto a dos clases de pintura, que son fuente de inspiración y compañerismo maravillosos».

Alguien de ochenta y ocho años que aprende y encuentra alegría en la búsqueda de nuevas habilidades que no tienen ninguna utilidad, más allá del puro disfrute que obtiene de la experiencia y el crecimiento personal. La búsqueda activa y continua de nuevos intereses y curiosidades, independientemente de su utilidad directa, da vida, como señaló Phyllis Behar.

El crecimiento es la forma en que te mantienes por delante de las fuerzas de la naturaleza que conspiran contra ti. La búsqueda de la mejora es un acto valiente en un mundo donde la mayoría de la gente evita la fricción a toda costa. ¿Por qué aprender un nuevo idioma cuando puedes usar el traductor de Google? ¿Por qué emprender un nuevo pasatiempo cuando puedes sentarte en el sofá y ver el último programa? ¿Por qué esforzarse por dominar una nueva habilidad profesional cuando puedes sobrevivir con tu competencia actual?

¿Por qué hacer cualquiera de esas cosas? Porque eres capaz de mucho más de lo que crees, y perseguir todo ese potencial, aunque sea difícil, es una búsqueda digna para toda la vida; te mantiene alerta y demuestra que puedes cambiar, desarrollarte y adaptarte.

Curiosamente, la búsqueda del crecimiento como un medio sin un fin deseado produce, con bastante frecuencia, los fines más convincentes. La historia está plagada de ejemplos de personas que aprenden de por vida y que han logrado resultados extraordinarios.

Benjamin Franklin habría tenido un perfil impresionante en Linkedln. Durante su vida, Franklin construyó un imperio mediático, ayudó a elaborar los primeros documentos fundacionales de los Estados Unidos e inventó el pararrayos, los anteojos bifocales y mucho más. La profundidad de su experiencia en cualquier campo fue admirable, pero la amplitud de su experiencia en diversos campos fue algo digno de contemplar. En su rutina diaria, dedicaba una hora cada mañana para aprender. Resulta que esta práctica es un hilo conductor entre las personas más exitosas del mundo. Desde Elon Musk y Bill Gates hasta Oprah Winfrey y Warren Buffett, las personas más exitosas profesionalmente parecen dedicar tiempo diario al aprendizaje y al crecimiento.

Afortunadamente, la ciencia muestra que la búsqueda de la mejora, la capacidad y la voluntad de buscar tu potencial ilimitado, están impulsadas por una mentalidad en lugar de una aptitud intrínseca. En otras palabras, esto no está reservado para los superdotados, cualquiera puede incorporarlo.

En 1998, Carol Dweck, entonces profesora de psicología en la Universidad de Columbia (y ahora profesora en la Universidad de Stanford), publicó varios estudios relacionados con su investigación acerca del impacto de la mentalidad y los elogios sobre la motivación y los resultados. En uno, Dweck y sus colegas administraron una serie de pruebas de rompecabezas a cuatrocientos niños pequeños. Los niños que fueron elogiados por su inteligencia después de completar el primer rompecabezas tenían menos probabilidades de elegir un rompecabezas desafiante para la próxima prueba (que sus compañeros que fueron elogiados por su esfuerzo). En un estudio relacionado de adolescentes, Dweck y sus colegas administraron una prueba de coeficiente intelectual no verbal a un grupo y nuevamente elogiaron a los estudiantes por su inteligencia («¡Seguro que eres inteligente!») o por su esfuerzo («¡Seguro que debes haber trabajado muy duro!»). Los niños elogiados por la *inteligencia* se desempeñaron peor cuando se les dio un conjunto de problemas más difíciles, mientras que los niños elogiados por el *esfuerzo* se desempeñaron mejor en el segundo conjunto. Además, aquellos elogiados por su inteligencia posteriormente evitaron nuevas tareas desafiantes e incluso mintieron sobre su desempeño en las tareas, mientras que aquellos elogiados por su esfuerzo buscaron las tareas desafiantes como nuevas oportunidades de aprendizaje.

En su *bestseller* internacional *Mindset: la actitud del éxito*, la Dra. Dweck se basó en su extenso cuerpo de investigación para construir un modelo generalizado de cómo nuestras creencias sobre nosotros mismos, en particular la creencia en nuestra capacidad para crecer, mejorar y cambiar, afectan todas las áreas de nuestra vida. Dweck resumió: «Durante veinte años, mi investigación ha demostrado que la visión que adoptas de ti mismo afecta profundamente la forma en que conduces tu vida. Puede determinar si te conviertes en la persona que quieres ser y si logras las cosas que valoras».

Según su investigación, hay dos mentalidades centrales:

1. La mentalidad fija, que asume que la habilidad, la inteligencia y el carácter son estáticos.
2. La mentalidad de crecimiento, que asume que la capacidad, la inteligencia y el carácter son dinámicos.

La mentalidad fija se basa en la creencia central de que quien eres como individuo es inmutable, que está grabado en piedra. Como mostró la Dra. Dweck a través de su investigación, esta creencia tiene implicaciones de amplio alcance sobre cómo trabajas, vives e incluso amas. La mentalidad fija crea una necesidad de afirmaciones externas, recompensas y aprobación, un profundo miedo al fracaso y al rechazo, y una conclusión errónea de que si las cosas no están bien ahora, nunca lo estarán.

La mentalidad de crecimiento, sin embargo, se basa en la creencia central de que todo acerca de quién eres como individuo resulta maleable: el esfuerzo sincero puede cultivar el cambio, el crecimiento y la mejora continua. La mentalidad de crecimiento se enfoca en la motivación intrínseca, los insumos y el proceso, una aceptación del fracaso como aprendizaje y una creencia fundamental de que las circunstancias iniciales no determinan los resultados finales.

Quienes adoptan una mentalidad de crecimiento están preparados para enfrentar los desafíos inevitables de la vida con una perspectiva positiva, optimista y resiliente. Evitan la trampa de vincular su identidad de forma estrecha a un solo conjunto de resultados; prefieren en cambio basar su identidad en su esfuerzo y energía para mejorar en general. Son capaces de trabajar en las cosas, personal y profesionalmente, porque entienden que las cosas buenas no son concebidas de manera inmaculada; se ganan con esfuerzo, se merecen. En un mundo de hermosa imperfección en el que lo *perfecto* está limitado a los cuentos de hadas, quienes creen en su capacidad de cambio, quienes se centran en las aportaciones, los procesos y la mejora diaria, siempre encontrarán la manera de prosperar.

La riqueza mental se basa en esta creencia fundamental, en la capacidad de crecer, aprender y cambiar. Pero la creencia es sólo el comienzo. Al igual que Hank Behar asistiendo a clases de astronomía en Harvard y Phyllis Behar tomando clases de pintura en el centro comunitario local, quienes tienen riqueza mental actúan todos los días.

Como dijo Mahatma Gandhi: «Vive como si fueras a morir mañana. Aprende como si fueras a vivir para siempre».

ESPACIO: ENCONTRAR TU JARDÍN

El monje de mediana edad se sentó tranquilamente mientras cientos de sensores eléctricos y cables estaban conectados a su rostro y a su cabeza rasurada. Su túnica budista tradicional, roja y dorada, acentuaba la blancura médica de los 256 sensores.

Matthieu Ricard obtuvo un doctorado en genética celular antes de abandonar el circuito académico y mudarse a la India para convertirse en monje budista. En el camino, trabajó como intérprete de francés para el Dalai Lama, se convirtió en un autor *bestseller* y ganó la Orden Nacional del Mérito de Francia.

Pero su logro más interesante es del que se siente más incómodo de hablar: Matthieu Ricard es el hombre más feliz del mundo.

En un estudio de principios de la década de 2000 sobre el impacto de la meditación, realizado por investigadores de la Universidad de Wisconsin, el psicólogo Richard Davidson le pidió a Ricard que meditara mientras estaba cubierto de sensores y cables. El Dr.

Davidson señaló que el cerebro de Ricard producía ondas gamma, que están relacionadas con la conciencia, la atención, el aprendizaje y la memoria, a niveles «nunca antes reportados en la literatura de neurociencia».[7] Además, el monitoreo identificó una mayor actividad en su corteza prefrontal izquierda en comparación con la derecha, lo cual podría ser causa, según los investigadores, de la alta capacidad de felicidad de Ricard. Estos hallazgos, junto con un poco de *spin* periodístico y creativo, llevaron a Matthieu Ricard a recibir el mote de «el hombre más feliz del mundo».

Aunque a Ricard no le gusta demasiado el apodo («es un buen título para que lo usen los periodistas, pero no puedo deshacerme de él. Tal vez en mi tumba dirá "Aquí yace la persona más feliz del mundo"»), la visión subyacente debería ser de interés para todos. La práctica de la meditación y, más ampliamente, de la atención plena, condujo a cambios en el funcionamiento del cerebro en torno a la conciencia, la atención, el aprendizaje, la memoria y la felicidad que pueden contribuir a una existencia más saludable y rica.

Pero ¿cómo es esto para quienes no podemos imaginarnos meditando doce horas al día durante décadas (la práctica común entre quienes fueron estudiados)? ¿Qué pasa con la atención plena para todos los que no somos monjes?

Parafraseando una cita de origen desconocido que a menudo se atribuye a Viktor Frankl, tu poder está en el espacio que existe entre el estímulo y la respuesta. Esta idea —de hacer y aprovechar el *espacio*— es cómo puedes desbloquear tu propia atención plena tipo monje.

En un mundo de conectividad constante, el espacio es increíblemente escaso.

¿Cuántas veces has enfrentado el día sin sentir que un sólo momento en él es realmente tuyo? Te despiertas, agarras el teléfono, recibes un aluvión de mensajes y notificaciones, te diriges al trabajo, saltas de una reunión a otra, te vas a casa, comes rápido mientras escaneas correos electrónicos y te vas a la cama.

¿O cuántas veces has sentido que la ducha era el único tiempo del día que tenías para ti? Sin teléfono, sin mensajes, sin correos electrónicos, nada; sólo tú, tus pensamientos y el agua. Y, de forma similar, ¿cuántas veces has tenido un «momento de repentina inspiración» mientras estabas en la ducha? Esa nueva perspectiva sobre un reto de pareja, una idea creativa para un negocio, un desbloqueo en un gran proyecto de trabajo.

Esto no es un accidente: *nuestro poder está en hacer espacio.*

Hay espacio entre un estímulo y una respuesta. El estímulo y la respuesta son ruidosos: involucran entradas, acciones y salidas. El espacio es silencioso: carece de entradas desde fuera y no requiere de salidas. Es quietud, soledad. Puedes hacer espacio, crearlo literalmente, yendo a un lugar físico para estar solo y desconectado o, metafóricamente, yendo a ese lugar en tu mente. La parte importante es que vayas (y con regularidad).

Hacer espacio no es perezoso; por el contrario, el espacio es combustible de cohete para la mente.

El espacio es lo que te permite pensar, reiniciarte, barajar las grandes preguntas que no tienen respuesta, manejar los factores estresantes y recargarte. Es lo que te desbloquea y te permite escuchar tu voz interior. Es donde las ideas se conectan y se mezclan en tu mente. Es donde puedes pensar de manera diferente, abordar los problemas de nuevas e interesantes maneras, conectarte espiritualmente con un poder superior o formular ideas que te puedan cambiar la vida.

John D. Rockefeller fue uno de los hombres de negocios más exitosos y despiadados de la historia. Desde sus humildes comienzos, Rockefeller convirtió a Standard Oil en un conglomerado gigantesco con un inmenso alcance global y una influencia descomunal en todo tipo de asuntos internacionales. En el apogeo de la compañía, Rockefeller tenía un patrimonio neto estimado de 1,4 mil millones de dólares, una cifra que era aproximadamente el tres por ciento del PIB de EE.UU. en ese momento. Rockefeller era conocido por su incansable ética de trabajo y su exigente horario; era la única forma de estar al tanto de la incomprensible red de entidades y transacciones de su imperio.

Pero también tenía una curiosa costumbre, digna de mención: se le podía encontrar todas las tardes dando vueltas por sus jardines, sin trabajo, libros ni libretas a la vista. Rockefeller, uno de los hombres más trabajadores y poderosos del mundo, tomaba varios descansos diarios para simplemente caminar y respirar.

Ahora, sin duda, la mayoría de nosotros no aspiramos a ser John D. Rockefeller (¡por una variedad de razones!), pero hay un punto importante en esta historia: hacer espacio no trata sobre darle la espalda a tus posesiones mundanas, vender tu Ferrari metafórico (o literal) y emprender una búsqueda para encontrarte en las montañas. Hacer espacio es tan simple como encontrar tu versión del jardín de Rockefeller, un escape donde puedes reducir la velocidad y respirar aire nuevo en tu vida.

El espacio es personal y puede tomar muchas formas distintas:

- Una caminata de quince minutos sin tecnología por la mañana.
- La práctica diaria de oración o la lectura de tu texto religioso favorito.
- Un diario de flujo de conciencia por la noche antes de acostarte.
- Los descansos de cinco minutos entre reuniones para moverte.
- La inmersión diaria en frío o sauna para concentrarte en tu respiración y tu voz interna.
- Los entrenamientos, carreras o paseos en bicicleta con música ligera.
- Los rituales de meditación activa o pasiva.
- Una reunión espiritual.

El punto: no importa quién seas, dónde estés o qué estés haciendo, puedes abrazar el poder que se encuentra en el *espacio* de tu jardín mental personal. No se requieren votos monásticos.

Ya que hemos establecido una comprensión de los tres pilares, podemos pasar a la Guía de la riqueza mental, que proporciona las herramientas y sistemas específicos para construir sobre estos pilares y cultivar una vida de riqueza social.

20.

La guía de la riqueza mental

Sistemas para el éxito

La Guía de la riqueza mental expuesta a continuación proporciona sistemas específicos de alto afianzamiento para construir cada uno de los pilares de una vida de riqueza mental. Esto no es un enfoque igual para todos y no deberías sentirte en la obligación de leerlos todos; selecciona los que te parezcan más apropiados y útiles.

A medida que consideres y ejecutes los sistemas para el éxito proporcionados en la Guía de la riqueza mental, usa tus respuestas a cada afirmación del test, para dirigir tu enfoque a las áreas donde necesitas tener el mayor avance (aquellas en las que respondiste *totalmente en desacuerdo*, *en desacuerdo* o *neutral*).

1. Regularmente abrazo mi curiosidad infantil.
2. Tengo un propósito claro que proporciona significado diario y alinea la toma de decisiones a corto y largo plazo.
3. Busco el crecimiento y desarrollo constantemente de todo mi potencial.
4. Tengo la creencia fundamental de que soy capaz de cambiar, desarrollarme y adaptarme continuamente.
5. Tengo rituales regulares que me permiten hacer espacio para pensar, reiniciar, sopesar preguntas y recargarme.

Algunas antimetas usuales relacionadas con la riqueza mental que debes evitar en tu travesía:

- No poder conectarme con un propósito más grande que yo mismo.
- Renunciar a todo aprendizaje que no proporcione una utilidad financiera directa.
- Perder todo el espacio en mi vida a medida que me enfrasco en nuevas actividades y crecimiento.

He aquí diez sistemas probados para generar riqueza mental.

Trucos de riqueza mental que desearía haber sabido a los veintidós

Una colaboración con Susan Cain, autora *bestseller* del *New York Times* con *El poder de los Introvertidos: en un mundo incapaz de callarse* y *Agridulce: la fuerza de la melancolía en un mundo que rehúye la tristeza.*

1. Tu propósito en la vida no tiene que estar relacionado con lo que haces para trabajar. Tu propósito en la vida no tiene que ser grandioso o ambicioso. Tu propósito en la vida simplemente tiene que ser *tuyo*.
2. El secreto de la vida es ponerte bajo la iluminación adecuada. Para algunos, es un escenario iluminado de Broadway; para otros, un escritorio iluminado con luces. Usa tus poderes naturales de persistencia, concentración y perspicacia para hacer el trabajo que amas y el trabajo que importa. Resuelve problemas, haz arte, piensa profundamente.
3. No hay correlación entre ser el mejor conversador y tener las mejores ideas.
4. Elige un proyecto creativo a la vez y hazlo lo mejor y más a fondo que puedas.
5. Sabemos por mitos y cuentos de hadas que hay muchos tipos de poderes distintos en este mundo. A un niño se le da un sable de luz, a otro la educación de un mago. El truco no es acumular todos los diferentes tipos de poder, sino usar bien el que se te ha otorgado.
6. Reflexionar sobre el pasado es una buena manera de impulsar tu crecimiento, pero detenerte en el pasado es una buena manera de inhibirlo. La mayoría de las personas se inclinan ya sea por la reflexión o bien por la acción. Pero todos necesitamos algo de ambas.

7. La neuroplasticidad sugiere que las experiencias pueden alterar fundamentalmente la estructura y la función de tu cerebro. Tus acciones y movimientos pueden dar forma a tu realidad física, mental y espiritual. Tienes ese poder dentro de ti.
8. Si deseas mejorar en algo, hazlo durante treinta minutos al día durante treinta días seguidos. Es fácil diseñar demasiado el progreso; todo lo que necesitas es un pequeño esfuerzo dedicado cada día. Novecientos minutos de esfuerzo acumulado son suficientes para que puedas realizar mejoras drásticas en literalmente cualquier cosa.
9. La soledad importa, y para algunas personas, es el aire que respiran.
10. Le damos demasiada importancia a la presentación y no lo suficiente al contenido y al pensamiento crítico.
11. Cuando intentes aprender algo nuevo, intenta enseñárselo a un amigo o familiar. Ve qué preguntas hacen y cómo esas preguntas exponen los huecos en tu conocimiento. Estudia más para llenar esos huecos. El acto de enseñar es la forma más poderosa de aprendizaje.
12. En la escuela, es posible que te hayan incitado a *salir de tu caparazón*, una expresión nociva que no aprecia que algunos animales naturalmente llevan su propio refugio a donde quiera que van y que algunos humanos son simplemente iguales.
13. Sal a comer solo, una vez al mes. Lleva una libreta y un bolígrafo, trae tu libro favorito y deja tu teléfono en su bolso. Deja que tu mente corra libremente.
14. La aventura de transformar el dolor en belleza es uno de los grandes catalizadores de la expresión artística.
15. Deja de tratar de recordar las cosas y simplemente escribe todo. Usa la aplicación Notas de tu teléfono o, mejor aún, lleva una pequeña libreta de bolsillo y un bolígrafo. La forma anticuada todavía funciona de maravilla.

16. Anota tres cosas por las que estés agradecido todas las noches antes de acostarte. Di una de ellas en voz alta todas las mañanas cuando te despiertes.
17. No consumas las noticias a menos que estés muy seguro de que importarán dentro de un mes. Consumir más noticias se ha convertido en una forma confiable de entender menos sobre el mundo. Concéntrate en dosis más pequeñas de contenido de alta señal, no en el goteo constante de *¡Últimas noticias!* que se ha convertido en el estándar de la industria.
18. Convierte cualquier dolor del que no puedas deshacerte en tu ofrenda creativa.
19. La creatividad tiene el poder de mirar de frente el dolor y convertirlo en otra cosa.
20. Puede que leas miles de libros en tu vida, pero sólo habrá unos pocos que te cambiarán profundamente. Reléelos cada año. Tu experiencia con el libro cambiará a medida que lo hagas y obtendrás nuevas perspectivas. Y hacer esto te recordará cómo puedes enamorarte de la misma cosa (o persona) una y otra vez.

Cómo encontrar tu propósito: el poder del ikigai

PILAR: PROPÓSITO

Las legendarias personas de más de cien años de Okinawa, Japón, utilizan el concepto de *ikigai* para definir su propósito de vida. Puedes usar el concepto con un ejercicio simple para comenzar a explorar el tuyo también.

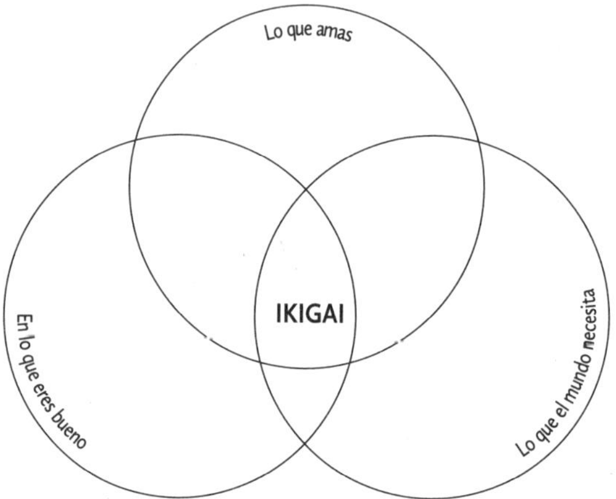

Tu *ikigai* —el propósito de tu vida— se encuentra en el centro de los tres círculos superpuestos:

1. LO QUE AMAS: las actividades que te dan vida.
2. EN LO QUE ERES BUENO: Las actividades que se sienten sin esfuerzo.
3. LO QUE EL MUNDO NECESITA: las actividades que el mundo actual necesita de ti.

Sobre una hoja de papel en blanco, escribe tus respuestas a las siguientes preguntas:

1. LO QUE AMAS: ¿qué actividades o responsabilidades crean alegría en tu vida? ¿Qué estabas haciendo en los momentos en

que sentiste la felicidad más natural? Haz una lista de las actividades que te dan vida.

2. En qué eres bueno: ¿qué se siente fácil para ti que puede ser difícil para otros? ¿En dónde destacan tus habilidades tanto naturales como adquiridas? ¿Qué parecen reconocer otras personas como tus atributos o habilidades? Haz una lista de las actividades para las cuales tienes una competencia única.
3. Lo que el mundo necesita: ¿qué actividades necesita el mundo de ti, en esta época de tu vida? La forma en que definas tu mundo variará según la etapa. Tu mundo puede estar definido de manera cerrada por tu círculo y el de tu familia en ciertos momentos, por el círculo más amplio de tu comunidad en otros, y por el círculo más amplio del mundo en sí. En el arco más común, la definición de *mundo* comienza de manera restringida, se amplía con el tiempo y luego termina de manera restringida. Puede comenzar con el foco en nosotros y en nuestra familia en los primeros años, expandirse para enfocarse en la comunidad a una escala mayor en los años intermedios, y luego regresar a uno mismo y a la familia en los últimos años. Cuando hayas satisfecho las necesidades de tu mundo actual, siéntete en la libertad de expandir esa definición al siguiente nivel. Esta es una razón fundamental por la cual las personas con éxito financiero impulsadas por el propósito de proveer para su familia durante los primeros años, probablemente, necesitarán adaptarse a un mundo más amplio para mantener un sentido de propósito claro. Define tu mundo actual y haz una lista de las actividades que necesitas.

La intersección de las tres listas es un punto de partida sólido para que explores y descubras tu propósito de vida de orden superior. Recuerda que tu propósito no necesita estar conectado con tu profesión. Realiza el ejercicio y estarás en la ruta para aprovechar el poder del *ikigai*, justo como lo hacen los habitantes de Okinawa.

Cómo elegir las actividades de tu vida: el mapa de actividades

PILAR: PROPÓSITO

> Cómo pasamos nuestros días es, por supuesto, cómo pasamos nuestra vida. Lo que hacemos con esta hora, y con aquella, es lo que estamos haciendo.
>
> —Annie Dillard, *Vivir, Escribir*

Tu tiempo aquí es finito, por lo que es esencial que elijas las actividades, personales y profesionales que generen los mayores rendimientos sobre ese tiempo.

Te encontrarás con muchos consejos que dicen que sigas tus intereses y pasiones, pero siempre he encontrado que esa orientación puede ser un poco más complicada. ¿Qué significan realmente esas palabras (*intereses y pasiones*)? No sé tú, pero yo tiendo a autoengañarme y decir que tengo interés en las cosas para las que soy bueno, por lo que el interés puede resultar engañoso. Y *pasión* es un término pesado, uno que nunca estoy completamente convencido de estar aplicando correctamente cuando se trata de mi vida.

Mi solución: me concentro en la energía, no en los intereses o las pasiones. Sigue tu energía, porque es un recurso verdaderamente escaso. Cuanto tienes energía para algo, profundizas en ello, te esfuerzas por crecer, eso te da vida. Te impulsa.

Entonces, cuando contemples la gran pregunta de tu vida (¿cómo debo gastar mi tiempo?), la energía debe ocupar un lugar central en esa consideración. Yo uso un ejercicio que llamo *mapa de actividades* para identificar lo que tiene más probabilidades de traer alegría y recompensas desmesuradas a mi vida.

He aquí cómo funciona (y cómo puedes usarlo para cambiar tu vida):

Paso 1: crea tu mapa

El mapa de actividades es una matriz en blanco de dos por dos con el nivel de competencia (de baja a alta competencia) en el eje *X* y la energía (de ladrones de energía a creadores de energía) en el eje *Y*.

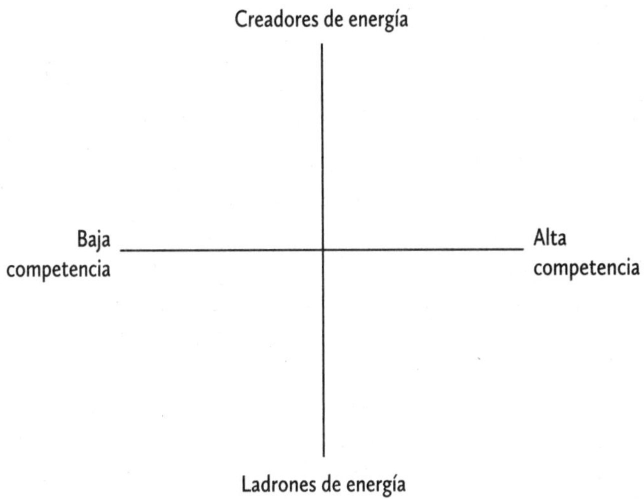

Defino los términos de la siguiente manera:

- **creadores de energía**: actividades que crean energía en tu vida; que te hacen sentir lleno de energía (es decir, te recargan).
- **ladrones de energía**: actividades que te roban la energía de tu vida; estas actividades te hacen sentir agotado, es decir, te drenan.
- **alta competencia**: actividades en las que eres hábil; esto se siente fácil, natural.

- **BAJA COMPETENCIA:** actividades en las que eres principiante; esto se siente desafiante.

El primer paso es colocar las actividades, tanto personales como profesionales, en esta matriz. Para los efectos de este ejercicio, las actividades pueden definirse de manera amplia (por ejemplo, consultoría estratégica) o específicas (por ejemplo, investigación de mercado). Este paso debe incluir tanto las actividades en las que estás inmerso actualmente como las que puedes intentar en el futuro.

Para las actividades en las que actualmente estás inmerso:

- **ESTABLECER LA ENERGÍA:** ¿cómo te sientes mientras estás inmerso en la actividad? ¿Cómo te sientes después? ¿Encuentras que la actividad te da vida?
- **EVALÚA TU COMPETENCIA:** ¿cuál es tu opinión sobre tu nivel de competencia? Pregunta a otras personas que hayan trabajado contigo en esta búsqueda por sus perspectivas sinceras sobre su nivel de competencia.

Según tus respuestas y las recopiladas de otros, coloca cada búsqueda actual en la retícula de acuerdo con los niveles de energía y competencia.

Para actividades en las que no estés inmerso actualmente:

- Reúne información: habla con personas que se dedican a esas actividades. Pregúntales sobre los detalles de las actividades para crear un estimado de referencia de tu energía. Recuerda que la visión superficial de una búsqueda puede no ser precisa; puedes pensar que ser abogado parece genial, pero ¿estás basando eso en la versión televisiva del rol o en el trabajo diario real que se requiere? Trata de comprender los verdaderos detalles subyacentes del día a día en una búsqueda determinada, no sólo la información a nivel superficial.

- Experimento: elegir las actividades adecuadas implica experimentar. Aprende a identificar tu energía en una actividad o pasatiempo dedicándole un día. Sigue a alguien para probarlo; asume el nuevo rol a modo de prueba. Recopila información más profunda a través de acciones pequeñas y reversibles.
- Asume baja competencia: Con cualquier nueva actividad o pasatiempo, es razonable suponer que comenzarás con un nivel de competencia bajo (o modesto). Mientras no existan pruebas que demuestren lo contrario, esta es la suposición más segura.

Con base en la información recopilada de las discusiones y la experimentación, coloca cada actividad prospectiva en la casilla de acuerdo con los niveles de energía y competencia.

Con un mapa de actividades lleno, puedes continuar con el paso 2.

Paso 2: identifica tus áreas

Hay tres zonas clave a considerar en tu mapa de búsqueda:

1. **Zona del genio:** En su libro de 2010 *El gran salto*, el autor Gay Hendricks propuso la novedosa idea de la «zona del genio», definida como el rango de actividades en las que tienes una competencia excelente y un gran interés o pasión. En el contexto de mi matriz de mapas de actividades, consideraría la «zona del genio» como el cuadrante superior derecho, donde chocan tu competencia y energía. Esta es tu tierra prometida, el lugar ideal de actividades en las que idealmente pasarás la mayor parte de tu tiempo, tanto profesional como personal.
2. **Zona de pasatiempos:** esta es la gama de actividades que crean energía en tu vida, pero en las que tienes un nivel de competencia más bajo. Aquí es donde en el mejor de los casos pasarías la segunda mayor parte de tu tiempo. Está bien que ciertas actividades permanezcan en esta zona de pasatiempos

(¡está bien ser malo en las cosas!), pero descubrirás que las actividades por las que sientes mucha energía tienden a desplazarse con lentitud hacia la derecha, a medida que mejoras en ellas. Las actividades que comienzan en la zona de pasatiempos a menudo terminan en la zona del genio, con el tiempo.

3. **ZONA DE PELIGRO:** esta es la gama de actividades que agotan tu energía, pero en las que tienes un nivel de competencia más alto. Es un lugar peligroso para pasar tu tiempo porque recibirás comentarios positivos sobre tu desempeño y, como resultado, te sentirás tentado a pasar más tiempo aquí. El objetivo es evitar caer en la trampa de estas actividades o encontrar formas de hacerlas más energizantes para tu vida.

IDENTIFICA TUS ZONAS

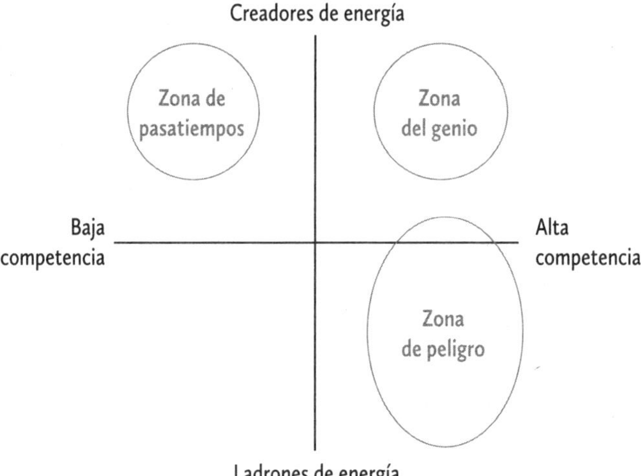

Nota: El cuadrante inferior izquierdo es lo que yo consideraría la zona muerta, ya que las actividades de aquí, en general, deben evitarse, debido a que consumen mucha energía y son de baja competencia. Dicho esto, hay instancias en las que algo se vuelve generador de energía a

medida que mejoras (por ejemplo, muchos corredores novatos se enamoran de correr a medida que mejoran su estado físico), por lo que descartar estas actividades por completo puede ser una mala idea.

Para evaluar la probabilidad de que una actividad se convierta en una fuente de energía a medida que mejores tu competencia, pregúntate: «¿Me gusta la mejor versión de esto?». En otras palabras, si te imaginas a ti mismo en un nivel de competencia modesto o superior en la actividad, ¿te da energía?

Paso 3: Alinea tu tiempo

Al ubicar las distintas actividades en el mapa e identificar tus zonas clave, has formado una idea de las actividades a las que deberías dedicar tu tiempo.

Los cambios no sucederán de la noche a la mañana; el objetivo es trabajar poco a poco hacia mejoras graduales:

1. La mayor parte de tu tiempo la dedicas a las actividades de tu zona del genio.
2. El tiempo restante lo dedicas a las de tu zona de pasatiempos.
3. Minimizas el tiempo que dedicas a las actividades en tu zona de peligro.
4. Eliminas el tiempo dedicado a actividades en la zona muerta (con la excepción de aquellas que sobrevivan a la prueba en la nota anterior).

Si trabajas en una empresa, el mejor enfoque es tener una conversación clara y sincera con tu equipo y gerentes sobre tu mapa de actividades y zonas. Si tienes un rol de liderazgo, anima a todo el equipo a realizar un ejercicio similar; con el mapa de actividades de todos, es más fácil armar el rompecabezas. Si te topas de frente con una empresa o gerente que no reconoce tus perspectivas, podría ser el momento de un cambio. El mercado acabará determinando qué empresas sobreviven, al permitir el libre flujo de talento hacia los lugares que permitan a los empleados prosperar en su forma y función más elevadas.

Si trabajas por tu cuenta, sé honesto contigo mismo sobre qué actividades y pasatiempos diarios están en cada zona. Sé implacable en la subcontratación para maximizar el tiempo que pasas en tu zona del genio. Tus resultados y rendimiento mejorarán de acuerdo con tus capacidades.

Elegir las actividades adecuadas es un camino directo hacia una vida más llena de propósitos, satisfactoria, productiva y exitosa. Aprende a seguir tu energía y no te desviarás. Realiza el ejercicio del mapa de actividades y comienza a trabajar poco a poco hacia un mundo en el que inviertas tu tiempo en las actividades que te brinden las mayores recompensas.

Cómo aprender cualquier cosa: la técnica de Feynman

PILAR: CRECIMIENTO

Richard Feynman fue un físico teórico estadounidense que nació en 1918 en la ciudad de Nueva York. Feynman fue un niño que tardó en hablar; no pronunció una palabra hasta los tres años, pero incluso desde pequeño fue indudable que era sumamente observador e inteligente. Sus padres valoraban el pensamiento no consensuado; de manera constante alentaban al joven Richard a hacer preguntas y a pensar de manera independiente. Feynman aprendió matemáticas avanzadas por sí mismo en su adolescencia y luego obtuvo una licenciatura en el Instituto de Tecnología de Massachusetts y un doctorado en la Universidad de Princeton. Se hizo famoso por su trabajo en electrodinámica cuántica y recibió el Premio Nobel de Física en 1965 por sus contribuciones al campo.

Richard Feynman sin duda era inteligente. Pero hay mucha gente inteligente en el mundo. El verdadero genio de Feynman fue su habilidad para transmitir ideas complejas de manera simple y elegante. Observó que la complejidad y la jerga suelen emplearse para ocultar la falta de una comprensión profunda.

La técnica Feynman es un modelo de aprendizaje que aprovecha la enseñanza y prioriza la simplicidad para ayudarte a desarrollar una comprensión profunda de cualquier tema.

Consta de cuatro pasos fundamentales:

1. Preparar el escenario.
2. Enseñar.
3. Evaluar y estudiar.
4. Organizar, transmitir y revisar.

Cubramos cada paso:

Paso 1: Preparar el escenario

Escribe el tema sobre el que deseas aprender en la parte superior de una página en blanco y anota todo lo que sabes al respecto.

Inicia el proceso de investigación y aprendizaje sobre el tema:

- Escucha conferencias.
- Lee.
- Ve videos.
- Discute con otros.
- Practica.

Comienza de manera general, luego ve al detalle.

Paso 2: Enseñar

Intenta enseñar el tema a alguien que no tenga conocimientos previos sobre él. Puede ser un amigo, pareja, colega o compañero de clase. El único requisito es que sea alguien a quien consideres sin conocimientos previos sobre el tema.

Este paso requiere que reduzcas y simplifiques el aprendizaje. Evita la jerga y los acrónimos.

Nota: si no tienes a alguien a quien enseñar, hazlo en otra página en blanco. Escribe todo lo que sabes sobre tu tema, pero finge que se lo estás explicando a un niño. Usa un lenguaje sencillo.

Paso 3: Evaluar y estudiar

Pide retroalimentación y reflexiona sobre tu desempeño para hacer una evaluación honesta:

- ¿Qué tan bien pude explicar el tema a la persona sin conocimientos previos?

- ¿Qué preguntas hizo la persona?
- ¿Dónde te frustraste?
- ¿Dónde recurriste a la jerga?

Tus respuestas a estas preguntas resaltarán las lagunas en tu comprensión.

Regresa al paso 1 y estudia más para completarlas.

Paso 4: Organizar, transmitir y revisar

Organiza tu comprensión elegante y sencilla del tema en una historia o narración clara y convincente. Transmíteselo a algunos otros, luego repite y refina el resultado. Revisa tu conocimiento nuevo y profundo del tema.

La técnica de Feynman es un marco poderoso para aprender cualquier cosa. ¡Los mejores emprendedores, inversionistas y pensadores han aprovechado esta técnica, lo sepan o no! Su genio común es la capacidad de superar la complejidad y transmitir ideas de manera simple y fácil de entender.

Es fácil complicar demasiado e intimidar; todos conocemos a personas que lo hacen. Pero no te dejes engañar; la complejidad y la jerga a menudo se usan para ocultar una falta de comprensión profunda.

Utiliza la técnica de Feynman: Encuentra la belleza en la simplicidad.

El método de repetición espaciada

PILAR: CRECIMIENTO

La repetición espaciada aprovecha la ciencia cognitiva para ayudarte a retener información nueva. Juega con la forma en que funciona nuestro cerebro para convertir la memoria a corto plazo en memoria a largo plazo. Con la repetición espaciada, la información se consume en intervalos cada vez mayores, hasta que se fija en la memoria a largo plazo.

El psicólogo alemán Hermann Ebbinghaus fue el primero en identificar el efecto de la repetición espaciada en la retención de la memoria. En un artículo de 1885, formuló la Curva del olvido de Ebbinghaus (COE). La COE mapea la pérdida exponencial de información recién aprendida.

LA CURVA DEL OLVIDO DE EBBINGHAUS

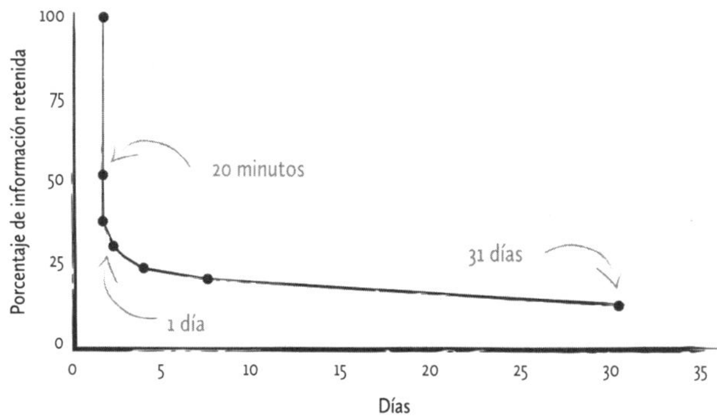

Ebbinghaus observó que cada vez que la información recién aprendida se repasaba, la COE se restablecía desde el punto de partida, pero con una *disminución más lenta*. Las repeticiones espaciadas tuvieron el efecto de aplanar la curva de disminución de la retención de la memoria.

LA CURVA DEL OLVIDO DE EBBINGHAUS

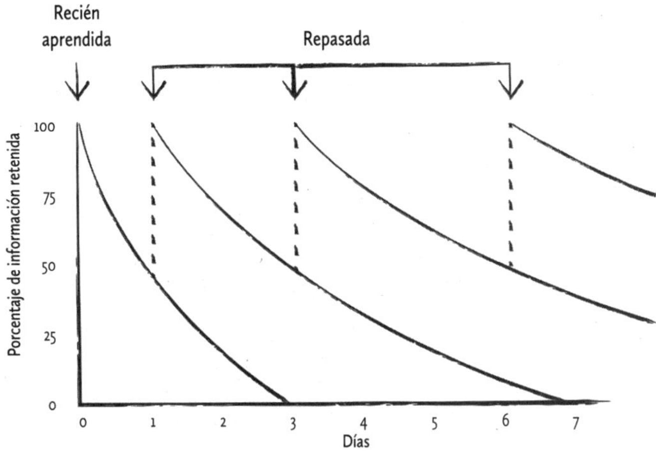

¿Por qué funciona? Piensa en tu cerebro como un músculo; cada repetición es una flexión de ese músculo. Al aumentar de forma constante los intervalos entre las repeticiones, estás desafiando al músculo con una carga cada vez más exigente. Estás forzando el músculo de retención a crecer.

A continuación, te indicamos cómo implementar el método de repetición espaciada:

Imaginemos que consumes información nueva a las 8:00 a. m. A continuación empiezan las repeticiones:

- Repetición 1: 9:00 a. m. (una hora después)
- Repetición 2: 12:00 p. m. (tres horas después)
- Repetición 3: 6:00 p. m. (seis horas después)
- Repetición 4: 6:00 a. m. (doce horas después)

Y así sucesivamente. La memoria se refuerza a intervalos crecientes. La próxima vez que intentes retener información nueva, utiliza el método de repetición espaciada respaldado por la ciencia. Funciona.

Cómo pensar de manera diferente: el método socrático

PILARES: CRECIMIENTO Y ESPACIO

En 2009, la profesora de negocios de Stanford Tina Seelig, escribió sobre un interesante experimento que realizó en su libro *What I Wish I Knew When I Was 20* (*Lo que me hubiera gustado saber cuando tenía 20*). Seelig dividió su clase en catorce equipos y les dio a todos un reto: cada grupo obtendría cinco dólares de financiamiento inicial y tendría dos horas para ganar la mayor cantidad de dinero posible. Al final del desafío, cada grupo haría una breve presentación a la clase sobre su enfoque y resultados.

Al enfrentar este desafío, la mayoría de los participantes adoptará un enfoque lineal y lógico, como el trueque. Estas opciones generarían un modesto retorno sobre los cinco dólares de capital semilla.

En el experimento original, algunos grupos ignoraron por completo los cinco dólares y, en cambio, idearon formas de ganar la mayor cantidad de dinero posible en las dos horas de tiempo asignadas:

- Hicieron y vendieron reservas en los mejores restaurantes de la ciudad.
- Inflaron llantas de bicicleta en el centro del campus por un dólar cada una.

Estos grupos obtuvieron un mejor rendimiento de sus cinco dólares iniciales.

El grupo ganador también ignoró el dinero, pero siguió un enfoque completamente diferente. Reconocieron que el activo más valioso no era el dinero o las dos horas que se les dieron para el desafío, sino el tiempo de presentación frente a una clase de estudiantes de

Stanford. Al asimilar el valor de este activo, vendieron el tiempo de presentación a una empresa que buscaba reclutar estudiantes de Stanford por 650 dólares, con lo que obtuvieron un retorno colosal sobre los cinco dólares de capital inicial.

Los grupos que perdieron pensaron en términos lineales y lógicos y lograron un resultado lineal y lógico. El grupo ganador pensó de manera diferente.

El cuestionamiento socrático (o el método socrático) es un proceso de preguntar y responder preguntas que estimulen el pensamiento crítico para exponer y examinar los supuestos y la lógica subyacentes.

Para ponerlo en acción, sigue esta estructura general:

- Comienza con preguntas abiertas.
- Propón ideas basadas en estas preguntas.
- Pon a prueba estas ideas con preguntas progresivas.
- Repite hasta que se desarrollen las mejores ideas.

A continuación te mostramos cómo aplicar el cuestionamiento socrático para pensar de manera diferente:

- Inicia formulando preguntas: ¿cuál es el problema que estás tratando de resolver? A menudo perdemos tiempo y energía tratando de resolver el problema equivocado. Identifica el problema correcto antes de intentar resolverlo. Para los estudiantes en la clase de la escuela de negocios, el problema equivocado era cómo usar los cinco dólares para hacer la mayor cantidad de dinero; el problema correcto era cómo ganar más dinero dada la cantidad de tiempo asignada para el ejercicio.
- Propón tu forma actual de pensar sobre el problema: ¿cuál es tu hipótesis? ¿Cuáles son los orígenes de ese pensamiento?
- Abre el espacio para preguntas específicas: ¿por qué piensas esto? ¿Es el pensamiento demasiado vago? ¿En qué se basa?

- Desafía las suposiciones subyacentes al pensamiento original: ¿por qué crees que esto es cierto? ¿Cómo sabes que es verdad? ¿Cómo sabrías si estabas equivocado? Identifica la fuente de las creencias sobre un problema. Sé implacable al evaluar su integridad y validez.
- Evalúa las pruebas utilizadas para respaldar el pensamiento: ¿qué evidencia concreta tienes? ¿Qué tan creíble es? ¿Qué evidencia oculta puede existir?
- Comprende las consecuencias de estar equivocado: ¿se puede corregir un error con rapidez? ¿Qué tan costoso es este error? Siempre entiende lo que está en juego.
- Evalúa las alternativas potenciales: ¿Qué creencias o puntos de vista alternativos podrían existir? ¿Por qué podrían ser mejores? ¿Por qué otros creen que son ciertas? ¿Qué saben ellos que tú no? Evalúalas según sus méritos y hazles las mismas preguntas fundamentales sobre ellas.
- Después de enfocar, aleja el enfoque: ¿cuál era tu pensamiento original? ¿Era correcto? Si no, ¿dónde te equivocaste? ¿Qué conclusiones puedes obtener del proceso sobre los errores sistémicos en el pensamiento? En el experimento de la escuela de negocios, dedicar tiempo a hacer preguntas para identificar el problema correcto fue lo que permitió al grupo pensar de manera distinta sobre los recursos a su disposición y, por consiguiente, encontrar una solución más creativa.

El cuestionamiento socrático lleva tiempo. No debe utilizarse en decisiones de bajo impacto y que se puedan revertir con facilidad. Pero cuando te enfrentas a una decisión de alto riesgo con el potencial de recompensas asimétricas en tu negocio, carrera o vida, vale la pena involucrarse en el ejercicio. Te permitirá pensar de manera diferente y descubrir el camino más probable para generar rendimientos asimétricos ajustados al riesgo.

Cómo desbloquear un nuevo crecimiento: el día de pensar

PILARES: CRECIMIENTO Y ESPACIO

En la década de 1980, Bill Gates inició una tradición anual que llamó la Semana de pensar. Gates se aislaba en un lugar remoto, apagaba las comunicaciones y pasaba una semana dedicada a leer y reflexionar.

Para Gates, la Semana de pensar era un momento para ser creativo y expandir su pensamiento con nueva amplitud y profundidad. Le permitió salir de las obligaciones de un día promedio en el trabajo y entrenar su visión general.

Si eres como yo, no tienes una semana entera para dedicarte a pensar, pero puedes adaptar algo con un panorama central similar.

El Día de pensar fue mi adaptación.

Elige un día al mes para alejarte de todas tus obligaciones profesionales cotidianas:

- Aíslate (mental o físicamente).
- Configura una respuesta automática de fuera de la oficina.
- Apaga todos tus dispositivos.

El objetivo: pasar todo el día leyendo, aprendiendo, escribiendo en un diario y pensando.

Al hacer esto, creas el tiempo libre para alejarte, abrir tu mente y pensar con creatividad sobre el panorama.

Las herramientas esenciales para el Día de pensar son las siguientes:

- Diario y bolígrafo.

- Libros / artículos que has querido leer.
- Ubicación aislada (en casa, alquilada o afuera).
- Ideas para activar tu mente.

Ocho ideas para activar tu mente que he encontrado de gran utilidad:

1. Si repitiera mi día típico actual durante cien días, ¿mi vida sería mejor o peor?
2. Si la gente observara mis acciones durante una semana, ¿cuáles dirían que son mis prioridades?
3. Si fuera el personaje principal de la película de mi vida, ¿qué me gritaría el público que debería hacer en este momento?
4. ¿Estoy cazando antílopes (problemas grandes e importantes) o ratones de campo (problemas pequeños y urgentes)?
5. ¿Cómo puedo hacer menos pero mejor?
6. ¿Cuáles son mis creencias más firmes? ¿Qué necesitaría para cambiar de opinión sobre ellas?
7. ¿Cuáles son algunas cosas que sé ahora que desearía haber sabido hace cinco años?
8. ¿Qué acciones realicé hace cinco años que hoy me hacen sentir vergüenza ajena? ¿Qué acciones estoy realizando hoy que podrían avergonzarme en cinco años?

Mi objetivo es un periodo de ocho horas dividido en bloques de sesenta minutos de enfoque con caminatas intermedias.

En un mundo obsesionado con la velocidad, las ventajas de ir más despacio son numerosas. Te permite:

- Restablecer la energía.
- Fijarte en las cosas que te habías perdido.
- Ser más deliberado con las acciones.

- Enfocarte en las oportunidades de mayor afianzamiento.
- Moverte lento para moverte rápido.

El Día de pensar puede ayudar. Inténtalo y experimenta los beneficios de la soledad intencionada.

Cómo crear un nuevo espacio: la caminata poderosa

PILAR: ESPACIO

Hay una herramienta simple y gratuita al ciento por ciento que puedes utilizar para encontrar y aprovechar más espacio en tu vida: caminar.

Desde hace mucho tiempo, los filósofos conocen el poder de la caminata para la claridad mental, la creatividad y la recuperación. Aristóteles fundó lo que se conoció como la escuela de filosofía peripatética, una palabra que literalmente se traduce como «caminar» o «dado a caminar», ya que solía caminar mientras daba conferencias o tenía conversaciones. El filósofo danés Søren Kierkegaard escribió: «Sobre todo, no pierdas tu deseo de caminar. Yo mismo camino diariamente hasta alcanzar un estado de bienestar y al hacerlo me alejo de toda enfermedad. Caminando he tomado contacto con mis mejores ideas, y no conozco ningún pensamiento cuya naturaleza sea tan abrumadora como para que uno no pueda distanciarse de él andando».

Estas ideas sobre los beneficios de caminar son más que simples anécdotas; están respaldadas por un amplio y creciente corpus científico:

- Investigadores de Stanford descubrieron que los estudiantes obtuvieron resultados mucho mejores en pruebas que medían el pensamiento creativo y divergente durante y después de caminar. De hecho, caminar potenció el pensamiento creativo en un promedio del 60 por ciento y los beneficios se prolongaron mucho más allá de la caminata en sí.[8]
- Investigadores en Illinois encontraron que los niños mostraron un mejor rendimiento cognitivo después de veinte minutos de caminar en comparación con veinte minutos de sentarse en silencio.[9]

- Investigadores de la Universidad de Hong Kong demostraron que hablar mientras caminaban uno al lado del otro conducía a sentimientos más profundos de conexión, lo que sugiere que las reuniones caminando en realidad podrían suscitar mejores resultados.[10]
- Un estudio realizado por NeuroImage en junio de 2021 sugirió que la caminata diaria podría mejorar la plasticidad de la materia blanca en adultos mayores, lo que significa mejores curvas de retención de la memoria.[11]

Los argumentos a favor de caminar son muy evidentes. Si hay un solo hábito que puedes desarrollar que creará espacio de inmediato, potenciará tu creatividad, reducirá tu estrés y mejorará tu riqueza mental en general, es una caminata diaria.

Encuentra formas de agregar caminatas cortas y largas en tu rutina diaria:

- Camina cinco minutos entre reuniones, después de una comida o antes de una presentación importante.
- Sal a caminar quince minutos a primera hora de la mañana. La luz del sol, el movimiento y el aire fresco tienen un efecto positivo directo en tu estado de ánimo, ritmo circadiano, el metabolismo, la digestión y mucho más.
- Disfruta de caminatas más largas, relajadas y sin tecnología cuando tengas tiempo. Estas caminatas duran de treinta a sesenta minutos y se realizan a un ritmo lento y pausado, sin tecnología. La mente debe estar libre para vagar. Permite que tus ideas se mezclen. Te sugiero que lleves un cuaderno de bolsillo para registrar cualquier cosa interesante que se te ocurra (¡sucederá!).

Caminar con tus pensamientos es una herramienta de creación de espacio ultrapotente disponible para todos nosotros, de forma ciento por ciento gratuita.

Cómo construir límites claros: el ritual personal de desconexión

PILAR: ESPACIO

Un ritual de desconexión es una secuencia fija de acciones y comportamientos que crean espacio en tu vida, al marcar mental y físicamente el final de tu jornada profesional. La idea se originó con el autor Cal Newport, quien escribió una publicación de blog sobre el tema hace más de una década.

Un ejemplo de mi secuencia fija podría verse así:

- Reviso el correo electrónico para cualquier solicitud final que requiera alguna acción.
- Consulto el calendario y la lista de tareas del día siguiente.
- Dedico quince minutos de preparación para las tareas prioritarias de la mañana siguiente.
- Cierro todas las aplicaciones y la tecnología por la noche.

He observado que los beneficios de tener un ritual de desconexión son los siguientes:

- Límites claros: el ritual crea un conjunto claro de límites que separan las actividades profesionales y personales. Nos volvemos más presentes en cada lado del límite.
- Productividad matutina mejorada: al incluir un poco de preparación para la mañana siguiente como parte de mi ritual, noté un claro aumento en mi productividad en la primera tarea del día siguiente. Estoy listo para empezar con todo.
- Salud mental mejorada: me siento mucho mejor por las noches después de haber hecho la desconexión. Estoy más presente

con mi esposa y mi hijo, no me preocupan las notificaciones aleatorias que llegan y puedo conciliar el sueño más rápido.

Para crear el tuyo propio, incorpora estos tres elementos clave:

1. Concluye las tareas finales: ¿cuáles son las verificaciones finales que necesitas realizar para cerrar las tareas del día y confirmar que no queda nada por completar? Para la mayoría de las personas, esto implicará consultar el correo electrónico y *Slack* con un vistazo rápido, además de repasar cualquier proyecto abierto.
2. Prepárate para mañana: ¿cuáles son las prioridades para mañana? ¿Cuál es la primera tarea en la que deseas avanzar cuando comiences a trabajar? Dedica de diez a quince minutos a preparar todo para ponerte en marcha con esa tarea prioritaria.
3. Inicia la Desconexión: crea un disparador mental para completar el ritual de desconexión. Cal Newport tenía su propia frase mágica («Programar el cierre, completo»), pero si quieres puedes crear una versión que se ajuste mejor a tu estilo.

Al utilizar esos tres elementos, esboza cómo sería para ti un ritual de desconexión. Como en todo, la acción inicial genera impulso. Inténtalo esta semana y ve qué sucede.

Cómo mejorar tu salud mental: el método del diario 1-1-1

PILAR: ESPACIO

Llevar un diario es una herramienta poderosa en extremo para hacer espacio y mejorar la salud mental. Por desgracia, llevar un diario es un hábito que escapa a la mayoría de las personas. El yo aspiracional puede tener treinta minutos de silencio por las noches y la energía para sentarse y escribir extensamente sobre una serie de preguntas complejas e interesantes. El yo real... no lo hace. Como resultado, la mayoría de nosotros asumimos que no tenemos el tiempo para crear una práctica significativa y valiosa de llevar un diario.

La realidad: incluso cinco minutos de escritura pueden tener un profundo impacto en tu salud mental.

Para desarrollar el hábito de llevar un diario que funcione en el contexto de mi realidad, desarrollé una solución súper simple: el método 1- 1- 1.

Cada noche, al final de tu día, abre tu diario (o herramienta o aplicación digital favorita) y anota tres sencillos puntos:

- Una victoria del día.
- Un punto de tensión, ansiedad o estrés.
- Un punto de gratitud.

Todo el proceso dura unos cinco minutos (aunque puede durar más si te sientes inspirado por algo en particular).

El método 1- 1- 1 funciona por su simplicidad:

- Una victoria te permite apreciar tu progreso.
- Un punto de tensión te permite sacar el tema de tu mente y plasmarlo en el papel. Es terapéutico.

- Un punto de gratitud te permite reflexionar sobre las cosas más importantes de tu vida.

Con una estructura simple y una baja carga de tiempo, el método 1-1-1 es una manera fácil de comenzar a desarrollar una práctica de escritura diaria que mejorará tu salud mental.

Para agregar una capa adicional de compromiso y lograr que se mantenga, crea un *chat* grupal con algunas otras personas que quieran hacer de la escritura reflexiva un hábito en el próximo año. El *chat* grupal sólo se usa para enviar un ¡Listo! una vez que lo completen por la noche. Utilícenlo para responsabilizarse mutuamente y continuar la racha.

21.

Resumen: la riqueza mental

VISIÓN GENERAL DE LA RIQUEZA MENTAL

La gran pregunta: ¿Qué te diría hoy tu yo de diez años?

Los tres pilares de la riqueza de tiempo:

- **Propósito**: la claridad de definir tu visión y enfoque únicos que crean significado y alinean la toma de decisiones a corto y largo plazo; la falta de voluntad para vivir la vida de otra persona.
- **Crecimiento**: el hambre de progresar y cambiar, impulsado por una comprensión del potencial dinámico de tu inteligencia, habilidad y carácter.
- **Hacer espacio**: la creación de quietud y soledad para pensar, reiniciar, luchar con preguntas y recargar energías; la capacidad y la voluntad de escuchar tu voz interior.

La puntuación de la riqueza mental: a continuación, para cada afirmación responde con 0 (*muy en desacuerdo*), 1 (*en desacuerdo*), 2 (*neutral*), 3 (*de acuerdo*) o 4 (*muy de acuerdo*).

1. Regularmente abrazo mi curiosidad infantil.
2. Tengo un propósito claro que proporciona significado diario y alinea la toma de decisiones a corto y largo plazo.

3. Busco el crecimiento y desarrollo constantemente todo mi potencial.
4. Tengo la creencia fundamental de que soy capaz de cambiar, desarrollarme y adaptarme continuamente.
5. Tengo rituales regulares que me permiten hacer espacio para pensar, reiniciar, sopesar preguntas y recargarme.

Tu puntuación inicial (de 0 a 20):

Metas, antimetas y sistemas

Utiliza el marco de establecimiento de metas para calibrar tu brújula de riqueza mental:

- METAS: ¿Qué puntuación de riqueza mental deseas lograr dentro de un año? ¿Cuáles son los dos o tres puntos de control que deberás alcanzar en tu camino para lograr esta puntuación?
- ANTIMETAS: ¿Cuáles son los dos o tres resultados que deseas evitar en tu travesía?
- SISTEMAS DE ALTO AFIANZAMIENTO: ¿Cuáles son los dos o tres sistemas de la Guía de la riqueza mental que implementarás para lograr un progreso tangible y compuesto hacia tu puntuación objetivo?

TU INICIO RÁPIDO DE UNA SEMANA

Utiliza el ejercicio de *ikigai* para comenzar a explorar y descubrir tu propósito, y cómo puedes conectarte con tus esfuerzos actuales en la vida.

Elabora tres listas separadas:

1. Lo que amas: las actividades que te dan vida, que te alegran.

2. En lo que eres bueno: las actividades que se sienten sin esfuerzo.
3. Lo que el mundo necesita: define tu mundo actual y las actividades que tu mundo actual necesita de ti.

Identifica la intersección de las tres listas; es un punto de partida para que explores y descubras tu propósito de vida superior.

La riqueza física

22.

La gran pregunta

¿Bailarás en tu fiesta de cumpleaños número ochenta?

El hombre joven sólo tenía veintitantos años, pero sabía que si no cambiaba algo, iba a terminar muerto.

Dan Go creció en un pequeño pueblo de Ontario, hijo de dos inmigrantes filipino-chinos que habían trasladado a la familia a Canadá en busca de más oportunidades, cuando él tenía dos años. Desde muy joven, soportó una considerable tensión psicológica, resultado del acoso severo de otros niños en la escuela. Al recordar el tormento de esos primeros años, dijo: «Me dijeron que era pequeño, tonto y que nunca llegaría a nada. Cuando eres niño, si te dicen algo suficientes veces, empiezas a creer que es verdad».

Empezó a dirigirse por un camino oscuro y solitario. Como creía que sus torturadores tenían razón, abandonó la preparatoria. Su autoestima se deterioró y comenzó a tomar acciones destructivas para tratar de calmar su dolor y lucha internos: comer, beber y festejar de una manera que nunca antes había hecho. Sus acciones originaron una profecía viciosa y autocumplida: el cambio negativo en su apariencia física erosionó aún más su autoestima, lo que llevó a más comportamientos negativos y a una espiral descendente: «Tenía poco más de veinte años, pero no veía un futuro. Me despertaba, iba al trabajo de *telemarketing* de quince dólares por hora que odiaba, comía y bebía para dormir y lo volvía a hacer. No podía mirarme al espejo».

En su punto más oscuro, cuando ya no veía ninguna luz por delante, un solo evento casual lo cambió todo.

Su papá consiguió un pase de un mes para un gimnasio local y se lo dio al hermano de Dan; él no lo quiso y se lo regaló a Dan.

Cuando reflexionó sobre lo que lo impulsó a aceptar esa membresía en el gimnasio, lo que sería un desafío, dado su estado físico en ese momento, Dan dijo con claridad: «Me di cuenta de que si seguía viviendo como lo estaba haciendo, iba a terminar muerto».

Dan se presentó el primer día y se subió a una cinta de correr. A los pocos minutos se quedó sin aliento, empapado en sudor y aburrido hasta el cansancio. No podía imaginarse haciéndolo de nuevo, pero, al día siguiente, se convenció a sí mismo de regresar y probar algo diferente. Usó todas las máquinas de pesas del gimnasio, y, aunque no sabía lo que estaba haciendo, sintió una oleada de energía por la experiencia. A la mañana siguiente se despertó con un dolor que no había sentido en toda su vida y lo aceptó como una señal de que el levantamiento de pesas estaba funcionando. Los días tres y cuatro fueron una lucha, mientras lidiaba de nuevo con la fatiga muscular, pero para el día siete comenzó a sentirse más cómodo, capaz de esforzarse un poco más. Para el día catorce sintió emoción ante la perspectiva de entrar en el gimnasio. El día treinta, el día en que expiró el pase, sucedió algo interesante mientras se vestía para ir a trabajar: tuvo que abrocharse el cinturón una muesca más.

En ese momento, lo supo: toda su vida había cambiado.

El pequeño resultado, una sola muesca en el cinturón, fue representativo de algo más grande: Dan Go vio el poder en sus acciones. Había recuperado el control de su vida.

A medida que continuaba enfocándose en su salud, volviéndose poco a poco más científico sobre su enfoque hacia el entrenamiento, la nutrición y la recuperación, leyendo los últimos estudios e incorporando las nuevas ideas en sus rutinas, comenzó a ver que todo en su mundo cambiaba a su alrededor. Su cerebro comenzó a funcionar de manera más efectiva; recordó información, nombres, personas, lugares. Su diálogo interno cambió: comenzó a pensar que era capaz de cualquier cosa y, sin duda, mucho más de lo que él mismo se había dado crédito. «Tenía una actitud derrotista. De repente, todo eso cambió. Tenía la mentalidad de que el mundo entero estaba a mi alcance. Demostré que podía presionar un botón con mis acciones y crear un cambio en mi mundo, y si podía hacer eso con mi salud, podía hacerlo en cualquier lugar.»

Hoy, Dan Go tiene cuarenta y tantos años, pero parece que tiene veintitantos. Está en forma y lleno de vitalidad, es un esposo amoroso y padre de dos hijos hermosos. Es un emprendedor que está construyendo un negocio multimillonario en el que influye de forma positiva en la vida de las personas creando transformaciones como la que él experimentó. El futuro de Dan Go pasó de oscuro e incierto a brillante e ilimitado, y todo comenzó cuando se presentó el primer día y se subió a la cinta de correr. Todo empezó cuando tomó el control de sus acciones y construyó una vida de riqueza física.

La búsqueda disciplinada de una vida de riqueza física es un catalizador para el crecimiento: inicia un cambio de mentalidad, pues te recuerda que tienes el control, que tienes el poder. Ese cambio de mentalidad crea ondas que se extienden mucho más allá del núcleo, ya que alcanza todas las áreas de la vida.

Justo después de comenzar su carrera corporativa a los veinte años, Kevin Dahlstrom fue golpeado por una misteriosa enfermedad que arruinó su salud; tenía fatiga aplastante, ataques de pánico e infecciones recurrentes. «Es difícil mirar fotos mías de ese período», me dijo. «Ni siquiera me reconozco a mí mismo.» En lugar de confiar en los tratamientos que le ofrecían sus médicos para enmascarar los síntomas, tomó el control, pasó cientos de horas investigando alternativas y ejecutando una nueva rutina basada en el ejercicio, la nutrición y la recuperación. En cuestión de meses, sus síntomas crónicos desaparecieron y regresaron tanto su físico atlético como su personalidad vibrante y llena de energía. A través de su búsqueda de riqueza física, Kevin Dahlstrom había recuperado el control y no tenía intención de renunciar a él una vez más.

Años más tarde, llegó a la cumbre como ejecutivo corporativo que ganaba un salario de siete cifras, fue ese sentimiento de control de hace tantos años el que buscó cuando decidió dejarlo todo. Al recordar la decisión, me dijo: «Llegué a la cumbre de las corporaciones estadounidenses y me di cuenta de que la vida no proporciona control. La evidencia era clara: las personas más "exitosas" no eran personas a las que quisiera emular de ninguna manera: tenían mucha riqueza financiera, pero cero riqueza física. Así que presioné el botón de eyección».

Hoy, Kevin Dahlstrom vive la vida de sus sueños. Estima que renunció a unos diez millones de dólares en ganancias futuras al salirse de ese camino, pero su energía vibrante y su amplia sonrisa demuestran que no se arrepiente. Pasa la mayor parte del tiempo escalando rocas, con su esposa e hijos, o trabajando en cualquier cantidad de proyectos profesionales emocionantes y flexibles que le den energía. Cuando reflexiona sobre la decisión que tomó a los veintitantos de priorizar la riqueza física, Kevin dijo: «Mucha gente pospone la creación de riqueza física pensando que puede hacerlo después de "haberlo logrado", pero simplemente no funciona de esa manera. Cualquier tipo de riqueza requiere tiempo y acumulación para construirse, y el control que asumes al crear la riqueza física es un catalizador y un recordatorio del control que tienes sobre todas las demás áreas de tu vida».

En su libro *Imaginable*, la autora de *bestsellers* del *New York Times* Jane McGonigal, describe una herramienta llamada *pensar en futuros*, que tiene como objetivo «inspirarte a tomar medidas hoy que te preparen para la felicidad y el éxito futuros». McGonigal dirige a los lectores a través de un ejercicio guiado sobre el pensamiento del futuro que los hace imaginar, con vívidos detalles, su yo futuro. ¿Qué llevas puesto? ¿Dónde estás? ¿Qué hay a tu alrededor? ¿Quién está a tu alrededor? ¿Qué oyes y hueles? ¿Qué tienes planeado para el día? La creación laboriosa de este nuevo lienzo futuro, al que los científicos se refieren como *pensamiento futuro episódico* (PEF, para abreviar), consolida un futuro imaginado en tu memoria, lo que significa que puedes regresar a esta «memoria» y usar tus lecciones para hacer cambios o tomar decisiones en el presente.

En un artículo para TED, McGonigal escribió: «El PEF no es un escape de la realidad. Es una forma de jugar con la realidad, de descubrir riesgos y oportunidades que quizás no habías considerado... Es una herramienta poderosa de toma de decisiones, planificación y motivación. Nos ayuda a decidir: ¿este es un mundo en el que quiero despertar? ¿Qué necesito hacer para estar listo? ¿Debería cambiar lo que estoy haciendo hoy para que este futuro sea más o menos probable?»[1]

Lo más importante es que imaginar el futuro deseado refuerza la necesidad de tomar acciones específicas en el presente para crear ese resultado.

Intentémoslo. Cierra los ojos y respira hondo. Imagina que estás en la celebración de tu cumpleaños número ochenta. Todas tus personas favoritas entran, tarjetas y flores en mano, grandes sonrisas en sus rostros. Estás sentado en la mesa principal, disfrutando de tu bebida y comida favoritas, cuando la música ambiental comienza a sonar más fuerte. Es tu canción favorita. Tu pie comienza a dar golpecitos en el piso debajo de la mesa, junto con el ritmo. Los recuerdos de momentos maravillosos con la canción inundan de nuevo tu cerebro. La gente comienza a levantarse y camina hacia el centro de la habitación. Todo el mundo te está mirando.

¿Qué sucede después?

- ¿Te levantas y empiezas a bailar con tus seres queridos?
- ¿Estás atrapado, obligado a disfrutar de la música desde tu silla?

La dura verdad es que las respuestas a estas preguntas se escribieron mucho antes de que cumplieras ochenta años. Tus acciones diarias en el camino determinaron si estarías bailando o mirando en esa fiesta.

Esa visualización de tu futuro debería proporcionar claridad sobre el presente:

- Si continúas con tus acciones diarias actuales, ¿bailarás o estarás sentado?
- ¿Qué acciones necesitas agregar o ajustar en el presente para alinear de manera más precisa tu futuro con tu visión ideal para él?
- ¿Qué querría tu yo de ochenta años que hicieras hoy?

Una vida de riqueza física se basa en la ejecución de acciones diarias, movimiento habitual, nutrición adecuada y recuperación reflexiva, para vivir un presente vital y construir hacia tu futuro ideal imaginado. Tu yo presente es el principal interesado en tu mundo, pero tu yo futuro es el heredero directo de la acumulación a largo plazo de tus acciones en el presente.

Tu yo de ochenta años te recordaría que tienes un solo cuerpo, y la forma en que lo tratas hoy se refleja y amplifica en la forma en que te tratará en los años futuros.

Pocas personas en el mundo reconocieron y actuaron sobre esta idea con más claridad que el mariscal de campo estrella del futbol americano Andrew Luck. Durante la temporada 2018, estaba en la cima de su carrera futbolística. El mariscal de campo de veintinueve años venía de una temporada 2017 plagada de lesiones, pero volvió a estar en forma, estableció nuevos máximos en su carrera y lideró a los Colts de Indianápolis a los *playoffs*. Recibió el Premio al Jugador del Año por Regreso de la NFL y votaron para su cuarta aparición en el Pro Bowl. Parecía que su carrera había vuelto a encarrilarse y estaba destinado a la gloria del Salón de la Fama. Pero el 24 de agosto de 2019, justo antes del inicio de la temporada, Andrew Luck subió al podio en el Lucas Oil Stadium y anunció con los ojos llorosos su retiro a través de un discurso.

La decisión conmocionó al mundo del deporte. Al retirarse, Luck estaba renunciando a más de 58 millones de dólares en valor contractual de su acuerdo existente con los Colts, además de lucrativos contratos de patrocinio. Se citó la respuesta del dueño de los Colts, Jim Irsay, diciendo que creía que Andrew Luck estaba dejando hasta 450 millones de dólares sobre la mesa al optar por su retiro. Esta es una suma de dinero casi incomprensible para la mayoría de nosotros, y es aún más inexplicable imaginar alejarse y renunciar a ella.

Y, sin embargo, eso fue exactamente lo que hizo Andrew Luck. ¿Por qué? La comprensión de que su salud presente y futura valían más de lo que cualquier contrato podía ofrecer.

En sus seis temporadas en la NFL, Luck, quien jugó un tipo de futbol americano duro y nunca rehuyó el contacto, sufrió desgarro de cartílago en dos costillas, desgarro parcial de un músculo abdominal, laceración de un riñón que lo dejó orinando sangre, al menos una conmoción cerebral documentada y desgarro del rodete del hombro con el que lanzaba. Esto sin contar cualquier lesión no documentada de su larga e ilustre carrera *amateur* y universitaria, donde fue finalista del Trofeo Heisman mientras lideraba a la Universidad de Stanford hacia varias victorias en juegos de campeonato y a los diez primeros puestos nacionales. En su discurso de retiro, Luck señaló el futuro: «Han sido cuatro años de este ciclo de dolor por lesiones. Para que avance en mi vida de la manera que quiero, esto [no] involucrará el futbol». Las constantes lesiones, el dolor y la presión habían afectado su vida dentro y fuera del campo. Para vivir la vida que imaginó para él, su esposa y sus hijos, Andrew Luck miró más allá de la riqueza financiera y vio el panorama.

Es apropiado recordar el poderoso consejo compartido por uno de los sabios ancianos entrevistados en la sección inicial del libro, un hombre de ochenta años con un profundo pesar por el estilo de vida basado en el alcohol y con poca actividad física que había llevado durante toda su vida laboral:

«Trata tu cuerpo como una casa en la que tienes que vivir otros setenta años.»

Tu cuerpo es, literalmente, la casa en la que vivirás el resto de tu vida. Y, sin embargo, muchas personas tratan esa casa como basura: beben y comen demasiado, no duermen lo suficiente, rara vez se mueven y evitan las inversiones básicas y las reparaciones necesarias para mantenerla en buen estado.

Tú tienes el control del estado presente y futuro de tu casa. Mantén los cimientos y el techo en buen estado, soluciona los problemas menores tan pronto como surjan y realiza las pequeñas inversiones diarias, semanales y mensuales necesarias para garantizar que dure mucho, mucho tiempo.

Un cuerpo, al igual que un hogar, si lo cuidas hoy, te cuidará durante los próximos años.

Asegurémonos de que estés bailando en tu fiesta de cumpleaños número ochenta.

23.

La historia de nuestro mundo menor

En el siglo I a. C., mientras Julio César gobernaba un Imperio romano en expansión, un joven talentoso llamado Marco Vitruvio Polión sirvió en silencio en su ejército, diseñando máquinas de guerra para superar a los diversos enemigos de Roma. Más tarde se convirtió en un conocido estudioso de la arquitectura, y escribió *De architectura*, que se considera como la primera gran obra importante sobre la teoría de la arquitectura.

Marco Vitruvio Polión creía con firmeza en la conexión entre la forma humana y el universo. Sus principios de diseño físico reflejaban esa creencia; escribió: «El diseño de un templo depende de la simetría. Debe existir una relación precisa entre sus componentes, como en el caso de los de un hombre bien formado».[2] Dictó los ideales explícitos de un hombre bien formado (y su impacto en el diseño estructural del templo); por ejemplo, «La longitud del pie es una sexta parte de la altura del cuerpo; del antebrazo, una cuarta parte; y la anchura del pecho también es una cuarta parte». La precisión y la curiosidad mostradas en los escritos de Marco Vitruvio Polión despertaron ferviente interés por parte del erudito más famoso del periodo renacentista: Leonardo da Vinci.

La obsesión de Leonardo con la descripción de la forma humana ideal de Marco Vitruvio Polión lo llevó a crear el famoso dibujo Hombre de Vitruvio: una representación de la forma humana ideal en dos posiciones diferentes, una superpuesta a la otra, que estableció las medidas perfectas. Mientras que algunos otros eruditos de la época intentaron crear la imagen ideal y produjeron dibujos y diagramas sueltos y fluidos, sólo Leonardo fue quien asumió la tarea con un grado más elevado de arte y ciencia que era característico de toda su obra.

Alrededor de esta época, Leonardo escribió la famosa frase: «Los antiguos llamaban al hombre un mundo menor, y ciertamente esa denominación es muy adecuada, porque su cuerpo es un análogo del mundo». Su fascinación por la anatomía, las líneas, las proporciones y los movimientos humanos fue una parte crucial de un movimiento humanista renacentista próspero, que inspiró un interés público en la forma humana, un interés que se había perdido durante la Edad Media, cuando el cuerpo humano llegó a verse como pecaminoso.

El legado ondulante de la obsesión de Leonardo se encuentra en un interés cultural por el cuerpo y la fisicalidad que continúa acelerándose en la actualidad. Es un legado que va desde la sorprendente obra de Miguel Ángel, el David, hasta las paredes espejadas de nuestros gimnasios modernos.

Durante miles de años, la riqueza física (la salud y vitalidad internas y externas de una persona) estuvo arraigada en el estilo de vida humano. Nuestros primeros antepasados fueron cazadores-recolectores nómadas, lo que significa que vagaban por grandes extensiones de tierra en busca de alimento y refugio. Este estilo de vida requería y contribuía a un alto nivel de bienestar físico. Los hombres, que en general eran responsables de cazar los animales de caza mayor (y fuentes de proteínas), estaban en movimiento, corriendo, saltando, trepando, lanzando y más; las mujeres, que por lo regular eran responsables de criar niños y recolectar frutas comestibles, semillas, raíces y nueces, también estaban en constante movimiento, caminando, balanceándose, cargando y más. Su supervivencia dependía de su capacidad para realizar bien estas actividades, y el movimiento constante también sin duda moldeó sus formas físicas, sus músculos, huesos y ligamentos se fortalecieron a través del movimiento necesario para sobrevivir y prosperar hasta la edad reproductiva.

Cuando tuvo lugar la revolución agrícola, alrededor del año 10000 a. C., las exigencias físicas diarias del ser humano promedio cambiaron a profundidad. Estas tribus agrarias no enfrentaron la imprevisibilidad inherente del estilo de vida cazador-recolector; sino que experimentaron una rutina más repetitiva que ponía énfasis en ciertos movimientos y acciones realizadas de forma constante (como cuando cultivaban la tierra) y una dieta de cultivos básicos. Los antropólogos han observado que los restos de las sociedades agrarias muestran una densidad ósea reducida, probablemente como resultado de menos exigencia física cotidiana, y una masa muscular general más baja, en particular, en la parte superior del cuerpo. Si bien los aspectos físicos seguían siendo parte de la vida, adoptaron un papel menor en una cultura más sedentaria, aunque con una esperanza de vida un poco mayor: 24,9 años para los agricultores en comparación con 21,6 años para los cazadores-recolectores, según una estimación,[3] debido a la disminución de los riesgos de la vida diaria.

En los miles de años que siguieron, la humanidad entró en un periodo de guerra y conquista más allá de la escala de las guerras territoriales menores que probablemente caracterizaron a las primeras sociedades nómadas y agrarias. Los imperios se construyeron a lomos de enormes ejércitos con complejas cadenas logísticas y de suministro que se extendían miles de kilómetros y cubrían territorios peligrosos. De repente, el arquetipo físico del guerrero fue arrojado al centro de atención cultural, y los hombres se entrenaron para prepararse para la gloria militar, una oportunidad de la inmortalidad otorgada a grandes héroes guerreros como Aquiles. Se glorificaron el físico del guerrero y los atributos de rendimiento (fuerza significativa en la parte superior del cuerpo para empuñar escudos y armas pesadas, y un alto grado de aptitud cardiovascular para soportar largas marchas y batallas). Quizás el ejemplo más extremo se encontró en Esparta, una ciudad-estado griega conocida por su poderío militar que alcanzó la cima de su poder entre los siglos VI y IV a. C. A los varones espartanos los inspeccionaban al nacer, y a los considerados débiles los abandonaban en una montaña cercana para morir. A los siete años, los niños eran separados del cuidado de sus madres y enviados a comenzar su entrenamiento en el *agogé*, un campamento militar. Durante años, los espartanos fueron endurecidos para una vida de guerra y se les enseñó a fortalecer su resistencia contra el dolor y el sufrimiento. El entrenamiento era tan intenso que Plutarco comentó: «Eran los únicos hombres en el mundo para los que la guerra traía un respiro en el entrenamiento para la guerra».

Alrededor de esta época, la celebración y glorificación del arquetipo guerrero cruzó el abismo hacia el deporte. Aunque los seres humanos habían participado en juegos y exhibiciones de destreza atlética desde los albores de la sociedad civilizada, fueron los Juegos Olímpicos, una creación de los antiguos griegos, los que con mayor notoriedad reunieron a atletas de una amplia gama de territorios y ciudades-estado para competir entre sí por la gloria en un foro público. El primer relato registrado de los Juegos Olímpicos, en el 776 a. C., consistió en una única carrera de 192 metros.[4] El evento fue creado como un festival para honrar a Zeus, el más poderoso de los dioses, y se llevó a cabo en Olimpia, un sitio sagrado en el sur de Grecia. Los juegos se llevaban a cabo cada cuatro años y el número y la diversidad de eventos aumentaron poco a poco. Famosos filósofos griegos defendieron la importancia del ejercicio y la dieta para la salud física y la vitalidad. Platón escribió: «La falta de actividad destruye la buena condición de todo ser humano» y Aristóteles agregó: «Tanto el ejercicio excesivo como el insuficiente destruyen la fuerza de una persona, y, tanto comer como beber en exceso o en cantidad insuficiente, destruyen la salud, mientras que la cantidad adecuada la produce, aumenta y preserva».

Los Juegos Olímpicos se desvanecieron con lentitud después de que Grecia fuera conquistada por el Imperio romano en el siglo II a. C., y la celebración y la importancia cultural de la forma física humana cayeron en desgracia con el surgimiento del cristianismo y el comienzo de la Edad Media. La autora Maria Popova resumió el periodo: «Bajo la doctrina cristiana, el cuerpo era un instrumento demasiado pecaminoso para permitir celebraciones públicas u homilías privadas. La solemnidad cerebral de la catedral reemplazó la alegre fisicalidad del gimnasio, donde las multitudes se reunían tanto para tonificar sus cuerpos como para afinar sus mentes con las lecciones de filosofía de Platón y Aristóteles... y así fue como la noción de ejercicio desapareció de la imaginación popular durante un milenio».[5]

Este periodo de desaprobación duró alrededor de mil años, hasta finales del siglo XV, cuando Leonardo, Miguel Ángel y un grupo de humanistas del Renacimiento dieron nueva vida al estudio e importancia de la forma física humana. Curiosamente, fue un médico italiano menos conocido, llamado Girolamo Mercuriale, quien, en 1573, publicó *De arte gymnastica* (o *El arte del ejercicio*) y provocó de manera formal el movimiento moderno de salud y bienestar que ha persistido a lo largo de los siglos. En este trabajo, Mercuriale escribió: «He asumido como mi misión restaurar a la luz el arte del ejercicio, una vez tan apreciado, y ahora sumido en la oscuridad más profunda y completamente perdido... Por qué nadie más ha asumido esto, no me atrevo a decirlo. Sólo sé que esta es una tarea de máxima utilidad y enorme labor». Su libro, que se basó en años de estudio de las antiguas prácticas griegas y romanas en torno al ejercicio y la dieta, sirvió como influencia principal para quienes impulsaron la importancia de la educación física en Europa cientos de años después.

Otra aceleración sutil ocurrió en 1859, cuando Charles Darwin publicó *Sobre el origen de las especies* y expuso los mecanismos de su teoría de la selección natural. Poco después, un erudito inglés llamado Herbert Spencer acuñó la frase *supervivencia del más apto* en su propio resumen del trabajo de Darwin. De repente, la aptitud física entró en la cultura dominante como un símbolo de estatus: era una forma de medirse con los demás y ascender en los rangos visibles o invisibles de la jerarquía primitiva de supervivencia.

Los Juegos Olímpicos, una tradición deportiva olvidada hace mucho tiempo, revivieron gracias a los esfuerzos de un francés llamado barón Pierre de Coubertin, un firme defensor de las tradiciones y el movimiento de la educación física. En 1892, Coubertin propuso la idea de una competencia atlética internacional que se llevaría a cabo cada cuatro años y que, en 1894, recibió la aprobación del Comité Olímpico Internacional, la organización rectora de los Juegos Olímpicos que aún existe en la actualidad. En 1896, los Juegos Olímpicos se llevaron a cabo en Atenas, Grecia, con la participación de 280 atletas exclusivamente masculinos de doce naciones en cuarenta y tres eventos.[6] Para los octavos Juegos, en 1924, su popularidad y escala ampliadas eran evidentes, con 3.000 atletas (¡hombres y mujeres!) de cuarenta y cuatro naciones participantes. En 2004, los Juegos Olímpicos regresaron a Atenas por primera vez desde su reactivación en 1896. Once mil atletas de 201 países compitieron en los eventos. Uno de ellos fue un nadador estadounidense llamado Michael Phelps, que ganó un récord de ocho medallas y se convirtió en el atleta olímpico más condecorado de todos los tiempos; otro fue un corredor jamaicano poco conocido llamado Usain Bolt, quien no pudo llegar a la final en su debut olímpico, pero luego sería considerado el mejor velocista de todos los tiempos.

El deporte y la obsesión por el rendimiento físico humano se habían convertido de manera oficial en parte del espíritu cultural de la época.

NUESTRA NUEVA OBSESIÓN

En la actualidad, es difícil pasar un solo día sin encontrar una nueva moda de salud o bienestar que prometa la juventud, la fuerza, la belleza o el vigor que hemos sido programados para buscar. Desde programas de dieta como Atkins (¡los carbohidratos son el diablo!), South Beach (come alimentos con un índice glucémico bajo), keto (¡los carbohidratos son el diablo otra vez!), vegano (come sólo plantas) y carnívoro (come sólo carne) hasta hacer ejercicios como CrossFit, Pelotón y hot yoga, estamos bombardeados por información y *marketing* llamativo, y todos afirman ser los mejores.

La industria de la salud y el bienestar se ha convertido en un gran negocio. En 2020, el Instituto de Bienestar Global estimó que la economía mundial del bienestar había alcanzado los 4,4 billones de dólares,[7] con industrias que incluyen:

- Cuidado personal y belleza: 955 mil millones de dólares.
- Alimentación saludable, nutrición y pérdida de peso: 946 mil millones de dólares.
- Actividad física: 738 mil millones de dólares.
- Turismo de bienestar: 436 mil millones de dólares.

Con cada nuevo dispositivo de acondicionamiento físico que promete abdominales perfectos y cada nuevo alimento milagroso que promete vigor juvenil, nos vemos obligados a librar una batalla silenciosa contra la abrumadoramente fuerte y astuta energía de los mejores especialistas en *marketing* del mundo. Sus trabajos dependen de convencerte de que necesitas todo para vivir una vida sana y feliz, y son muy, muy buenos en su actividad. Arrojan luz sobre las imperfecciones de tu mundo actual, te muestran cómo podría ser tu mundo perfecto y luego colocan el gadget X o el alimento saludable Y como lo único que se interpone entre tú y ese mundo perfecto.

Vayamos directo al grano: estas propuestas son (en su mayoría) una tontería.

El principio de Pareto, llamado de forma informal la regla 80/20, se refiere a la idea de que el 80 por ciento de los resultados provienen del 20 por ciento de las causas. Se originó con Vilfredo Pareto, un economista italiano que observó que el 80 por ciento de la tierra en su Italia natal era propiedad de sólo el 20 por ciento de la población. Cuando más tarde notó que el 80 por ciento de los guisantes en su jardín provenían de sólo el 20 por ciento de las vainas de guisantes, Pareto planteó la hipótesis de que se trataba de una especie de distribución «mágica» en la naturaleza.

En pocas palabras, la regla 80/20 dice que un pequeño número de entradas impulsa la mayoría de las salidas.

El mercado en todo el espacio de salud y bienestar sigue esta regla: la mayoría de los resultados están impulsados por unos pocos insumos simples como realizar movimientos diarios básicos, consumir alimentos enteros sin procesar y priorizar el sueño y la recuperación.

Esto no quiere decir que haya un valor cero en la lista que parece interminable de productos, servicios, alimentos y bebidas para la salud; he usado, probado y disfrutado muchos de ellos en mi propia travesía, pero significa que siempre deben ser secundarios y nunca confundidos con los bloques básicos primarios de la riqueza física.

En un mundo que quiere que hagas todo en todas partes a la vez, debes limitar tu enfoque. Buscar lo secundario antes de terminar lo primario es jugar el juego en modo difícil. Para evitar esto, debes desarrollar una comprensión básica de los pilares centrales que desbloquean el modo fácil y realizarlos de manera consistente en tu travesía hacia la riqueza física.

24.

Los tres pilares de la riqueza física

Bryan Johnson es un emprendedor con gran éxito. En 2013 vendió la empresa de procesamiento de pagos que había fundado a PayPal por 800 millones de dólares. Para la mayoría de las personas, éste habría sido el final de la historia: un emprendedor logra su sueño de construir una empresa transformadora, vende esa empresa por una cantidad de dinero que le cambiará la vida y zarpa hacia el atardecer.

Pero Bryan Johnson no es la mayoría de la gente.

El hombre de cuarenta y cinco años gasta más de dos millones de dólares al año en una única y enfocada búsqueda: no morir.

De acuerdo con Johnson, cada ser humano tiene una edad cronológica (el número de años desde su nacimiento) y una edad biológica (la edad ajustada de varias células, tejidos y órganos en función de su apariencia y rendimiento fisiológico relativo). Si bien no puede cambiar su edad cronológica, su edad biológica está influenciada por sus genes, así como por una variedad de factores controlables, incluido su entorno, dieta, ejercicio, recuperación y hábitos de sueño. A partir de 2021, Bryan Johnson comenzó a colaborar con un equipo de más de treinta médicos y expertos no sólo para frenar, sino para revertir el progreso de su edad biológica. La idea era utilizar a Johnson como conejillo de indias humano para una larga lista de monitoreo, tratamientos e intervenciones, que iban desde principios bien establecidos de la ortodoxia médica hasta los conceptos más lejanos en los márgenes externos de la longevidad y la investigación en salud.

El programa, al que Johnson y el equipo llaman Project Blueprint, es de libre acceso en su sitio web, y Johnson publica actualizaciones periódicas sobre sus últimas pruebas, experimentos y resultados en las páginas de redes sociales. Al momento de escribir este libro, tiene millones de seguidores en todo el mundo.

Entre otras cosas, el régimen de pruebas de Johnson incluye:

- Controlar los signos vitales diarios, el peso corporal, el IMC, la temperatura de vigilia y el rendimiento del sueño.
- Análisis periódicos de biofluidos (incluidos sangre, heces, orina y saliva).
- Resonancias magnéticas regulares de cuerpo completo, ecografías, colonoscopias y exploraciones de densidad ósea.

Comienza todos los días con una rutina que se ha convertido en leyenda entre los *biohackers*:

- Levántate a las 5:00 a.m., toma tus signos vitales y consume la primera ronda de suplementos matutinos.
- Realiza terapia de luz matutina y meditación.
- Prepara y bebe la mezcla previa al entrenamiento; consume la segunda ronda de suplementos matutinos.
- Realiza un entrenamiento riguroso que implique una variedad de movimientos y zonas de frecuencia cardiaca.
- Dúchate y realiza una rutina de cuidado de la piel.
- Come después del entrenamiento (verduras, lentejas, nueces y otros ingredientes veganos cocinados al fuego).
- Realiza más terapia de luz y consume la tercera ronda de suplementos matutinos.

La dieta de Johnson está tan reglamentada como sus mañanas; sus comidas se consumen durante un periodo de alimentación de 5:00 a.m. a 11:00 a.m. y consisten en cuatro componentes:

- El gigante verde: mezcla matutina previa al entrenamiento de agua, espermidina (polvo de verduras), aminoácidos, creatina, péptidos de colágeno, flavanoles de cacao y canela.
- Supervegetariano: combinación vegana rica en proteínas de lentejas negras, brócoli, coliflor, champiñones y una variedad de acompañamientos, que incluyen ajo, raíz de jengibre y más.
- Pudín de nueces: pudín rico en grasas saludables compuesto por bebida líquida de nueces de macadamia, nueces de macadamia, nueces, semillas de chía, linaza, nueces de Brasil, cacao en polvo, bayas, cerezas y más.
- Una tercera comida variable: en general, una ensalada rica en vegetales o boniato relleno.

Mientras investigaba su único (¡está bien, extremo!) enfoque, tuve la oportunidad de pasar una tarde con Johnson en su casa. Dada mi experiencia como atleta y mi interés personal en la salud y el bienestar, estaba emocionado de conocer al hombre que estaba impulsando el discurso público sobre estos temas hacia un nuevo territorio. Fue más que una visita por pasión personal; como alguien cuya misión es deconstruir lo complejo y hacerlo simple y accesible, quería ver si era posible hacer eso con los protocolos y rutinas de Johnson. Resulta que esta misión resuena con Johnson, quien está haciendo todos los esfuerzos posibles para destilar sus ideas en contenido gratuito que comparte en sus plataformas de redes sociales.

Durante la tarde, pude echar un vistazo a su vida diaria, probé su pudín de nueces (delicioso) y repasé algunos de sus protocolos de acondicionamiento físico y recuperación. Llegué a apreciar que su enfoque se basa en algunos principios simples:

- Su riguroso régimen de entrenamiento se basa en un principio básico de movimiento diario.
- Su plan de alimentación detallado se basa en un principio básico de nutrición adecuada.
- Sus disciplinadas rutinas de sueño, meditación y otras terapias se basan en un principio básico de recuperación reflexiva.

También dediqué tiempo a comprender las rutinas de otros deportistas de alto rendimiento físico en diferentes ámbitos, incluidos atletas profesionales y miembros de las ramas de élite de las fuerzas armadas. Dondequiera que miraba, encontraba los mismos principios subyacentes: a pesar de toda la complejidad en la superficie, había una simplicidad común en la base, tres pilares centrales sobre los que se construía cada rutina.

Son los tres pilares controlables de la riqueza física:

- **Movimiento**: movimiento corporal diario a través de una combinación de ejercicio cardiovascular y entrenamiento de resistencia; actividades para promover la estabilidad y la flexibilidad.
- **Nutrición**: consumo de alimentos principalmente enteros y no procesados para satisfacer las necesidades básicas de nutrientes, suplementando según se requiera para satisfacer las necesidades de micronutrientes.
- **Recuperación**: rendimiento del sueño consistente y de alta calidad, y otras actividades que promueven la recuperación.

Si bien los tres pilares de la riqueza física son sencillos, pueden resultar intimidantes, en especial cuando se considera toda la información detallada disponible sobre cada pilar y los extremos a los que la gente parece llevarlos.

Para combatir esta intimidación, me parece útil aprovechar una analogía con un videojuego: hay niveles dentro de cada pilar, desde un nivel básico 1 hasta un nivel experto 3. Si eres un jugador nuevo que ingresa al juego en el nivel 1, no hay necesidad de compararte con Bryan Johnson (¡que está intentando operar en el nivel 100 de esta escala del 1 al 3!). En cambio, concéntrate en ejecutar el nivel 1 de manera consistente antes de subir al nivel 2, y, con el tiempo, al nivel 3.

Bryan Johnson puede estar gastando dos millones de dólares al año para vivir a la vanguardia de las prácticas de salud y longevidad, pero no es necesario todo eso para construir una vida de riqueza física. No necesitas una rutina sofisticada y compleja para lograr los resultados que deseas, sólo necesitas basarte en estos tres pilares. A medida que mides la riqueza física como parte de tu nuevo marcador, proporcionan un plan para la acción correcta para construirlo. Al desarrollar una comprensión de estos pilares y de los sistemas de alto afianzamiento que los afectan, puedes comenzar a crear los resultados correctos.

MOVIMIENTO: INVOLUCRAR AL CUERPO

El movimiento no es nada nuevo para la cultura humana, pero la comprensión científica del papel del movimiento para permitirnos vivir vidas largas y saludables se ha acelerado en la década más reciente.

En el *bestseller* del *New York Times* titulado *Sin límites* (*Outlive*) Peter Attia se enfoca en los asombrosos beneficios del movimiento. «Los datos no son ambiguos: el ejercicio no sólo retrasa la muerte real, sino que también previene el deterioro cognitivo y físico mejor que cualquier otra intervención. Es la herramienta más potente que tenemos en el kit para mejorar la longevidad en salud, y eso incluye la nutrición, el sueño y los medicamentos.»

En un artículo de 2012 publicado en la *Journal of Aging Research*, los investigadores encontraron que la mortalidad por todas las causas se redujo en un sorprendente 30 a 35 por ciento en las personas físicamente activas en comparación con las inactivas.[8] En un estudio más reciente en *Circulation*, la publicación de la American Heart Association, los investigadores analizaron treinta años de registros médicos y datos de mortalidad de más de 116.000 adultos. Descubrieron que las personas que seguían las pautas mínimas de actividad física (actividad de intensidad moderada durante 150 a 300 minutos por semana o actividad de intensidad vigorosa durante 75 a 150 minutos por semana) redujeron su riesgo de muerte prematura hasta en un 21 por ciento; aquellos que hicieron ejercicio de dos a cuatro veces redujeron su riesgo hasta en un 31 por ciento.[9]

En otras palabras, un poco de ejercicio tiene un gran impacto y mucho ejercicio tiene un impacto *aún mayor*.

Dentro del pilar del movimiento, hay tres subcategorías principales de entrenamiento que debes comprender (cada una con su propio conjunto de beneficios para tu salud, rendimiento y apariencia en general):

ENTRENAMIENTO CARDIOVASCULAR

El término *cardiovascular* significa cualquier cosa relacionada con el corazón o los vasos sanguíneos. El entrenamiento cardiovascular fortalece estos sistemas a través del movimiento.

Los dos tipos de entrenamiento cardiovascular que debes comprender son los siguientes:

- **AERÓBICO**: baja intensidad; depende del oxígeno que respiras para mantener la actividad.
- **ANAERÓBICO**: alta intensidad; depende de la descomposición de los azúcares para mantener la actividad.

En términos sencillos, durante el entrenamiento cardiovascular aeróbico, respiras con más dificultad para absorber más oxígeno y tu corazón bombea más rápido para que pueda administrar sangre rica en oxígeno a los músculos de manera eficiente. El entrenamiento cardiovascular aeróbico regular fortalece todo este proceso, lo que significa que tu corazón y pulmones se vuelven más efectivos para hacer su trabajo. Las formas comunes de entrenamiento aeróbico incluyen senderismo, ciclismo, caminatas rápidas, trotar, nadar y remar. El entrenamiento cardiovascular aeróbico es un excelente punto de entrada para aquellos que son nuevos en el movimiento, ya que se puede completar de manera efectiva a un ritmo conversacional (un ritmo en el que puedes mantener una conversación, a veces denominado *entrenamiento de la zona 2*). Esto significa que puedes estar acompañado y evitar la incomodidad intensa que puede resultar de los ejercicios de mayor intensidad si apenas estás comenzando.

Durante el entrenamiento cardiovascular anaeróbico de mayor intensidad, tus pulmones no pueden proporcionar suficiente oxígeno para satisfacer las demandas de tu cuerpo, por lo que el cuerpo descompone los azúcares almacenados para obtener energía. El entrenamiento anaeróbico a veces se conoce como *entrenamiento en la zona 5* y en general implica ráfagas cortas de actividad intensa (andar en bicicleta, remar, correr, levantar objetos, entre otros) con periodos de recuperación prolongados en el medio. El entrenamiento anaeróbico es significativamente más incómodo y debe considerarse sólo después de lograr consistencia en las actividades aeróbicas básicas.

Fuerza

El entrenamiento de fuerza es el uso de resistencia (por ejemplo, pesas y bandas) para desarrollar músculo, potencia y fuerza en general. El desarrollo y preservación de los músculos, la potencia y la fuerza es fundamental para una vida saludable y placentera. Según Andy Galpin, profesor de kinesiología en la Universidad Estatal de California, Fullerton, y experto en la ciencia del rendimiento: «El ejercicio de resistencia y el entrenamiento de fuerza son la forma número uno de combatir el envejecimiento neuromuscular».

El entrenamiento de fuerza se puede realizar en una variedad de formas según el acceso y el nivel de habilidad, entre ellos ejercicios de peso corporal (lagartijas, dominadas, sentadillas), pesas libres (mancuernas, pesas rusas), movimientos compuestos con barra (sentadillas, levantamiento de peso muerto, *press* de banca, *press* de hombros) y máquinas (equipo que mantiene al usuario en un rango de movimiento guiado para trabajar músculos específicos).

Para la mayoría de los principiantes, enfocarse en la técnica adecuada con ejercicios básicos de peso corporal, máquinas y pesas libres proporcionará una base sólida. A medida que avances en tu fuerza y capacidad de entrenamiento, puedes progresar a movimientos más avanzados y agregar peso para aumentar la intensidad.

ESTABILIDAD Y FLEXIBILIDAD

La estabilidad es la base del movimiento adecuado, ya que permite que el cuerpo se mueva y aplique fuerza de manera eficiente y efectiva. De acuerdo con el doctor Attia: «[la estabilidad] es la piedra angular sobre la cual se basa tu fuerza, tu rendimiento aeróbico y tu rendimiento anaeróbico. Y es la forma en que lo haces de manera segura».

El entrenamiento de flexibilidad emplea estiramientos estáticos y dinámicos para mejorar el rango de movimiento en los músculos y las articulaciones de tu cuerpo. Estudios recientes han demostrado que el estiramiento estático proporciona una variedad de beneficios para la salud, que incluyen un mejor equilibrio, postura y rendimiento físico y una reducción del dolor y la inflamación.[10]

Puedes desarrollar estabilidad y flexibilidad a través de rutinas dedicadas al estiramiento y movimiento y actividades dinámicas como yoga y pilates.

Los tres niveles de movimiento

Los tres niveles del pilar del movimiento son los siguientes:

- Nivel 1: mueve tu cuerpo durante al menos treinta minutos al día.
- Nivel 2: mueve tu cuerpo durante al menos treinta minutos al día; participa en dos o tres sesiones específicas de entrenamiento cardiovascular por semana y de una a dos sesiones de entrenamiento de resistencia por semana.
- Nivel 3: mueve tu cuerpo durante al menos treinta minutos por día; participa en tres o más sesiones de entrenamiento cardiovascular por semana (para un total de al menos 120 minutos de entrenamiento aeróbico y 20 minutos de entrenamiento anaeróbico) y al menos tres sesiones de entrenamiento de resistencia por semana que incorporen entrenamiento de estabilidad y flexibilidad.

El desarrollo de una rutina de movimiento reflexiva que cubra las tres subcategorías principales es un objetivo hacia el cual trabajar. La guía al final de esta sección proporciona una rutina de ejemplo (con enlaces a videos y tutoriales adicionales disponibles en el sitio web). Dicha rutina te permitirá involucrar las tres subcategorías principales de entrenamiento de movimiento para lograr tus objetivos a corto plazo en cuanto a rendimiento y apariencia, y avanzar hacia tus objetivos a largo plazo en torno a la salud y la longevidad. Construir una rutina de movimiento hoy te permitirá vivir un mejor presente y prepararte para un futuro mejor.

Cada día que te demoras es una oportunidad perdida que nunca recuperarás. El presente y el futuro que imaginas están a tu alcance, pero sólo si actúas ahora.

NUTRICIÓN: ALIMENTA EL CUERPO

Durante décadas, la nutrición ha sido un enfoque del léxico general sobre el rendimiento físico y la apariencia, pero por muchas de las razones equivocadas. Las dietas de moda con principios extremos impulsados por expertos en *marketing* han dominado la comprensión cultural de la nutrición a lo largo de los años, pero, al contrario de lo que estos expertos en *marketing* podrían decirte, la nutrición adecuada es bastante simple. No necesitas regímenes extremos o complejos para construir este pilar en tu vida.

Hay cuatro principios básicos que proporcionan una base sólida de nutrición:

INGESTA CALÓRICA TOTAL

Esta es la cantidad total de calorías que consumes en un día. Tu ingesta calórica general determina los resultados iniciales de tu peso corporal y desarrollo muscular. Un excedente de calorías (consumir más de lo que usas) lleva al aumento de peso; un déficit (consumir menos de lo que usas) lleva a la pérdida de peso; un equilibrio (consumir exactamente lo que usas) lleva a la estabilidad del peso.

MACRONUTRIENTES

Los macronutrientes (a menudo denominados macros) son los principales nutrientes que tu cuerpo necesita para funcionar.

Los tres macronutrientes son los siguientes:

- PROTEÍNAS: los componentes básicos necesarios para el crecimiento muscular, la reparación de tejidos y más.
- CARBOHIDRATOS: una fuente primaria de energía para nuestro cuerpo.
- GRASAS: una fuente de energía que apoya el crecimiento celular, la salud de los órganos y más.

A continuación menciono las dos reglas básicas que todo el mundo debería seguir con respecto a los macros:

1. **Prioriza la proteína**: la proteína es esencial para todas las funciones corporales, pero muchos la ingieren en cantidades insuficientes. Consume una fuente sólida de proteínas en cada comida.
2. **Enfócate en la limpieza de la fuente**: en lugar de adoptar una visión dogmática sobre el equilibrio específico de los diferentes macronutrientes, concéntrate en la *limpieza de las fuentes* de los macronutrientes. Esto significa obtener los macronutrientes primordialmente de fuentes enteras y sin procesar (alimentos en su estado natural que no han sido modificados ni se les han agregado ingredientes sintéticos). Una buena regla general es comer alimentos que tengan un número mínimo de ingredientes, ya que, en general, más ingredientes indican un procesamiento sintético.

Micronutrientes

Los micronutrientes son las vitaminas y los minerales que son esenciales para el funcionamiento saludable del cuerpo, la prevención de enfermedades y el bienestar general, pero que se necesitan en cantidades mucho menores que los macronutrientes. Esto incluye hierro, vitamina A, vitamina D, yodo, ácido fólico y zinc, entre otros. Los micronutrientes no se pueden crear en el cuerpo, por lo que deben consumirse a través de la dieta o suplementos.

Hidratación

Todos necesitamos agua para sobrevivir; sin embargo, muchos de nosotros estamos deshidratados de forma crónica. La Academia Nacional de Medicina recomienda una línea de base de trece tazas (alrededor de tres litros) de líquido por día para los hombres y nueve tazas (alrededor de dos litros) de líquido por día para las mujeres. Estas cifras aumentarán según tu nivel de actividad y deben considerarse como un objetivo mínimo para la hidratación.

LOS TRES NIVELES DE NUTRICIÓN

Los tres niveles del pilar de la nutrición son los siguientes:

- NIVEL 1: come alimentos enteros y sin procesar el 80 por ciento del tiempo. Nota: Como punto de referencia, suponiendo que comes tres comidas al día, esto significa que aproximadamente diecisiete de tus veintiuna comidas cada semana están compuestas por alimentos enteros y no procesados.
- NIVEL 2: come alimentos enteros y sin procesar el 90 por ciento del tiempo. Prioriza la ingesta diaria de proteína (alrededor de 1,76 gramos de proteína por kilogramo de peso corporal) y el consumo general de macronutrientes y asegúrate de obtener las cantidades recomendadas de líquido.
- NIVEL 3: come alimentos enteros y sin procesar el 95 por ciento del tiempo. Prioriza la ingesta diaria de proteína (alrededor de 1,76 gramos de proteína por kilogramo de peso corporal) y el consumo general de macronutrientes. Suplementa según sea necesario con micronutrientes clave para un perfil nutricional equilibrado. Toma las cantidades recomendadas de líquido.

La nutrición es un factor de estilo de vida controlable con una larga lista de beneficios positivos. Como dice el viejo refrán, eres lo que comes.

RECUPERACIÓN: RECARGA EL CUERPO

El sueño es la droga milagrosa de la naturaleza; sin embargo, sigue siendo muy subestimado y poco aprovechado.

En los Estados Unidos, alrededor del 33 por ciento de los adultos y el 75 por ciento de los estudiantes de secundaria duermen de forma insuficiente de manera regular.[11] Según la Encuesta Global de Sueño de Philips de 2019, que preguntó a once mil participantes de doce países sobre sus hábitos de sueño, el 62 por ciento de los adultos no duermen bien; promediaron 6,8 horas durante los días laborales, muy por debajo de las ocho horas recomendadas.[12] El 80 por ciento de los participantes dijo que quería mejorar la calidad de su sueño.

El sueño apenas se mencionaba en el léxico general del rendimiento físico hasta 2017, cuando Matthew Walker, neurocientífico de la Universidad de California, Berkeley, publicó *Por qué dormimos*, que con rapidez se convirtió en un éxito de ventas y cambió la forma de pensar acerca del sueño de millones de personas con la mentalidad de «dormiré cuando esté muerto». Según la investigación del doctor Walker, la falta de sueño tiene una variedad de efectos negativos en el cerebro, incluida la disminución de la atención, el enfoque, la concentración y el control emocional, y se ha relacionado con una larga lista de enfermedades, incluido el alzhéimer, las enfermedades cardiacas, la diabetes y ciertos cánceres.

Más allá de sólo mitigar estos efectos negativos, dormir lo suficiente mejora la función cerebral y corporal. Hay varios procesos fisiológicos críticos que ocurren mientras duermes, que incluyen:

- Procesamiento de la memoria e integración, consolidación y conexión de nueva información y aprendizajes.
- «Limpieza» cerebral que implica la eliminación de toxinas que se acumulan durante el día.
- Un cambio en el sistema nervioso parasimpático (descanso y recuperación), que promueve procesos físicamente restaurativos.
- Restauración emocional y reequilibrio del estado de ánimo.

Andrew Huberman, neurocientífico de la Universidad de Stanford y presentador del popular pódcast *Huberman Lab*, resumió la importancia fundamental del sueño en un episodio de 2023 de *The Tim Ferriss Show*: «En ausencia de un sueño de calidad durante dos o tres días, simplemente te desmoronas. En presencia de sueño de calidad suficiente durante dos o tres días, vas a funcionar a un nivel increíble. Hay una ganancia de función y una pérdida de función allí. No es sólo que si duermes mal, funcionas peor. Si duermes mejor, funcionas mucho mejor».[13]

Estas son las estrategias básicas que los científicos recomiendan para un rendimiento del sueño de alta calidad:

- CANTIDAD: de siete a ocho horas por noche, con un horario constante para dormir y despertarte.
- ENTORNO: el entorno para dormir debe ser oscuro, silencioso y fresco.
- RUTINA: relajarte con una rutina tranquila por la noche fomenta la liberación de señales químicas que indican que es hora de dormir. Se ha demostrado que ver la luz del sol por la mañana durante sólo cinco a diez minutos en un día despejado o de quince a veinte minutos en un día nublado, así como la luz del sol de la tarde a baja altura, regula la liberación de cortisol y el ritmo circadiano (nuestro reloj biológico interno natural).

Si bien el sueño es tu herramienta principal y secundaria para la recuperación, existe una variedad de otros métodos de recuperación, tanto antiguos como nuevos, que pueden usarse para mejorar aún más la capacidad de tu cuerpo para recargarse una vez que se satisfagan tus necesidades básicas de sueño. Estos métodos incluyen, entre otros, terapia de frío y calor, terapia de masaje y protocolos de meditación y respiración. Estos métodos de recuperación adicionales deben ser considerados, experimentados y priorizados sólo *después* de que los bloques básicos de la recuperación (¡duerme!) se ejecuten con una consistencia del 90 por ciento.

Los tres niveles de recuperación

Los tres niveles básicos del pilar del sueño y la recuperación son los siguientes:

- Nivel 1: de siete a ocho horas de sueño.
- Nivel 2: de siete a ocho horas de sueño en un ambiente optimizado para dormir (una habitación oscura, fresca y silenciosa).
- Nivel 3: de siete a ocho horas de sueño en un entorno de sueño optimizado; una ventana de tiempo de sueño fija con exposición a la luz solar por la mañana y por la tarde para regular el ritmo circadiano y mejorar la calidad del sueño; métodos de recuperación adicionales.

Un enfoque reflexivo para dormir, descansar y recuperarse es esencial para tu rendimiento, apariencia y longevidad. La mentalidad de «dormiré cuando esté muerto» está rota e, irónicamente, es una excelente manera de morir mucho antes. Prioriza tu recuperación y comenzarás a funcionar y prosperar por completo en un nivel diferente.

Eres el jugador 1 en tu videojuego de riqueza física. Comienza en el nivel 1: mueve tu cuerpo durante al menos treinta minutos al día, come alimentos enteros y sin procesar el 80 por ciento del tiempo y duerme de siete a ocho horas por noche, una línea de base a la que todos deberían aspirar para vivir una vida saludable en el presente y prepararse para la salud en el futuro. A partir de ahí, define tus metas y ve ascendiendo a través de los niveles según lo consideres adecuado. Estas inversiones pagan dividendos por el resto de tu vida.

Habiendo establecido una comprensión de los tres pilares, podemos pasar a la Guía de la riqueza física, que proporciona las herramientas y sistemas específicos para desarrollar estos pilares y cultivar una vida de riqueza física.

25.

La guía de la riqueza física

Sistemas para el éxito

A continuación, la Guía de la riqueza física proporciona sistemas específicos de alto afianzamiento para construir cada uno de los pilares de una vida de riqueza física. Esto no es un enfoque igual para todos y no deberías sentirte en la obligación de leerlos todos; selecciona los que te parezcan más apropiados y útiles.

A medida que consideres y ejecutes los sistemas para el éxito proporcionados en la Guía de la riqueza física, usa tus respuestas a cada afirmación del test para dirigir tu enfoque a las áreas donde necesitas tener el mayor avance (aquellas en las que respondiste *totalmente en desacuerdo*, *en desacuerdo*, o *neutral*).

1. Me siento fuerte, saludable y vital para mi edad.
2. Muevo mi cuerpo con regularidad a través de una rutina estructurada y tengo un estilo de vida activo.
3. Como principalmente alimentos enteros, sin procesar.
4. Duermo siete o más horas por noche de forma habitual y me siento descansado y recuperado.
5. Tengo un plan claro para permitirme prosperar en lo físico en mis últimos años.

Algunas antimetas usuales de la riqueza física que debes evitar en tu travesía son:

- Permitir que mi fuerza y condición física se deterioren a medida que persigo metas financieras.
- No mover mi cuerpo a diario debido a otras exigencias de la vida.
- Estar privado de forma crónica de sueño y no recuperado lo suficiente.

A continuación presento ocho sistemas probados para generar riqueza física:

El reto de los treinta días de la riqueza física

PILARES: MOVIMIENTO, NUTRICIÓN Y RECUPERACIÓN

Para construir una vida de abundante riqueza física, necesitas crear prácticas diarias que apoyen ese fin. Los niveles dentro de cada pilar central de riqueza física proporcionan una estructura simple sobre la cual puedes construir y avanzar en una rutina que funcione para ti.

El reto de treinta días de riqueza física es una manera de iniciar tu travesía a través de prácticas diarias disciplinadas durante un mes. Cómo funciona el reto:

- Elige un nivel de reto entre las tres opciones a seguir. El bronce es un buen lugar para comenzar si eres nuevo en estas prácticas, mientras que el oro es más apropiado si te consideras avanzado.
- Usa una hoja de cálculo o plantilla simple para realizar un seguimiento de tu ejecución diaria. Puedes encontrar una plantilla de seguimiento en the5typesofwealth.com/tracker.
- Crea responsabilidad al encontrar un compañero (o compañeros) para que se unan al reto contigo. Crea un mensaje grupal o un sistema para comunicar tu desempeño en el reto diario. Por ejemplo, el mensaje «¡Listo!» al completar cada elemento de la lista.
- Una vez que hayas completado un nivel del reto, puedes considerar pasar al siguiente nivel el mes siguiente.

Los tres niveles del reto son los siguientes:

EL RETO DE BRONCE

- Mueve tu cuerpo durante treinta minutos al día.

- Come alimentos enteros y sin procesar en el 80 por ciento de tus comidas.
- Duerme siete horas todas las noches.

El reto de plata

- Ejecuta una rutina matutina cada día de la semana.
- Mueve tu cuerpo durante cuarenta y cinco minutos al día.
- Come alimentos enteros y sin procesar en el 90 por ciento de tus comidas.
- Aumenta el consumo de proteínas (0,36 gramos de proteína por kilogramo de peso corporal es un buen punto de referencia).
- Duerme de siete a ocho horas todas las noches, con horarios fijos para dormir y despertarte los días de entre semana.

El reto de oro

- Bebe 0,472 litros de agua cuando te despiertes.
- Ejecuta una rutina matutina cada día de la semana.
- Mueve tu cuerpo durante sesenta minutos al día, incluidas al menos tres sesiones de fuerza por semana.
- Come alimentos enteros y sin procesar en el 95 por ciento de tus comidas.
- Establece y alcanza los objetivos completos de consumo de macronutrientes (proteínas, carbohidratos, grasas).
- Duerme ocho horas todas las noches, con horarios fijos para dormir y despertarte los días entre semana.
- Completa un método de recuperación adicional por día (por ejemplo, protocolos de respiración, meditación, terapia de frío o calor).

Cómo ganar el día: una rutina matutina respaldada por la ciencia

PILARES: MOVIMIENTO Y NUTRICIÓN

> Cuando te levantes por la mañana, piensa en el precioso privilegio que es estar vivo: respirar, pensar, disfrutar, amar.
>
> —MARCO AURELIO

La primera hora de la mañana establece el tono para todo el día por delante. El movimiento y la nutrición consciente durante esa ventana te harán sentirte más energizado, enfocado y productivo, y te proporcionarán una sensación de estructura y estabilidad en un mundo de por sí impredecible.

Aquí compartiré los cinco principios de una rutina matutina efectiva, te mostraré cómo los incorporo a mis mañanas y te proporcionaré una plantilla que puedes usar para crear la tuya propia:

PRINCIPIO 1 DE LA RUTINA MATUTINA: DESPIERTA

Mantener una hora de despertar constante cada día ha sido científicamente comprobado que proporciona beneficios reales para la salud; regula el ritmo circadiano del cuerpo, mejora la función cognitiva y aumenta los niveles de energía, el estado de ánimo y la salud en general.

CÓMO LO APLICO: despertarte temprano es la forma más fácil de mejorar tus probabilidades de éxito. No tienes que levantarte temprano para tener éxito, pero rara vez encuentras a una persona madrugadora que no esté ganando. Para mí, esto significa las 4:30 de lunes a viernes y alrededor de las 5:00 los fines de semana (¡o antes si mi hijo decide gatear sobre mí en la cama!). Nota: trato de ir a dormir alrededor de las 8:30 entre semana para dormir de siete a ocho horas.

Plan de implementación: establece una hora fija para despertarte de lunes a viernes y una hora fija para despertarte el fin de semana (lo ideal es dentro de los treinta a sesenta minutos posteriores a la hora de despertarte de lunes a viernes, para no afectar de forma negativa a tus ciclos naturales de sueño). Si necesitas un impulso extra, coloca tu teléfono en el baño (o, al menos, a tres metros de tu cama) para obligarte a levantarte de la cama para apagar la alarma.

Principio 2 de la rutina matutina: hidrátate

La mayoría de nosotros estamos deshidratados crónicamente. Esto afecta a todas las áreas de la salud. La hidratación matutina pone en marcha tu metabolismo, mejora la memoria y aumenta la energía. Además, hidratarse por la mañana puede llevar a una mejor digestión y a tener una piel más saludable, al eliminar las toxinas del día o de la larga noche anterior.

Cómo lo aplico: me hidrato por la mañana con un cóctel de 0,473 litros de agua, verduras en polvo y electrolitos.

Plan de implementación: asegúrate de beber 0,473 litros de agua al levantarte. Si deseas darle un impulso al agua, considera agregar limón, electrolitos o verduras en polvo para potenciar los efectos.

Principio 3 de la rutina matutina: muévete

Mover tu cuerpo a diario debería ser innegociable. Fuimos hechos para movernos. La actividad diaria (de treinta a sesenta minutos) es esencial para la salud, la función cerebral y la felicidad. Cuando estás comenzando, sólo muévete de la manera que disfrutes: camina, baila, haz senderismo, corre, levanta pesas, cualquier cosa que te guste. Lo simple es mejor que lo complejo.

Cómo lo aplico: yo uso mi rutina 5-5-5-30: cinco lagartijas (o flexiones), cinco sentadillas, cinco desplantes (o zancadas) y una plancha de treinta segundos. Puedes hacer esto mientras te preparas el café o inmediatamente después de despertarte. Te dará un impulso instantáneo de energía y hará que tu sangre fluya.

PLAN DE IMPLEMENTACIÓN: elige algunos movimientos simples para comenzar tu día. Pueden ser ejercicios de fuerza (como el mío), ejercicios de movilidad o estiramientos y pueden ser fáciles. El objetivo es hacer que tu cuerpo se mueva y que la sangre fluya.

PRINCIPIO DE LA RUTINA MATUTINA 4: SAL FUERA

La exposición a la luz natural por la mañana aumenta tu concentración, mejora tu estado de ánimo a través del aumento de la producción de serotonina y sirve como una fuente natural de vitamina D. Al pasar tiempo en la naturaleza y lejos de las pantallas, experimentarás una reducción del estrés y una mejora de la claridad mental general.

CÓMO LO APLICO: mi caminata de treinta minutos con mi hijo es una parte innegociable de mi rutina matutina. Siempre me hace sentir saludable, feliz y creativo.

PLAN DE IMPLEMENTACIÓN: sal y camina para comenzar el día. Sólo necesitas quince minutos. Deja tu teléfono en silencio (o déjalo en casa). Permítete pensar con libertad y respirar.

PRINCIPIO DE LA RUTINA MATUTINA 5: ENFÓCATE

La mayoría de las personas no están programadas para trabajar de nueve a cinco. La cultura laboral moderna es un vestigio de una época anterior: largos periodos de las mismas tareas monótonas constantes. Si tu objetivo es crear, debes trabajar como un león. Corre con energía cuando estés inspirado. Descansa. Repite.

CÓMO LO APLICO: siempre empiezo el día con dos horas de trabajo enfocado en las tareas más importantes.

PLAN DE IMPLEMENTACIÓN: establece tus tareas más importantes para el día siguiente, la noche anterior. Repásalas durante un bloque de trabajo enfocado para comenzar tu mañana.

En resumen, los cinco principios básicos respaldados por la ciencia de una gran rutina matutina son los siguientes:

1. Despierta: establece un horario fijo de vigilia para los días laborables y los fines de semana.
2. Hidrátate: bebe 0,473 litros de agua (con los potenciadores que desees).
3. Muévete: elige algunos movimientos simples de fuerza, movilidad o flexibilidad para que tu cuerpo se mueva y la sangre fluya.
4. Sal fuera: quince minutos de movimiento al aire libre marcan el tono del día.
5. Enfócate: establece un bloque de tiempo para trabajar en las tareas más importantes del día.

Si incorporas tu propia versión de estos cinco principios básicos, estarás en camino de construir tu rutina matutina perfecta.

El plan de movimiento: un plan de entrenamiento de nivel 3 que funciona

PILAR: MOVIMIENTO

Una colaboración con Ben Bruno, un entrenador personal y entrenador de fuerza que trabaja con atletas profesionales, celebridades de la lista A, emprendedores de alto poder y otros.

La siguiente es una plantilla de una semana de entrenamiento que puedes usar y adaptar una vez que hayas alcanzado el nivel 3 en tu travesía de movimiento. Los niveles 1 y 2 se centran en el movimiento diario y en desarrollar el hábito; el nivel 3 es una combinación más avanzada de las subcategorías principales de entrenamiento (cardiovascular, fuerza, estabilidad y flexibilidad) necesarias para tu salud, rendimiento y apariencia en general.

Cada semana en el nivel 3 debe consistir en tres entrenamientos de fuerza de cuerpo completo, dos entrenamientos cardiovasculares aeróbicos de baja intensidad y un entrenamiento cardiovascular anaeróbico de alta intensidad. Los días exactos para cada entrenamiento dependen de ti, así que no sientas presión por seguir una rutina rígida si tienes un horario ocupado o irregular. Lo ideal es que te des un día de recuperación entre cada entrenamiento de fuerza de cuerpo completo.

La composición de una semana de entrenamiento es la siguiente:

- Día 1: fuerza de cuerpo completo más cardio aeróbico opcional.
- Día 2: cardio aeróbico (sesenta minutos).
- Día 3: fuerza de cuerpo completo más cardio aeróbico opcional.
- Día 4: cardio aeróbico (sesenta minutos).
- Día 5: fuerza de cuerpo completo más cardio aeróbico opcional.

- Día 6: cardio anaeróbico (veinte minutos).
- Día 7: recuperación ligera y descanso.

Entrenamiento de fuerza de cuerpo completo

Tus sesiones de fuerza de cuerpo completo incorporarán una rutina de calentamiento, estiramientos estáticos y trabajo dinámico de estabilidad y movilidad. Si bien la rutina de fuerza específica que sigue es tu elección, puedes encontrar una rutina recomendada de cuerpo completo en the5typesofwealth.com/movementplan, que incluye tutoriales en video para cada movimiento.

Cardioaeróbico

Tus sesiones aeróbicas de cardio son entrenamientos más largos y de baja intensidad. Para la persona promedio, la forma más efectiva y repetible de entrenamiento cardiovascular aeróbico es de baja intensidad, a veces denominado entrenamiento de zona 2. Científicamente, la zona 2 es el nivel de esfuerzo en el que el cuerpo usa oxígeno para convertir la grasa en combustible. Aunque la frecuencia cardiaca en la zona 2 varía de persona a persona, se puede estimar que la zona 2 es el nivel en el que tu frecuencia cardiaca está elevada, pero aún eres capaz de mantener una conversación y respirar por la nariz (alrededor del 60 al 70 por ciento de tu frecuencia cardiaca máxima). De forma alternativa, puedes estimar esa frecuencia cardiaca al restar tu edad de 220 (lo que establece tu frecuencia cardiaca máxima) y multiplicando ese número por el 60 al 70 por ciento (lo que te dará tu frecuencia cardiaca en la zona 2).

Selecciona un formato (senderismo, ciclismo, caminata rápida, trote, natación, remo, etcétera) y realiza un calentamiento adecuado para preparar el cuerpo. Elige un nivel de intensidad en el que tengas una frecuencia cardiaca elevada, pero que aún puedas mantener una conversación.

Cardio anaeróbico

Tu sesión de cardio anaeróbico es un entrenamiento enfocado y de alta intensidad. El entrenamiento anaeróbico es de alta intensidad (a veces denominado zona 5) e implica breves ráfagas de actividad intensa (andar en bicicleta, remar, correr, levantar pesas, etcétera) con periodos de recuperación prolongados intermedios.

Este tipo de entrenamiento es importante para aumentar el VO2 máximo, es decir, la cantidad máxima de oxígeno que el cuerpo puede usar durante un periodo de ejercicio intenso. El VO2 máximo es, sin lugar a dudas, el indicador más útil de la aptitud cardiorrespiratoria general y tiene un impacto impresionante en la salud y la longevidad. De hecho, un estudio de 2018 descubrió que un aumento modesto en el VO2 máximo, pasando del percentil 25 inferior al percentil 25-50, estuvo asociado con una reducción del 50 por ciento en la mortalidad por todas las causas, y un aumento del percentil 25 inferior al percentil 50–75 estuvo asociado con una dramática reducción del 70 por ciento en la mortalidad por todas las causas.[14]

Elige un formato (bicicleta, remo, carrera, escaleras, etcétera) y realiza un calentamiento adecuado para preparar el cuerpo. Alterna entre rondas de esfuerzo total y periodos de descanso durante al menos veinte minutos. Por ejemplo, un minuto de esfuerzo intenso seguido de dos o tres minutos de movimiento lento o descanso es una buena línea de base. Tu frecuencia cardiaca debería aumentar durante los episodios de esfuerzo y reducirse a una línea de base baja durante los periodos de recuperación.

Recuperación ligera

El día de recuperación es una parte esencial de la rutina semanal. Los movimientos ligeros, como caminar, caminatas fáciles u otras actividades al aire libre con frecuencia cardiaca baja, son excelentes para tu día de recuperación, siempre y cuando no ejerzan presión sobre el cuerpo. El día de recuperación es un buen momento para participar en tus protocolos de recuperación favoritos, como terapia de frío o calor, masajes y el uso del rodillo de espuma. Asegúrate de priorizar el sueño de alta calidad.

Para obtener más información y recursos relacionados con el plan de capacitación, visita the5typesofwealth.com/movementplan.

Nota: consulta con un médico antes de realizar cualquier cambio significativo en tu rutina actual. Si bien el programa está respaldado por la ciencia y muchos años de experiencia en capacitación, es generalizado, y las personas deben revisar su salud y circunstancias con un profesional antes de emprender un riguroso programa de acondicionamiento físico.

La dieta del sentido común: principios y alimentos

PILAR: NUTRICIÓN

Una colaboración con Ben Bruno, un entrenador personal y entrenador de fuerza que trabaja con atletas profesionales, celebridades de la lista A, emprendedores de alto poder y otros.

La dieta de sentido común es un conjunto de ocho principios simples que proporcionan una estructura general para una nutrición de alta calidad que impulsará tu rendimiento, mejorará tu apariencia y optimizará tu salud y longevidad a largo plazo.

LOS PRINCIPIOS DE LA DIETA DEL SENTIDO COMÚN

1. Come bien la mayor parte del tiempo (alrededor del 80 al 90 por ciento). Guarda los excesos de comida chatarra para lo que realmente amas. Prioriza los alimentos enteros, sin procesar y de un solo ingrediente.
2. Deja de comer antes de estar satisfecho (comer hasta un 80 por ciento de saciedad es una buena regla general).
3. Asegúrate de obtener suficiente proteína para tus metas corporales. Una buena línea de base es 1,76 gramos de proteína por kilogramo de peso corporal para alguien que es físicamente activo.
4. Evite los alimentos que te hagan sentir y rendir mal. Todos somos diferentes en este sentido, así que averigua qué te funciona y qué no te funciona.
5. Bebe mucha agua y líquidos, pero limita el alcohol.
6. Come vegetales enteros, frutas o ambos en cada comida, cuantos más, mejor.
7. Encuentra una frecuencia de comidas que funcione para tu vida. No te dejes llevar por los dogmas de que hay una única manera correcta de hacerlo.

8. No te tomes tu dieta tan en serio como para perderte las experiencias de la vida.

Fuentes de alimentos de calidad a considerar

Para ayudarte en la travesía, a continuación hay una lista de alimentos de alta calidad y ricos en nutrientes clasificados por macronutrientes. Ten en cuenta que esta lista no pretende ser exhaustiva, sino proporcionar una lista de compras inicial para mejorar la nutrición.

FUENTES DE PROTEÍNA:

- Carne, incluida la carne de res, pollo y cordero.
- Pescado.
- Huevos.
- Yogurt griego.
- Queso cottage.
- Tofu.
- Proteína en polvo (de fuentes de alta calidad con ingredientes añadidos mínimos).

FUENTES DE CARBOHIDRATOS:

- Granos, incluidos arroz, avena, quinoa, cebada y farro.
- Patatas y boniatos.
- Frutas y verduras enteras.
- Alubias, lentejas y guisantes.
- Miel cruda.

FUENTES DE GRASA:

- Nueces y mantequillas de nueces.
- Mantequilla o *ghee* de animales alimentados con pasto.
- Aceite de oliva virgen extra.
- Aceite de aguacate.
- Aceite de coco.
- Semillas de chía, linaza, cáñamo.

Información nutricional adicional

Macronutrientes

Las proteínas y los carbohidratos contienen cuatro calorías por gramo cada uno; las grasas contienen nueve calorías por gramo. Para calcular tu ingesta calórica total, multiplica los gramos de cada macronutriente que consumas durante el día por el número correspondiente y súmalos. Por ejemplo, si yo consumo 200 gramos de proteína, 300 gramos de carbohidratos y 100 gramos de grasa, eso equivale a 2.900 calorías (200 gramos de proteína a cuatro calorías por gramo, más 300 gramos de carbohidratos a cuatro calorías por gramo, más 100 gramos de grasa a nueve calorías por gramo).

Varias escuelas dietéticas debaten las proporciones ideales relativas de cada macronutriente, pero una base de proteínas (alrededor de 0,36 y 0,45 gramos de proteína por kilogramo de peso corporal para alguien dedicado al entrenamiento de fuerza) es un buen punto de partida. La proteína es altamente saciante, lo que significa que es menos probable que comas en exceso en otras áreas, lo que facilitará el logro de tus objetivos. La combinación de carbohidratos y grasas se puede adaptar a la condición física individual o a los objetivos estéticos, pero la mayoría de las personas se beneficiarán al distribuir las calorías restantes en carbohidratos y grasas.

Puedes utilizar las calculadoras gratuitas en línea en calculator.net/calorie-calculator.html para determinar un nivel de referencia de ingesta calórica para tus objetivos físicos generales. Puedes encontrar una calculadora gratuita de macronutrientes en calculator.net/macro-calculator.html para determinar un perfil de macronutrientes de referencia en varios modelos (recomendaría comenzar con el modelo equilibrado para la mayoría de las personas).

Micronutrientes

Hay seis micronutrientes esenciales según los Centros para el Control y la Prevención de Enfermedades de EE.UU.: hierro, vitamina A, vitamina D, yodo, ácido fólico y zinc. Las personas activas pueden necesitar otros micronutrientes, como vitamina E, vitamina B_{12}, magnesio, potasio y calcio.

La mayoría de estos micronutrientes se encuentran en alimentos enteros sin procesar, pero algunos (como la vitamina D) son más difíciles de obtener en cantidades suficientes sólo de alimentos y pueden requerir suplementos.

Existe una variedad de aplicaciones de seguimiento de comidas que estimarán el perfil de micronutrientes de tu dieta. Si te preocupa tu ingesta de micronutrientes, considera pedirle a tu médico que te haga un análisis de sangre, o pedirlo tú mismo a través de un servicio (hay muchas opciones, dependiendo de tu ubicación geográfica y sensibilidad al precio).

La nutrición de calidad previene contra los resultados negativos y promueve los resultados positivos. Seguir los ocho principios de la dieta del sentido común y priorizar los alimentos de la lista en las principales categorías de macronutrientes te permitirá lograr una base nutricional muy sólida a medida que trabajas hacia tus objetivos de riqueza física.

Cómo convertirte en un durmiente profesional: nueve reglas para dormir

PILAR: RECUPERACIÓN

El sueño es la herramienta más efectiva en tu arsenal para lograr una salud, rendimiento y recuperación óptimos.

Para convertirte en un durmiente profesional, sigue estas reglas básicas respaldadas por la ciencia:

1. MANTÉN UN HORARIO REGULAR: la regularidad del sueño es importante. Establece una hora fija para acostarte a la que te apegues e intenta despertarte aproximadamente a la misma hora todas las mañanas (incluso los fines de semana).
2. MIRA LA LUZ DEL SOL POR LA MAÑANA: dedica al menos de diez a quince minutos a ver la luz del sol todas las mañanas (lo ideal es en una caminata). Ten en cuenta que incluso en una mañana nublada hay luz solar, pero es posible que debas aumentar el tiempo de exposición para obtener el mismo beneficio. Existe evidencia científica significativa de que te ayudará a establecer y mantener un ritmo circadiano saludable.
3. CONTROLA TU ENTORNO DE SUEÑO: tu ambiente para dormir debe ser fresco y oscuro. Use cortinas opacas o un antifaz para los ojos si la luz natural es un problema.
4. EVITA COMER JUSTO ANTES DE ACOSTARTE: comer justo antes de acostarte puede alterar las funciones corporales naturales, las hormonas y el ciclo del sueño. Si tienes hambre antes de ir a la cama, procura una comida liviana y evita las comidas ricas en carbohidratos y con altos niveles de insulina.
5. EVITA CONSUMIR LÍQUIDOS EN EXCESO ANTES DE ACOSTARTE: despertarte para ir al baño en medio de la noche puede ser

muy perturbador. Para evitarlo, limita la ingesta de líquidos en los sesenta minutos antes de acostarte.

6. Evita la cafeína en las tardes: el café después del almuerzo puede contribuir a tu incapacidad para conciliar el sueño por la noche. Evita la cafeína dentro de las ocho horas previas a la hora de acostarte para asegurar que ya esté fuera de tu torrente sanguíneo.
7. Reduce el consumo de alcohol: el alcohol interrumpe el sueño (y la salud) de diversas maneras. Evita el alcohol y tu sueño mejorará.
8. Crea una rutina de relajación antes de dormir: desarrolla una rutina consistente de relajación y descanso antes de ir a dormir. Atenúa las luces de la casa una o dos horas antes de acostarte, apaga tus dispositivos de trabajo, pasa tiempo con tu familia o amigos o lee tu libro favorito. Puedes incluir suplementos naturales para dormir, como magnesio y teanina, que han demostrado apoyar ciclos de sueño saludables en la rutina de relajación.
9. Evita las pantallas antes de dormir: si tienes problemas para conciliar el sueño por la noche, evita las pantallas una hora antes de acostarte. Designa tu entorno para dormir como una zona sin pantallas.

Si sigues esas reglas con una consistencia del 90 por ciento durante treinta días, tu sueño mejorará y sentirás los beneficios en tu vida.

Cómo promover la calma: protocolos de respiración respaldados por la ciencia

PILAR: RECUPERACIÓN

El estrés no es blanco y negro, y, como la mayoría de las cosas, existe en un espectro. De hecho, cuando se trata de rendimiento en momentos importantes, *muy poco* estrés es tan malo como demasiado estrés.

La ley de Yerkes-Dodson es un modelo simple de la relación entre el desempeño y el estrés. Fue propuesta en 1908 por los psicólogos Robert Yerkes y John Dodson, quienes llegaron a sus conclusiones tras realizar un estudio sobre ratones danzantes japoneses. En términos simples, la ley de Yerkes-Dodson dice que el estrés y el rendimiento están correlacionados de forma positiva sólo hasta cierto punto, después de lo cual más estrés reduce el rendimiento.

Hay tres estados a tener en cuenta:

1. ESTRÉS BAJO: un estado de baja excitación. Este estado es necesario para la recuperación.
2. ESTRÉS ÓPTIMO: el estado óptimo de excitación. Es el nivel de Ricitos de Oro: ni demasiado caliente, ni demasiado frío, justo en su punto. Cuando estás en este estado, estás bien posicionado para realizar tareas importantes.
3. ESTRÉS ALTO: un estado de alta excitación, la posición estresada en la que tan a menudo nos encontramos. Puede llevar a un apagón completo, debido a una sobrecarga del sistema.

En un mundo ideal, operaría en el estado de estrés óptimo durante tareas importantes y luego lo apagaría rápidamente, y operaría en el estado de bajo estrés en otros momentos. En realidad, la mayoría de las personas se encuentran cayendo al límite en el estado de alto estrés con demasiada frecuencia y no logran restablecerse al estado de bajo estrés con la frecuencia suficiente para recuperarse.

Para ejecutar un restablecimiento del estrés y promover el estado de recuperación de bajo estrés, intenta realizar estas tres técnicas de respiración respaldadas por la ciencia:

El método 4-7-8

Un método particularmente efectivo para desencadenar el estado de calma necesario para conciliar el sueño, el método 4-7-8 es uno que utilizo casi a diario.

Cómo funciona:

- Inhala por la nariz durante cuatro segundos.
- Aguanta la respiración durante siete segundos.
- Exhala durante ocho segundos.
- Repite dos o tres veces.

La respiración de león

Otro enfoque efectivo se deriva de las antiguas tradiciones yóguicas de la India.

Cómo funciona:

- Siéntate en una posición cómoda en el suelo, con una ligera inclinación hacia adelante y las manos en el suelo.
- Enfoca tu mirada en la punta de tu nariz.
- Inhala profundamente por la nariz.
- Saca la lengua y baja hasta la barbilla.
- Exhala con fuerza con un sonido de «¡Ja!». (Nota: limita la contundencia de la exhalación si eres principiante.)
- Repite dos o tres veces.

El suspiro fisiológico

El suspiro fisiológico, mencionado con anterioridad como una forma de moderar el estrés en tu sistema para hablar en público de manera efectiva, es un enfoque muy efectivo para promover la calma. Descrito por primera vez en la década de 1930 y revitalizado por la investigación del neurobiólogo de la UCLA Jack Feldman y el bioquímico de Stanford Mark Krasnow, lo hacemos de forma natural cuando los niveles de dióxido de carbono en el torrente sanguíneo aumentan demasiado. Crea una sensación relajante al liberar mucho dióxido de carbono muy rápido.

Cómo funciona:

- Inhala por la nariz dos veces, primero lentamente y luego con rapidez.
- Exhala por la boca durante mucho tiempo hasta detenerte de forma natural sin forzar la respiración.
- Repite dos o tres veces.

El estrés es una parte necesaria de la vida. Si aprendes a aprovecharlo, para operar en el entorno óptimo de estrés para tareas importantes y en el entorno de bajo estrés para la recuperación, siempre rendirás al máximo. Intenta realizar estos tres protocolos de respiración respaldados por la ciencia y estarás en camino de convertir el estrés de tu enemigo jurado en tu buen amigo (¡o al menos en tu conocido amistoso!).

26.

Resumen: la riqueza física

VISIÓN GENERAL DE LA RIQUEZA FÍSICA

La gran pregunta: ¿Estarás bailando en tu fiesta de cumpleaños número ochenta?

Los tres pilares de la riqueza física:

- **Movimiento**: movimiento corporal diario a través de una combinación de ejercicio cardiovascular y entrenamiento de resistencia; actividades para promover la estabilidad y la flexibilidad.
- **Nutrición**: consumo de alimentos principalmente enteros y sin procesar para satisfacer las principales necesidades de nutrientes, suplementando según sea necesario para satisfacer las necesidades de micronutrientes.
- **Recuperación**: rendimiento constante del sueño de alta calidad y otras actividades que promueven la recuperación.

La puntuación de la riqueza física: para cada afirmación a continuación, responde con 0 (*muy en desacuerdo*), 1 (*en desacuerdo*), 2 (*neutral*), 3 (*de acuerdo*) o 4 (*muy de acuerdo*).

1. Me siento fuerte, saludable y vital para mi edad.
2. Muevo mi cuerpo con regularidad a través de una rutina estructurada y tengo un estilo de vida activo.

3. Como principalmente alimentos enteros, sin procesar.
4. Duermo siete o más horas por noche de forma habitual y me siento descansado y recuperado.
5. Tengo un plan claro para permitirme prosperar en lo físico en mis últimos años.

Tu puntuación inicial (de 0 a 20):

Metas, antimetas y sistemas

Utiliza el marco de establecimiento de metas para calibrar tu brújula de riqueza física:

- METAS: ¿Qué puntuación de riqueza física deseo lograr en un año? ¿Cuáles son los dos o tres puntos de control que deberás alcanzar en tu camino para lograr esta puntuación?
- ANTIMETAS: ¿Cuáles son los dos o tres resultados que deseas evitar en tu travesía?
- SISTEMAS DE ALTO AFIANZAMIENTO: ¿Cuáles son los dos o tres sistemas de la Guía de riqueza física que implementarás para lograr un progreso tangible y compuesto hacia tu puntuación objetivo?

TU INICIO RÁPIDO DE UNA SEMANA

Completa siete días consecutivos de tu primer reto de treinta días de riqueza física.

Elige un nivel del desafío de treinta días de riqueza física en la Guía de la riqueza física. El bronce es un buen lugar para comenzar si eres nuevo en estas prácticas, mientras que el oro es más apropiado si te consideras avanzado.

Usa una hoja de cálculo o plantilla para realizar un seguimiento de tu ejecución diaria. Puedes encontrar una plantilla de seguimiento en the5typesofwealth.com/tracker.

Encuentra un compañero (o compañeros) para asumir el reto contigo. Crea un mensaje grupal o un sistema para comunicar tu desempeño en el reto diario. Mensaje «¡Listo!» al completar cada elemento de la lista.

La riqueza financiera

27.

La gran pregunta

¿Cuál es tu definición de suficiente?

En un poema corto sobre su difunto amigo Joseph Heller, un famoso autor estadounidense, Kurt Vonnegut, mejor conocido por su obra de genio satírico *Matadero 22*, compartió una anécdota que ofrece una poderosa pieza de la sabiduría de Heller.

Mientras los dos disfrutaban de una fiesta en la casa de un multimillonario, Vonnegut le preguntó a Heller: «Joe, ¿cómo te hace sentir saber que nuestro anfitrión, tal vez ayer, ganó más dinero que lo que tu novela *Matadero 22* ha ganado en toda su historia?». Heller respondió: «Tengo algo que él nunca podrá tener... el conocimiento de que tengo suficiente».

Me encontré por primera vez con este poema en mayo de 2021, poco después de la conversación con un viejo amigo que me había cambiado la vida. El mensaje, amplificado por mi estado mental, profundamente reflexivo en ese momento, de inmediato tocó una fibra sensible.

Cuando Heller pronunció esas palabras, «el conocimiento de que tengo suficiente», ¿qué quiso decir en realidad? ¿Qué tiene de especial y valioso ese conocimiento, esa idea de suficiente, que tuvo la audacia de afirmar que valía más que los miles de millones de dólares que su anfitrión había acumulado?

Para responder a estas preguntas desafiantes, es útil invertirlas: ¿Qué sucede en ausencia de ese conocimiento? Estamos atrapados, incluso poseídos, por una búsqueda constante, incesante y obsesiva de más.

Una vez que un reportero le preguntó cuánto dinero era suficiente dinero, el magnate de los negocios John D. Rockefeller respondió: «Sólo un poco más».

La búsqueda de más es el equivalente moderno de la lucha sisífica. Empujamos la roca cuesta arriba, trabajando más duro y durante más tiempo para alcanzar la cima que estemos persiguiendo, sólo para que la roca vuelva a rodar hasta el fondo y nos obligue a comenzar de nuevo. La adaptación hedónica, esa predisposición biológica a volver a una línea de base después de eventos positivos, significa que ninguna victoria financiera sacia del todo.

Tu definición actual de *más* se convierte en tu futura definición de *no es suficiente* a medida que pones tu mirada en el siguiente nivel y te convences a ti mismo de que traerá felicidad y satisfacción.

Lo he visto suceder en repetidas ocasiones tanto en mi propia vida como en la vida de quienes me rodean. Eso que una vez anhelaste se convierte en lo que no ves la hora de mejorar. Es el fenómeno que lleva a las personas a contratar una nueva línea de crédito para realizar esa mejora en la casa (y que no necesita en realidad), a exagerar para comprar el coche nuevo, a endeudarse con la tarjeta de crédito por ese reloj nuevo y elegante, o a permitir que su salud o su familia se desmoronen mientras persiguen algún ascenso profesional.

En 1869, Mark Twain escribió una carta abierta a Cornelius Vanderbilt, un magnate de los negocios que en ese momento era el hombre más rico del mundo. Escribió sobre la *pobreza del más*, diciendo: «¡Pobre Vanderbilt! Cómo te compadezco... Eres un anciano y deberías descansar un poco, y sin embargo tienes que luchar, negarte a ti mismo y robarte el sueño reparador y la tranquilidad mental, porque necesitas mucho dinero. Siempre lo siento por un hombre que está tan sumido en la pobreza como tú... No es lo que un hombre tiene lo que constituye riqueza. No, es estar satisfecho con lo que uno tiene; eso es riqueza».[1]

Muchos multimillonarios que han acumulado riquezas extraordinarias carecen de algunos de los marcadores más básicos de una vida feliz y plena. Considera el hecho impactante de que, al momento de escribir este libro, las diez personas más ricas del mundo tienen doce divorcios combinados entre ellas. La victoria pírrica: ganar la batalla, pero perder la guerra.

La historia está plagada de historias de multimillonarios que luchan por el siguiente peldaño de la escalera y asumen riesgos indebidos, sólo para perderlo todo. Sólo en los últimos cinco años, hemos visto a varios emprendedores pasar de ser celebrados en la portada de *Forbes* a ser abucheados en la esquina de una celda de la prisión. Sam Bankman-Fried y Elizabeth Holmes fueron promocionados por muchos como parte de una nueva generación y clase de fundadores; se esperaba que sus nombres estuvieran junto a los de Jobs, Gates, Zuckerberg, Musk y Bezos. Por desgracia, a pesar de los primeros éxitos que parecen haber sido legítimos, su búsqueda de más condujo a un deterioro constante de los estándares éticos que resultó en eventuales cargos penales y condenas.

El contrapunto justo a la reprimenda del *más* es que el mundo necesita algunos de estos «locos» (un término popularizado por la campaña publicitaria de Apple de 1997, Think Different) que luchan por más a toda costa y terminan creando cosas nuevas e increíbles. Para ser claros, no son los locos en sí mismos, sino la presión social y cultural que dice que necesitas ser uno de ellos lo que causa el problema.

La búsqueda de más es celebrada socialmente, mientras que la satisfacción con lo suficiente se malinterpreta con facilidad como falta de ambición. El valor de tu vida no se establece por los números en tu estado de cuenta bancario o de corretaje, y nunca lo será. Tú estableces los términos de tu propia búsqueda. Tú defines las reglas de tu juego. Es perfectamente razonable (e incluso aconsejable) adoptar una forma diferente, basarte en los diversos pilares que definen una existencia rica en verdad: tiempo, personas, propósito, salud. Al hacerlo, comienzas a vivir tu vida financiera en tus propios términos, no en los que te imponen tu mente de cazador-recolector o las presiones sociales modernas.

La solución a tu búsqueda de más: definir y abrazar la belleza de tu *suficiente*.

Lagom es un término sueco que se traduce como «la cantidad justa». *Lagom* es lo que estamos buscando: el conocimiento de lo suficiente, del equilibrio, del balance. El reto es que *Lagom* no es estático; tiende a ser un objetivo cada vez mayor. A medida que te acercas a lograrlo, tu confianza aumenta y se restablece a un nivel superior. Este reinicio subconsciente —de «Seré feliz cuando tenga X dinero» a «Seré feliz cuando tenga el triple de X dinero»— crea la espiral ascendente de expectativas que necesitas evitar.

Nunca tendrás una verdadera riqueza financiera si permites que tus expectativas, tu definición de *suficiente*, crezcan más rápido que tus activos.

No existe un antídoto perfecto. La adaptación hedónica significa que nuestra búsqueda de más está genéticamente programada, pero forzar la definición de *suficiente,* salir de la mente subconsciente y entrar en la mente consciente es un comienzo.

Después de que nació mi hijo, en mayo de 2022, comencé a contemplar con exactitud cómo sería mi vida suficiente, es decir, la vida de *Lagom*, donde tengo la cantidad justa de riqueza financiera. En lugar de permitir que existiera mi vida suficiente en alguna región abstracta y aislada de mi mente, la empujé hacia la luz.

La imaginé. La definí.

Tú deberías hacer lo mismo: ¿cómo es tu vida suficiente?

- ¿Dónde vives?
- ¿Qué tienes?

- ¿Qué estáis haciendo tú y tus seres queridos?
- ¿En qué te estás enfocando?
- ¿Cuánto colchón financiero tienes?

Es importante destacar que la vida suficiente no tiene que ser simple o espartana; puede ser tan ambiciosa o lujosa como mejor te parezca. Mi vida suficiente tiene una casa de vacaciones en un lugar hermoso, máxime porque quiero poder alojar a familiares y amigos para crear recuerdos increíbles, pero carece de lujos en los que no tengo interés (aviones privados, yates, mansiones, automóviles deportivos, joyas de lujo, etcétera). El punto es que es *tu vida suficiente*, no la de otra persona, no influenciada por presiones sociales o culturales, no propensa a la escalada subconsciente del aumento del estilo de vida. Al definirla, escribirla y mantenerla en lo más alto de la mente, te fuerza a entrar en la mente consciente. Esto no detiene a la perfección el movimiento ascendente natural, pero convierte un movimiento irracional y subconsciente en uno racional y consciente.

Tu objetivo entonces se convierte en generar riqueza financiera a través de la generación de ingresos, administración de gastos e inversión a largo plazo, hasta el punto en que permite que haya la vida suficiente que hayas definido. Más allá de ese punto, el objetivo cambia a equilibrar tu energía en una gama más amplia de actividades. Una vez que hayas llegado a este punto, la vida suficiente ya no necesita concentrarse en el dinero y, en cambio, puede priorizar más tiempo, relaciones, propósito, crecimiento y salud.

Hay una hermosa parábola que da vida a esto:

Un rico banquero de inversiones se va de vacaciones a un pueblo pesquero tropical. Mientras camina por los muelles una tarde, se encuentra con un pequeño bote de pesca deteriorado, con varios peces grandes en su cubierta.

«¿Cuánto tiempo te llevó atrapar esos peces?», pregunta él. El pescador levanta la vista de su trabajo y le sonríe a su nuevo visitante.

«Sólo un ratito.»

El banquero de inversiones se sorprende por esta respuesta. Le gusta el pescador y quiere ayudar. «¿Por qué no pescas más tiempo para poder atrapar más peces?»

El pescador se encoge de hombros y le explica a su nuevo amigo que tiene todo lo que necesita. «Todos los días duermo hasta tarde, pesco un poco y paso tiempo con mis hijos y mi hermosa esposa. Por la noche voy a la ciudad, bebo vino, toco la guitarra y canto, y me río con mis amigos.»

El banquero de inversiones está desconcertado. Quiere ayudar a su nuevo amigo, quien, en su opinión, está claramente confundido. El banquero de inversiones ha ayudado a muchas empresas y tiene un MBA y otras credenciales sofisticadas a su nombre, por lo que presenta un plan para el pescador: «Primero, pasas más tiempo pescando para que puedas atrapar y vender más pescados. Usas las ganancias para comprar un bote más grande, lo que te permitirá atrapar y vender aún más pescado. Entonces, compra una flota de barcos. Contrata un equipo. ¡Integración vertical! Como director ejecutivo de una empresa grande y en crecimiento, podrías mudarte a la gran ciudad. ¡Sacarías tu empresa a bolsa y ganarías millones!».

El pescador parece confundido, pero sonríe. «¿Y luego qué?», pregunta.

El banquero de inversiones se ríe de la tonta pregunta. «¡Bueno, entonces podrías retirarte en un pueblo tranquilo! Podrías dormir hasta tarde, pescar un poco y pasar tiempo con tus hijos y tu bella esposa. Por la noche, podrías ir a la ciudad, beber vino, tocar la guitarra y cantar, y reír con tus amigos».

El pescador sonríe ampliamente, agradece a su nuevo amigo el consejo y se aleja con lentitud bajo el cálido sol de la tarde.

La interpretación popular de esta parábola es que el banquero de inversiones está equivocado y el pescador tiene razón. Mi propia interpretación es que, en esta historia, no se trata de que el pescador tenga razón y el banquero esté equivocado, sino de identificar cómo son el éxito y el propósito para ti y construir una vida que cumpla con esa definición. Se trata de definir tu vida suficiente y luego trabajar para aceptarla.

Tal vez tanto el pescador como el banquero estén contentos con sus elecciones y prioridades. Dejaré que ellos decidan, y lo mismo ocurre contigo.

En una escena poderosa de la película *Jamaica bajo cero*, la historia del improbable viaje de un equipo jamaicano de trineo a los Juegos Olímpicos, el entrenador del equipo, interpretado por el fallecido John Candy, observa a una de las estrellas del equipo: «Una medalla de oro es algo maravilloso, pero si no eres suficiente sin ella, nunca serás suficiente con ella».

Como persona ambiciosa, pasas la mayor parte de tu vida jugando a un juego; todo lo que haces es anticipar un futuro lleno de más:

- «No puedo esperar hasta que tenga X dinero para poder conseguir ese auto nuevo.»
- «No puedo esperar hasta que tenga X dinero para poder conseguir esa nueva casa.»
- «No puedo esperar hasta que tenga X dinero para poder conseguir esa segunda casa.»

Cuando llega el futuro, simplemente te restableces al siguiente objetivo material.

Es natural, pero es un juego peligroso, uno que perderás con el tiempo. Si te convences a ti mismo de que tu satisfacción, plenitud y felicidad dependen del *siguiente hito financiero*, del próximo *más,* nunca lo encontrarás.

Eso fue lo que Joseph Heller quiso decir cuando pronunció esas palabras a Kurt Vonnegut hace tantos años: «el conocimiento de que tengo suficiente».

Porque «si no eres suficiente sin ello, nunca serás suficiente con ello».

28.

El parque de diversiones financiero

En 1485, un joven comerciante llamado Jakob Fugger tuvo una oportunidad. El joven de veintiséis años se había convertido hacía poco en socio de la floreciente empresa comercial de su familia y se le dio la autoridad para hacer sus propios tratos. Mientras viajaba a Austria, conoció al archiduque Sigmund, un gastador notoriamente grande y primo de Federico III, el emperador del Sacro Imperio Romano Germánico. Sigmund necesitaba más dinero para financiar su estilo de vida de altos vuelos, pero muchos de los banqueros de la región estaban hartos del archiduque; ya no se le consideraba un riesgo atractivo para un banquero prudente en una época en que las leyes contra la usura (prestar dinero a altas tasas de interés) restringían la ventaja financiera de tales préstamos.

Jakob Fugger olió una oportunidad. Acordó prestar tres mil florines al archiduque a cambio de mil libras de plata de las minas locales que se le venderían a un precio reducido. El archiduque Sigmund agradeció la muestra de fe y cumplió con su parte del trato, entregando las mil libras de plata a tiempo, a un precio de ocho dólares la libra, plata que Fugger revendió con un margen de beneficio del 50 por ciento, obteniendo un rendimiento modesto pero atractivo del trato. Más importante para el joven comerciante, este pequeño negocio cimentó su relación con una de las familias más poderosas de Europa. Varios años después, el archiduque necesitaba un préstamo más grande para financiar su último paso en falso, por lo que recurrió a Fugger, quien de nuevo dio un paso al frente, esta vez con cien mil florines y un conjunto aún más agresivo de términos y condiciones de reembolso. El archiduque cumplió de nuevo con su parte del trato, y Jakob Fugger fue elevado de forma oficial a las filas de la élite rica; se había establecido como un comerciante y banquero dispuesto a asumir riesgos (siempre que se sintiera adecuadamente compensado por ello).

Durante los años siguientes, el dinero de Jakob Fugger influyó de forma importante en el curso de la historia mundial. Reyes, emperadores y exploradores buscaron su apoyo financiero. Cuando Fernando de Magallanes necesitó financiación para su viaje alrededor del mundo, Jakob Fugger estuvo allí. Cuando el rey Carlos I de España buscó convertirse en emperador del Sacro Imperio Romano Germánico, Jakob Fugger estaba allí. Y cuando el derrochador papa León X necesitaba una gran suma de dinero para financiar la construcción de la basílica de San Pedro, Jakob Fugger estuvo allí (el reembolso de este préstamo requirió una masiva venta de indulgencias —boletos de perdón de pecados— a los ciudadanos comunes, una práctica que suscitó la ira de un fraile agustino llamado Martín Lutero, quien luego lideró la Reforma protestante).[2] El dinero de Fugger —y, por extensión, su poder e influencia— dio forma al curso del continente europeo.

Su uso innovador de métodos contables (fue uno de los primeros en utilizar la contabilidad de doble entrada y estableció la práctica hoy estándar de consolidar múltiples operaciones en un solo conjunto de estados financieros) le permitió controlar la totalidad de su imperio financiero, que fue vasto durante sus últimos años. Al momento de su muerte, Jakob Fugger había amasado una fortuna equivalente a 400.000 millones de dólares en dinero actual, lo que representaba alrededor del dos por ciento del PIB de Europa en ese momento. Las asombrosas cifras han llevado a algunos a referirse a él como el hombre más rico que jamás haya existido.

Greg Steinmetz, periodista y autor de un libro completo sobre Fugger (apropiadamente titulado *The Richest Man Who Ever Lived*), escribió: «Las hazañas [de Fugger] cambiaron la historia más que las de la mayoría de los monarcas, revolucionarios, profetas y poetas, y sus métodos abrieron el camino para cinco siglos de capitalistas... Fue el primer hombre de negocios moderno en el sentido de que fue el primero en buscar la riqueza por sí misma y sin temor a la condenación».[3]

Jakob Fugger fue, en muchos sentidos, la antítesis de la idea central detrás de *Los 5 tipos de riqueza*. Su búsqueda del dinero supuso el enfoque absoluto y definitorio de su vida. Steinmetz ofreció un relato deprimente de los resultados de este enfoque limitado: «Tenía pocos amigos, sólo socios comerciales. Su único hijo era ilegítimo. Sus sobrinos, a quienes cedió su imperio, lo decepcionaron. Mientras estaba en su lecho de muerte, sin nadie a su lado más que asistentes pagados, su esposa estaba con su amante. Pero tuvo éxito en sus propios términos. Su objetivo no era la comodidad ni la felicidad. Era acumular dinero hasta el final».[4] Él persiguió *más* de principio a fin, sacrificando todo lo demás en su vida por esa persecución.

A su favor, Fugger era sabio respecto a la comprensión de sí mismo. Cuando se le preguntó cuándo planeaba jubilarse, dijo que su sed de más dinero nunca se saciaría, un hecho que claramente contribuyó a su sorprendente éxito financiero. Su búsqueda del dinero y su aparente disfrute del «juego del dinero» a su alrededor es una tendencia que podemos rastrear hasta el presente. Para comprender el papel dominante del dinero en nuestras vidas de hoy y aprender cómo podemos usarlo como una herramienta, en lugar de dejar que nos controle, debemos hacer un breve viaje en el tiempo para comprender cómo es que llegamos aquí.

SIGUE EL DINERO

El dinero ha pasado poco a poco de ser una herramienta con una base en la realidad del mundo físico a algo que a menudo se asemeja a una creación fantástica de la imaginación humana. En consecuencia, la naturaleza de la riqueza financiera ha pasado de ser en gran parte visible a ser en gran parte invisible, una transición que crea obstáculos específicos que debes evitar en tu travesía.

El origen del dinero es un tema controvertido en los círculos económicos y antropológicos. La comprensión más convencional sugiere que el trueque, el intercambio de un producto o servicio por otro, es anterior al dinero y que sus ineficiencias llevaron a la creación de dinero. El principal respaldo de este relato se basa en una narrativa de Adam Smith, el economista y filósofo escocés del siglo XVIII quien, en su libro *La riqueza de las naciones*, imaginó una escena en la que un panadero y un carnicero no pueden hacer un intercambio porque el panadero no tiene nada de lo que el carnicero quiere. Según su narrativa, estas ineficiencias con una economía de trueque llevaron a la invención del dinero para facilitar, organizar y administrar el libre flujo de bienes y servicios. Sin embargo, los antropólogos han luchado por encontrar una evidencia que respalde esta transición del trueque al dinero; algunos incluso sugieren la transición inversa, que el trueque surgió como un suplemento del dinero. El fallecido David Graeber, antropólogo de la London School of Economics y autor de *En deuda: una historia alternativa de la economía* escribió: «En la mayoría de los casos que conocemos, [el trueque] se lleva a cabo entre personas que están familiarizadas con el uso del dinero, pero que, por una razón u otra, no tienen mucho alrededor».[5]

Con independencia de los detalles de su origen, el dinero era esencial para el crecimiento y desarrollo de la sociedad humana. Mientras excavaban los restos de la antigua capital mesopotámica de Uruk (ubicada en el actual Irak), los arqueólogos descubrieron tablillas grabadas que datan del 3500 a. C. que, se cree, fueron usadas para anotar deudas. Esas tablillas representan algunas de las pruebas más antiguas del lenguaje escrito, lo que llevó a algunos arqueólogos y antropólogos a concluir que la invención de la escritura fue un subproducto de la necesidad de rastrear y administrar el flujo del dinero y el comercio.

El dinero tomó una variedad de formas en sus primeros años.[6] Se cree que la cebada sumeria, utilizada como dinero ya en el 3000 a. C., fue la primera moneda oficial. Una cantidad fija de cebada era intercambiable por una variedad de bienes y servicios en Sumeria. Las conchas de Cauri, las conchas blancas de pequeños caracoles marinos abundantes en el océano Índico, se usaban como moneda en varias culturas antiguas, desde Egipto y otras regiones africanas hasta China y Australia, ya en el año 1200 a. C. Su portabilidad y relativa rareza en la mayor parte del mundo las convirtió en una forma adecuada de moneda en esas regiones. Las simples conchas blancas, que irónicamente se convirtieron en un fenómeno de la cultura pop de la década de 1990, usado en collares por íconos del pop y adolescentes de todo el mundo, tuvieron uno de los mayores alcances y longevidad de cualquier forma de dinero en la historia de la humanidad.

Los antropólogos creen que el dinero metálico más antiguo y las monedas rudimentarias se crearon en China alrededor del año 1000 a. C., con monedas modernas desarrolladas por primera vez por los lidios, una cultura antigua en la actual Turquía, en el siglo VI a. C. Estas monedas modernas estaban hechas de metales preciosos, por lo que tenían un grado de valor inherente, y, en general, estaban impresas con las imágenes de emperadores o dioses como marcador de su legitimidad. Como eran pequeñas, portátiles y difíciles de falsificar, reinaron supremas como la forma moderna del dinero durante muchos años.

Hasta ese momento, el dinero había sido una construcción del mundo físico en gran medida visible. La búsqueda para acumular más riqueza significaba la acumulación y el almacenamiento de activos reales, tangibles y físicos del mundo con un cierto grado de valor inherente, ya fuera cebada, conchas de cauri o metales preciosos. Todo eso cambió cuando Kublai Khan, nieto de Genghis Khan, comenzó a producir en masa una innovación que cambió el mundo para siempre: el papel moneda.

Un comerciante veneciano llamado Marco Polo viajó por China en el siglo XIII y más tarde ofreció un relato detallado de este descubrimiento: «Todos estos trozos de papel se emiten con tanta solemnidad y autoridad como si fueran de oro puro o plata... y cuando todo está debidamente preparado, el oficial jefe, delegado por el Khan, mancha el sello que se le ha confiado con bermellón y lo imprime en el papel, de modo que la forma del sello permanece impresa en rojo; entonces el dinero es auténtico. Quien lo falsificara sería castigado con la muerte».[7] Los billetes de papel originalmente estaban respaldados por plata, pero eventualmente se convirtieron en una moneda fiduciaria (lo que significa que ya no estaban respaldados por un producto tangible). En un artículo de 2019 en *The New Yorker*, el escritor John Lanchester comentó: «El problema con muchas formas nuevas de dinero es que la gente es reacia a adoptarlas». El nieto de Genghis Khan no tuvo esa dificultad. Tomó medidas para garantizar la autenticidad de su moneda, y si no la usabas, si no la aceptabas como pago, o preferías usar oro, plata, cobre, barras de hierro, perlas, sal, monedas o cualquiera de las formas de pago más antiguas que prevalecen en China, hacía que te mataran. Esto resolvió la cuestión de su adopción».[8] Y bastante bien, me imagino.

El invento de Kublai Khan representó un gran salto hacia delante: el primer caso en el que un trozo de papel, producido en masa a bajo precio y con poco o ningún valor inherente, se consideraba valioso y garantizado por la fuerza y la autoridad del gobierno. El papel moneda se extendió lentamente por todo el mundo, porque permitió un comercio y un crecimiento más rápidos y eficientes.

El siguiente gran salto ocurrió cuando el Banco de Inglaterra, una empresa privada formada en 1694 para actuar como financista del gobierno británico, imprimió *billetes* como recibos por los depósitos de oro. Estos billetes de papel, que, en teoría, podían canjearse por oro real en las bóvedas del banco, se convirtieron en una moneda efectiva. Gobiernos y banqueros inteligentes se dieron cuenta de que podían estimular el comercio y el crecimiento emitiendo estos activos en papel más allá del oro o la plata reales que se guardaban en las bóvedas, un sistema conocido como banca de reserva fraccionaria, que se convirtió en el procedimiento operativo estándar de los bancos de todo el mundo (y sigue vigente en la actualidad). Este sistema generalmente funciona bien a menos que todos los depositantes vengan y pidan su oro a la vez, en cuyo caso tiene los ingredientes de una estampida bancaria clásica, donde un banco aparentemente sano se vuelve insolvente de manera rápida (un fenómeno que hemos visto tan recientemente como en 2023, con el rápido colapso del respetado Banco de Silicon Valley).

Durante cientos de años, la sabiduría convencional sostuvo que mientras el papel moneda estuviera, al menos en principio, conectado al oro, la economía global construida sobre él podría continuar funcionando y prosperando. Hasta principios del siglo XX, todas las principales economías del mundo operaban con el llamado patrón oro, lo que significa que la moneda estaba respaldada por oro, y cierta cantidad de papel moneda podía llevarse al gobierno e intercambiarse por una cantidad fija de oro. En los Estados Unidos, esto significaba que cualquier ciudadano podía cambiar 20,67 dólares por una onza de oro. El valor de las monedas de papel estaba vinculado al oro.

Pero, aunque el sistema funcionó en los buenos tiempos, comenzó a mostrar grandes grietas en los malos. Durante los primeros años de la Gran Depresión, los ciudadanos aterrorizados canjearon su papel moneda por oro y acumularon el metal precioso, agotando las reservas en las bóvedas de las principales potencias mundiales. En 1931, el Banco de Inglaterra abandonó el patrón oro y, en 1933, le preocupaba que la huida hacia el oro hiciera que la economía se detuviera bruscamente en un momento en que necesitaba moverse; el presidente Franklin Delano Roosevelt anunció que Estados Unidos haría lo mismo.

Estas decisiones innovadoras liberaron al papel moneda de su conexión con el oro y cambiaron el dinero de un sistema arraigado en el mundo físico a un sistema atado a algo intangible, un sistema cuya única limitación era la imaginación humana.

Ese cambio allanó el camino para la creación de una variedad aparentemente infinita de instrumentos y herramientas financieras, una tendencia que se aceleró aún más con la llegada de las computadoras e Internet, lo que nos lleva al presente y a un juego de dinero moderno gobernado por bits y bytes en lugar de cebada, conchas, oro y billetes.

LOS PELIGROS DEL JUEGO DEL DINERO MODERNO

Jakob Fugger y John D. Rockefeller tuvieron que administrar sus imperios financieros y empresariales a través de una red de libros contables y cuentas en papel, pero la mayor parte de la riqueza financiera actual existe en computadoras y servidores en la nube. Las economías basadas en efectivo están disminuyendo; el uso de efectivo se considera cada vez más como un signo de infraestructura anticuada (como en ciertos países en desarrollo) o de actividades ilícitas.

El juego moderno del dinero se lleva a cabo en un mundo digital donde el dinero existe simplemente como números en una pantalla (de hecho, la cantidad total de dinero en el mundo es varios órdenes de magnitud mayor que la cantidad total de monedas y billetes).

Una transacción entre dos partes solía implicar un intercambio físico, pero ahora es tan simple como presionar un botón y ver los números bajar en una pantalla y subir en la otra. Cuando consideras la cantidad de dinero en tu cuenta, puede parecer tangible, pero no es más que un número en una pantalla iluminada. Tu confianza en que te despertarás mañana y el número en esa pantalla será correcto, y que vale algo, mantiene funcionando el sistema.

El juego moderno del dinero se parece mucho a... bueno... un juego.

Si el viejo juego era el banco aburrido con simples intercambios de efectivo y una variedad limitada de opciones de depósito e inversión, el nuevo juego se parece más a un parque de diversiones con una variedad casi ilimitada de atracciones, la mayoría de las cuales no tienen un requisito de altura mínima para que participes. Es una creación de la imaginación humana, diseñada para atraerte. Las aplicaciones financieras gastan millones para hacer que sus productos sean adictivos; tu deseo de novedad, dopamina y entretenimiento es su oportunidad para obtener ganancias.

Desafortunadamente, aunque las opciones parecen infinitas, muchas de las inversiones e instrumentos financieros sofisticados están cantando un canto de sirena y atrayéndote al peligro.

Caminas por el parque de atracciones y escuchas el sutil y tortuoso zumbar de sus asistentes:

- «Mi curso sobre *flipping* de casas es la clave para tu independencia financiera.»
- «Esta criptomoneda va a irse al cielo.»
- «Esa inversión inmobiliaria pasiva es algo seguro.»
- «Estos NFT y tarjetas coleccionables fraccionadas parecen una ganga.»
- «Si pierdes esta oportunidad, te arrepentirás el resto de tu vida.»

En un universo financiero que tienta tu imaginación, concéntrate en lo que es real. Los conceptos básicos simples y aburridos sobre los que leerás en el próximo capítulo aún se destacan como la forma de construir la vida que deseas. No necesitas montar en cada atracción o jugar en cada juego. Ni siquiera tienes que hacerlo mejor que nadie, no es una competición.

Para tener éxito, todo lo que necesitas hacer es ceñirte a lo básico y jugar tu juego el tiempo suficiente.

29.

Los tres pilares de la riqueza financiera

Thomas Stanley nació en El Bronx, Nueva York, en 1944. Creció en un hogar humilde de clase media baja; su padre trabajaba como conductor del metro y su madre era secretaria. Stanley asistió a la universidad y luego a la escuela de posgrado y obtuvo un doctorado en administración de empresas de la Universidad de Georgia, antes de establecerse como profesor en la Universidad Estatal de Georgia. Como profesor, desarrolló una fascinación por los hábitos y prácticas de los ricos, tanto que decidió dejar su carrera estable en la academia para investigar y escribir sobre los millonarios de Estados Unidos. En 1996, el Dr. Stanley fue coautor de un libro basado en su investigación y hallazgos, *El millonario de al lado,* que rápidamente se convirtió en un fenómeno mundial, pues ha vendido más de tres millones de copias hasta la fecha.

El libro ofrecía una perspectiva novedosa sobre el camino hacia la riqueza financiera. No es necesario tener un trabajo extraordinariamente lucrativo, ser dueño de un negocio o recibir una gran herencia, escribió; podría lograrse mediante la adopción de un conjunto de principios básicos de creación de riqueza financiera. Disipó la noción de que todos los ricos vivían en mansiones cerradas con lujosos automóviles extranjeros, un estilo de vida incomprensible para la mayoría de la gente común, y lo reemplazó con la idea de que había un millonario viviendo justo al lado.

Si bien las estrategias específicas del libro pueden generar debate entre las mentes financieras, su premisa central, que cualquiera puede construir una vida de riqueza financiera, es empoderante. Deja que esa premisa te sirva como base, a medida que construimos un modelo simple para el camino que cualquiera puede seguir.

La riqueza financiera se basa en tres pilares:

- Generación de ingresos: crea ingresos estables y en aumento a través de un empleo primario, un empleo secundario y las líneas de ingresos pasivas.
- Administración de gastos: administra los gastos para que estén por debajo de tu nivel de ingresos de manera confiable y crezcan a un ritmo más lento.
- Inversiones a largo plazo: invierte la diferencia entre tus ingresos y gastos en activos a largo plazo, eficientes, de bajo costo y que sumen intereses compuestos de manera efectiva.

Este modelo simple es universalmente efectivo porque convierte el flujo de efectivo neto a corto plazo en riqueza a largo plazo. A medida que mides la riqueza financiera como parte de tu nuevo marcador, los tres pilares (propósito, crecimiento y espacio) proporcionan un plan para las acciones correctas para construirla. Al desarrollar una comprensión de estos pilares y los sistemas de alto afianzamiento que los afectan, puedes comenzar a crear los resultados correctos.

GENERACIÓN DE INGRESOS Y ADMINISTRACIÓN DE GASTOS: CREAR LA BRECHA

La brecha entre tus ingresos y tus gastos es la herramienta más importante en tu kit de herramientas de independencia financiera. Y es una herramienta que sí puedes crear.

Los ingresos son la entrada de efectivo de tu empleo primario, tu empleo secundario o los flujos o líneas de ingresos pasivos (propiedades de alquiler, acciones de dividendos, etcétera). Los gastos son las salidas de efectivo de la vida cotidiana (comida, vivienda, transporte, etcétera), el servicio de la deuda (intereses y pagos de capital de préstamos pendientes), experiencias (vacaciones y eventos), impuestos (si no se deducen automáticamente de los ingresos) y lujos (compras de materiales, obsequios, etcétera). La brecha que generas, la diferencia entre tus ingresos y gastos, es el activo fundamental sobre el que se construye la riqueza financiera. Cuanto mayor sea la brecha, mayor será la base de activos para invertir y componer.

Construir un motor de ingresos robusto compuesto por flujos de ingresos fuertes, estables y crecientes debería ser el enfoque principal en tu travesía para generar esta brecha. La razón es simple: puedes reducir tus gastos sólo hasta cierto punto, pero puedes aumentar tus ingresos para siempre. Un modelo básico para establecer un motor de ingresos robusto:

1. **Construye habilidades**: las habilidades comercializables (ventas, diseño, redacción publicitaria, ingeniería de *software*, etcétera) son activos que puedes crear y componer. Cada nueva habilidad se construye sobre las habilidades existentes para crear una cartera única.
2. **Afianza tus habilidades**: despliega estratégicamente las habilidades comercializables para convertirlas en ingresos. Los medios de implementación existen en un espectro de riesgo que va desde un empleo primario estable, de menor riesgo y tiempo por dinero, hasta un autoempleo o emprendimiento volátil y de mayor riesgo.

Desarrolla habilidades y luego aprovecha esas habilidades para establecer un motor de ingresos sólido para tus metas de riqueza financiera presentes y futuras.

A medida que construyas ese motor, administra los gastos para vivir dentro de tus posibilidades. Esto no significa que debas renunciar a todo lo divertido y vivir un estilo de vida espartano, pero debes implementar los principios básicos de la administración de gastos:

- **Crea (y apégate a) tu presupuesto**: planifica tus gastos mensuales y haz un seguimiento de tu desempeño en comparación con el plan. Automatiza los ahorros y asegúrate de tener un fondo para los días lluviosos que cubra aproximadamente seis meses de gastos que amortigüen cualquier turbulencia inesperada.
- **Administra las expectativas**: el mayor riesgo en tu travesía hacia la independencia financiera es la inflación esperada, a menudo llamada aumento gradual del estilo de vida. Nunca permitas que tus expectativas crezcan más rápido que tus ingresos.

Quienes están dispuestos a vivir por debajo de sus posibilidades en sus primeros años tienen muchas probabilidades de cosechar las recompensas en el futuro. Es más fácil ser frugal en esos primeros años, ya que hay un crecimiento natural en los gastos por consideraciones familiares o relacionadas en los últimos años.

Tu objetivo es que la brecha entre ingresos y gastos crezca con el tiempo, lo que significa que tus gastos nunca deberían crecer al mismo ritmo que tus ingresos. Evitar el aumento gradual en el estilo de vida y la deuda excesiva crea una brecha que crece a una tasa acelerada, lo que permite que la inversión incremental se acelere con el tiempo. Si inviertes adecuadamente, esta es un arreglo seguro para un futuro de abundante riqueza financiera.

INVERSIÓN A LARGO PLAZO: CAPITALIZAR LA BRECHA

La primera regla para capitalizar: nunca lo interrumpas de manera innecesaria.

—CHARLIE MUNGER

En una fábula antigua, un joven inventor llega a la corte de un rey y le presenta su último invento, un juego que él llama ajedrez. Satisfecho con el nuevo juego, el rey le ofrece al inventor cualquier recompensa que desee.

El joven inventor responde: «Alteza, no pido dinero ni joyas; simplemente pido un poco de arroz. Un solo grano en la primera casilla, dos granos en la segunda, cuatro en la tercera, ocho en la cuarta, y así sucesivamente, para las sesenta y cuatro casillas completas de este tablero de ajedrez».

El rey, sorprendido de haber conseguido un trato tan favorable, sonríe y convoca a su tesorero.

Cuando el tesorero comienza a entregar el arroz al inventor, queda claro que el rey ha subestimado la solicitud. Al final de la primera fila, en el último cuadrado hay 128 granos de arroz. En el último cuadrado al final de la segunda fila, 32.768.331 granos de arroz. En el cuadrado central de la tercera fila, 524.288 granos de arroz. Al darse cuenta de que ha sido engañado, el rey hace una señal a sus guardias y el joven inventor es ejecutado, con una sonrisa descarada en su rostro.

El cruel rey fue inteligente al actuar cuando lo hizo, porque si hubiera permitido que el proceso continuara, le habría debido al inventor más de dieciocho trillones (¡eso es 18 con 18 ceros después!) de granos de arroz.

Esta infame historia es quizás la visualización más vívida de una de las fuerzas más grandes de nuestro mundo natural, una fuerza que todos debemos comprender y poner a trabajar en nuestra travesía para construir una vida de riqueza financiera.

Esa fuerza: capitalización.

El interés compuesto es el interés calculado y pagado tanto sobre el saldo inicial del capital como sobre la totalidad del interés acumulado. El interés compuesto es lo que permite que una inversión crezca a un ritmo acelerado (tal como lo hicieron los granos de arroz en el tablero de ajedrez del rey). Como ejemplo simple, imagina un dolar invertido hoy con un rendimiento anual compuesto del 10 por ciento. Para el año 10, será alrededor de 2,60 dólares. Para el año 20, será alrededor de 6,70. Para el año 30, será alrededor de 17,40. Para el año 50, ese dólar habrá crecido a más de 117 dólares. Una representación visual de esta capitalización es sorprendente: el crecimiento se produce lentamente al principio, luego todo a la vez.

CAPITALIZAR

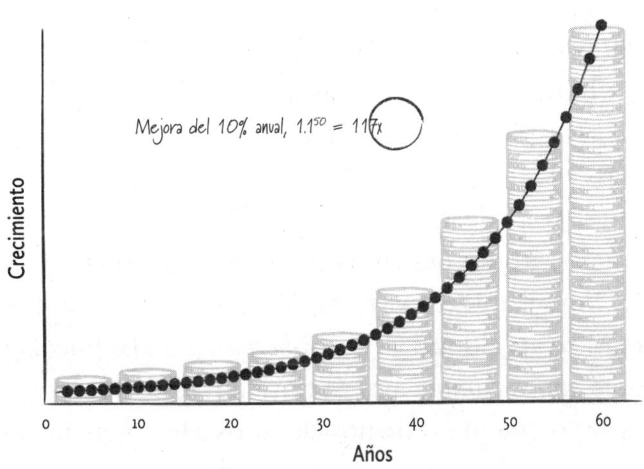

De una forma esencialmente aguda, Benjamin Franklin resumió el interés compuesto así: «El dinero hace dinero. Y el dinero que hace dinero, hace dinero».

Warren Buffet es el inversor más famoso de la historia. Curiosamente, fue el hecho de que lo rechazaran de la Escuela de Negocios de Harvard lo que pudo haber lanzado su carrera hacia una legendaria trayectoria. Se matriculó en Columbia, y allí conoció y estudió con el legendario inversor Benjamin Graham. En Columbia aprendió los principios fundamentales de su filosofía de inversión: valor intrínseco, margen de seguridad y, lo más importante, el poder de la capitalización compuesta. Durante su larga e ilustre carrera de inversor, Warren Buffett acumuló un patrimonio neto de más de 130 mil millones de dólares, una cifra aún más sorprendente por el hecho de que la gran mayoría de esta riqueza se construyó después de su sexagésimo cumpleaños. Según la mayoría de las estimaciones, alcanzó un millón de dólares a los treinta años, 25 millones a los cuarenta, 375 millones a los cincuenta y mil millones a los cincuenta y seis años. Eso significa que le costó aproximadamente treinta y dos años ganar sus primeros mil millones (desde que comenzó a trabajar para Benjamin Graham, a los veinticuatro años, hasta que cumplió cincuenta y seis), pero sólo treinta y siete años sus siguientes *129 mil millones de dólares.*

Warren Buffett creó una de las máquinas de capitalización más grandes de la historia, se quitó de en medio y permitió que funcionara a su favor.

Cuando se trata de aprovechar la capitalización para generar riqueza financiera, todos debemos aprender una lección de Buffett: el factor más importante es el tiempo, no los rendimientos anuales promedio. Morgan Housel, el autor *bestseller* de *La psicología del dinero* y *Lo que nunca cambia* agrega claridad a este punto: «La capitalización es simplemente retornos elevados a la potencia del tiempo, pero el tiempo es el exponente. Así que para mí eso es lo que uno querría maximizar».[9]

La forma más común y atractiva de aprovechar todo el poder del interés compuesto es invertir y mantener activos líquidos del mercado, como acciones o fondos diversificados de bajo costo. Cuando escuchas a los expertos o a los asesores financieros refiriéndose a la capitalización, generalmente se refieren a las inversiones en estos activos basados en el mercado. Las personas dedican innumerables horas y una energía considerable a preocuparse por seleccionar la combinación perfecta de acciones o activos para generar un rendimiento ligeramente superior, o pagan a asesores para que lo hagan por ellos cuando los cálculos sugieren que la simple compra, conservación y capitalización de un fondo indexado de mercado que esté diversificado generará los resultados más atractivos a largo plazo, ajustados en tiempo, energía y riesgo. A menos que seas un inversor profesional con una ventaja específica y un historial de desempeño superior al del mercado, es poco probable que superes constantemente a un fondo indexado, por lo que casi siempre es mejor que obtengas rendimientos comunes y permitas que tu tiempo en el mercado sea el factor diferenciador que impulse tus recompensas desmesuradas.

Nick Maggiulli, autor del libro más vendido *Just Keep Buying*, es un defensor vocal de la estrategia de inversión de compra y retención a largo plazo. Cuando le pregunté sobre sus mejores consejos para su yo más joven, se centró en la importancia de ahorrar e invertir mucho en sus primeros años. Comenzar antes e invertir a menudo es un enfoque probado para generar riqueza financiera. La efectividad de esta filosofía, señala Maggiulli, está impulsada por dos factores: «El dinero invertido antes generalmente crece más que el dinero invertido después, [y] capitalizar tu dinero es más fácil que ahorrar dinero». Comenzar antes hace que el número exponente del factor tiempo que Morgan Housel resalta esté definitivamente de tu lado.

Parafraseando un conocido proverbio: el mejor momento para empezar era hace veinte años; el segundo mejor momento es hoy.

Los rendimientos promedio compuestos durante largos períodos producen resultados extraordinarios:[10]

- Si una mujer de veintidós años invirtiera 10.000 dólares en el índice S&P 500 en enero de 1980, tendría un ahorro para la jubilación de más de un millón de dólares en la actualidad (suponiendo la reinversión de dividendos en el camino).
- Si esa misma persona invirtiera sólo cien dólares por mes después de la inversión inicial, tendría una cartera de más de dos millones de dólares en la actualidad.
- Si aumentara su inversión mensual a 1.000, tendría una cartera de más de 10 millones en la actualidad.

¡Recuerda, estas cifras no requieren conocimientos especiales de inversión, ventaja o visión! El único requisito es que comiences y dejes que el tiempo trabaje a tu favor en lugar de en tu contra.

Albert Einstein se refirió al interés compuesto como «la octava maravilla del mundo»: «El que lo entiende, lo gana; el que no, lo paga». Tenía razón. Al comenzar temprano y concentrarte en inversiones constantes, pones en marcha tu máquina de capitalización. Una vez que esté en movimiento, usa una página del libro de jugadas de Warren Buffett:

Quítate de en medio y deja que la magia de la capitalización trabaje por ti.

LOS CINCO NIVELES DE LA RIQUEZA FINANCIERA

Hay cinco niveles claros y distintos en el viaje de la riqueza financiera:

- **Nivel 1**: se satisfacen las necesidades básicas, incluidos los alimentos y un techo.
- **Nivel 2**: se superan todas las necesidades básicas y los placeres modestos se vuelven accesibles. Esto incluye las comidas en restaurantes, las vacaciones sencillas y los gastos en educación.

- **Nivel 3**: las necesidades básicas ya no son lo más importante, y la atención se centra en ahorrar, invertir y acumular riqueza. Los placeres de mayor envergadura, como múltiples vacaciones, están disponibles fácilmente. La capitalización de activos más agresiva generalmente comienza en este nivel.
- **Nivel 4**: la mayoría de los placeres razonables están disponibles fácilmente. La acumulación de activos se acelera y los activos comienzan a generar ingresos pasivos para cubrir algunos gastos de tu estilo de vida. Este es el nivel de la independencia financiera moderada, ya que puedes reducir tus ingresos activos y continuar viviendo el mismo estilo de vida.
- **Nivel 5**: todos los placeres están disponibles. La acumulación de activos alcanza una velocidad de escape, y los activos generan ingresos pasivos por encima de todos los gastos de estilo de vida. Este es el nivel de la independencia financiera completa, ya que puedes eliminar todos los ingresos activos y continuar viviendo el mismo estilo de vida.

Cada persona comienza el viaje en un punto de partida diferente, pero cualquier camino ascendente por los niveles requiere de un enfoque disciplinado en los tres pilares de la generación de ingresos, la administración de gastos y la inversión a largo plazo. Cada persona que ha alcanzado el nivel 5, de alguna manera ha seguido este modelo simple: ha incrementado los ingresos, administrado los gastos e invertido en intereses compuestos a largo plazo. En algunos casos, el capitalizador que eligieron fue un negocio en el que invirtieron su tiempo, energía y exceso de efectivo, y la venta de ese negocio generó las inesperadas ganancias financieras que los llevaron a los niveles superiores. En otros casos, el capitalizador fue un simple fondo indexado de mercado de bajo costo en el que invirtieron su exceso de efectivo de manera regular, acumulando pacientemente su riqueza y subiendo metódicamente los niveles a medida que se acumulaban los activos.

Cada nivel tiene sus propias tensiones, problemas y dolores de cabeza. Si bien los problemas monetarios tradicionales que sientes en los niveles inferiores se disipan a medida que subes en la escala, surgen nuevos problemas y los reemplazan. Patrick Campbell, el fundador de ProfitWell, una nueva empresa que vendió por más de 200 millones de dólares, se refirió a esto como un *ciclo de problemas* champán. Campbell, que creció en una familia de clase trabajadora y era nuevo en la vida de extrema riqueza, notó que había pasado de un conjunto de problemas con los que se sentía identificado a un nuevo conjunto de problemas que podrían haber sonado ridículos para la mayoría de la gente. Los nuevos problemas no tienen que ver con las necesidades básicas, como proporcionar comida y un techo a tu familia, sino con tu identidad, quién eres, quién quieres ser y más. El dinero resuelve los problemas de dinero, pero no resolverá, sin más, ninguna otra cosa.

El punto es este: la riqueza financiera no resuelve tus problemas; simplemente cambia el tipo de problemas que enfrentas. Las preguntas más importantes y fundamentales sobre tu vida permanecerán, independientemente del nivel que alcances. Depende completamente de ti determinar cómo puedes aprovechar la riqueza financiera que has acumulado para crear y aumentar otros tipos de riqueza (de tiempo, social, mental y física), a medida que buscas construir una vida rica de manera integral.

Finalmente, es importante señalar que los niveles de riqueza financiera son completamente individuales, porque son un subproducto de *tus expectativas*, es decir, las necesidades, placeres y estilo de vida que quieres llevar. Son un subproducto de tu definición de *suficiente*. Esto significa que las cifras en dinero necesarias para alcanzar un nivel determinado se limitan a ti.

Si adoptas el modelo simple, centrándote en la generación de ingresos, la administración de gastos y la inversión a largo plazo, sin dejar de ser fiel a tu definición personal de *suficiente*, tendrás un camino despejado para ascender a través de los cinco niveles de la riqueza financiera. Ya que hemos establecido una comprensión de los tres pilares, podemos pasar a la Guía de la riqueza financiera, que proporciona las herramientas y sistemas específicos para construir sobre estos pilares y cultivar una vida de riqueza social.

30.

La guía de la riqueza financiera

Sistemas para el éxito

A continuación, la Guía de la riqueza financiera proporciona sistemas específicos de alto afianzamiento para construir cada uno de los pilares de una vida de riqueza financiera. Esto no es un enfoque igual para todos y no deberías sentirte en la obligación de leerlos todos; selecciona los que te parezcan más apropiados y útiles.

A medida que consideres y ejecutes los sistemas para el éxito proporcionados en la Guía de la riqueza financiera, usa tus respuestas a cada afirmación del test, para dirigir tu enfoque a las áreas donde necesitas tener el mayor avance (aquellas en las que respondiste *totalmente en desacuerdo*, *en desacuerdo*, o *neutral*).

1. Tengo una definición clara de lo que significa tener suficiente en términos financieros.
2. Tengo ingresos que crecen constantemente junto con mis habilidades y experiencia.
3. Administro mis gastos mensuales para que estén por debajo de mis ingresos de manera confiable.
4. Tengo un proceso claro para invertir el exceso de ingresos mensuales en capitalización a largo plazo.

5. Utilizo mi riqueza financiera como una herramienta para generar otros tipos de riqueza.

Algunas antimetas usuales relacionadas con la riqueza financiera que debes evitar en tu travesía:

- Enfocarme en la búsqueda de metas financieras a expensas de los otros tipos de riqueza.
- Permitir que mi definición de lo que es una vida suficiente se expanda al subconsciente.

He aquí ocho sistemas probados para generar riqueza financiera:

Cómo definir tu vida suficiente: encontrar tu Lagom

La vida de *Lagom* es la vida suficiente, donde tienes la cantidad justa de riqueza financiera para vivir tus días ideales.

Desafortunadamente, para la mayoría de las personas, esto tiende a existir en abstracto, donde es propenso a la inflación subconsciente que condena tu satisfacción y felicidad. Hace unos años, para evitar ser víctima de ello, definí claramente mi vida suficiente. Lo cambié de un concepto que existía en abstracto a una imagen vívida en mi mente.

Aquí están las preguntas detonadoras que usé para definir mi vida suficiente:

- ¿Dónde vives? ¿Vives en una casa, apartamento o algo distinto? ¿Qué características específicas te encantan del lugar donde vives? ¿Pasas todo tu tiempo en un sólo lugar o vives en lugares diferentes?
- ¿Con quién vives? ¿Estás cerca de tu familia o lejos?
- ¿Qué haces un martes cualquiera? ¿En qué estás gastando tu tiempo? ¿En qué estás trabajando? ¿En qué estás pensando?
- ¿Qué cosas materiales tienes? ¿Cuáles son los objetos o posesiones que realmente dan alegría a tu vida? ¿En qué tienes la flexibilidad para gastar dinero libremente?
- ¿Cómo es tu perfil financiero? ¿Qué cantidad de dinero permite esa vida? ¿Cuánto colchón tienes en tus finanzas? ¿Cuánto ganas, ahorras e inviertes cada mes? ¿Qué tanta red de seguridad tienes?

Siéntate y escribe tus respuestas a estas preguntas. Recuerda que este es un ejercicio personal; tu vida suficiente es completamente individual y no está sujeta al juicio de los demás. La vida suficiente de una persona puede involucrar varias casas de lujo para alojar a familiares y amigos, mientras que la de otra persona puede ser simplemente la libertad de tomar dos vacaciones familiares cada año. Al igual que en el caso del *dharma*, tu vida suficiente no tiene que ser grandiosa o impresionante, simplemente debe ser *tuya*.

Si estás casado o tienes un compañero de vida, debes realizar este ejercicio individualmente y luego reunirte para comparar sus respuestas. Mi esposa y yo hicimos una cita (¡lo cual fue bastante divertido!).

Una vez que tengas una imagen clara y vívida de tu vida suficiente, puedes usarla como una herramienta para planificar:

- ¿Cuál es la brecha entre tu realidad presente y esa realidad futura?
- ¿Cuáles son los pasos y acciones clave necesarios para cerrar esa brecha?

El ejercicio de la vida suficiente se puede completar cada ciertos años. Con toda probabilidad, tu definición de *suficiente* aumentará con el tiempo, a medida que tu realidad se acerque a tu definición. Es de esperar. La meta es simplemente que sea un movimiento ascendente y consciente, que pueda medirse y monitorearse, en lugar de uno subconsciente que pueda acelerarse sin control.

Tu vida de *Lagom* está esperando: defínela, imagínala y luego comienza a trabajar para construirla.

Trucos de riqueza financiera que conozco a los cuarenta y dos que me hubiera gustado saber a los veintidós

Una colaboración con Ramit Sethi, autor de los *bestsellers* a nivel internacional *Te enseñaré a ser rico* y *Dinero para parejas*, y presentador del popular programa de Netflix *Cómo llegar a ser rico.*

1. La frugalidad, simplemente, se trata de elegir las cosas que amas lo suficiente como para gastar de manera extravagante y luego reducir los costos sin piedad en las cosas que no amas.
2. No pongas en duda una inversión de 30.000, sino de tres dólares. Estamos obsesionados con pequeñas decisiones financieras que no hacen una diferencia real en nuestra vida. Nos mantienen ocupados y pequeños. La cantidad que gastes en café no cambiará tu vida, pero cuestionarte una inversión de 30.000 sí lo hará. Concéntrate en las tarifas de inversión, la asignación de activos, negociar tu salario, los intereses hipotecarios y los intereses de préstamos estudiantiles. Estas inversiones de 30.000 marcarán la diferencia a largo plazo.
3. Siempre ten de seis a doce meses de fondos de emergencia en efectivo. Cuando los tiempos sean buenos, trabaja duro y rápido para ahorrar fondos de emergencia. Esta sola acción aliviará gran parte de la angustia que sientes al pensar en el dinero.
4. Establece una regla para ahorrar un porcentaje determinado e invertir un porcentaje específico de tus ingresos brutos anuales. Establece un depósito con estos porcentajes en automático, hacia alguna cuenta, para que te apegues a ello. Mi regla es ahorrar un 10 por ciento e invertir un 20 por ciento, pero puedes comenzar con un cinco por ciento y un 10 por ciento, respectivamente (o la cifra que creas conveniente).
5. Gasta sólo lo que tienes. Evita acumular intereses sobre la deuda de la tarjeta de crédito. Trata tu tarjeta de crédito

como una tarjeta de débito: asume que el dinero está saliendo de tu cuenta bancaria cada que la deslices. Págala por completo todos los meses.

6. Siempre planifica con anticipación. La gente rica siempre planifica antes de que necesite planificar.
7. Compra lo mejor y consérvalo el mayor tiempo posible. A veces, comprar barato termina saliendo caro, y gastar un poco (o mucho) más en calidad ahorra dinero al final. Por ejemplo, disfruto comprando productos electrónicos de alta gama porque duran más, ropa de alta gama porque no se rasga ni rompe tan fácilmente, y cámaras de alta gama porque son muy confiables. Algunos de estos artículos pueden transmitirse de generación en generación.
8. Trata todo como una prueba. Cuando me inscribí en un nuevo plan de telefonía celular, elegí el más caro y configuré un recordatorio en el calendario para que lo revisara en tres meses. Durante ese tiempo, rastreé mi uso y luego bajé de categoría en consecuencia. Debes hacer esto con todo: tu cable, Netflix, membresías de gimnasios, revistas y suscripciones en línea. El mejor momento para hacerlo es el mes antes de tener que renovar. De esa manera tienes todo el poder. Tendrás mucho tiempo para revisar tus opciones y decidir si cambias de servicio o no. Y, debido a que la empresa querrá mantenerte como cliente (recuerda, su coste de adquisición de clientes suele ser de cientos de dólares), será más probable que te den lo que pides.
9. Sé frugal contigo mismo y generoso con los demás.
10. Si una inversión u oportunidad financiera parece demasiado buena para ser verdad, asume que lo es. Recuerda: todo tiene un precio.
11. Okey, pero los fondos indexados en verdad no lo tienen. Costes más bajos, mejores rendimientos, impuestos más bajos, sin esfuerzo, menos riesgo. Recomiendo tener al menos el 90 por ciento de tu cartera a través de fondos indexados.

12. Si alguien usa un montón de palabras sofisticadas y jerga para tratar de venderte una inversión u oportunidad financiera, no la compres. Corre en la otra dirección, rápido.
13. Mantén la dedicación dentro del mercado de valores. Es muy fácil entrar en pánico y vender acciones cada vez que hay una gran caída en el mercado. Sin embargo, vender tus acciones a la menor caída o cuando están bajas podría ser la peor decisión financiera que puedas tomar. Deja de cronometrar el mercado. Crea un depósito directo automatizado por una pequeña cantidad de dinero en una cuenta de inversión cada mes. Nunca mires la cuenta. No le pongas atención. Una inversión mensual de 100 dólares en el S & P 500 durante los últimos diez años valdría alrededor de 20.000 en la actualidad. Deja que capitalice.
14. Da más de propina durante las festividades. Da un pequeño obsequio navideño a cualquier trabajador de la industria de servicios con el que te encuentres regularmente (repartidores, recolectores de basura, limpiadores, etcétera). Es muy apreciado por quienes lo reciben, y es una forma sencilla de enviar algunas vibraciones navideñas positivas.
15. Establece reglas monetarias para ti. Todos trabajamos de diferentes maneras cuando se trata de dinero. Rara vez existe un enfoque único para gastar, ahorrar y recortar gastos. Si sabes que tienes cierto mal hábito en torno al dinero, establece una regla para ayudarte a evitarlo.
16. Negocia tus facturas. Es un hecho poco conocido que puedes negociar muchas de tus facturas con una simple llamada telefónica. De hecho, puedes ahorrar dinero al mes en tu seguro de automóvil, plan de teléfono celular, membresía del gimnasio (menos probable, pero posible), televisión por cable y tarjetas de crédito. Además, es sencillo. Sólo hay tres cosas que debes hacer para negociar con estas compañías so-

bre cargos y tarifas: llámalas y di: «soy un gran cliente y odiaría tener que dejar de serlo por un simple problema de dinero». Pregunta: «¿qué puedes hacer por mí para bajar mis tarifas?». Funciona.

17. Sigue la regla de los treinta días para ahorrar dinero. Tómate treinta días para pensar en compras no esenciales o compras impulsivas antes de realizarlas. Una vez transcurridos los treinta días, si aún deseas realizar la compra, ¡siéntete libre de hacerlo!
18. Sé un gastador consciente, no una persona tacaña. A la gente tacaña le importa el costo de algo. Quienes gastan de manera consciente se preocupan por el valor de algo. La gente tacaña intenta obtener el precio más bajo en todo. Quienes gastan de manera consciente intentan obtener el precio más bajo en la mayoría de las cosas, pero están dispuestos a gastar de manera extravagante en artículos que realmente les importan.
19. Lucha por la simplicidad en tus finanzas. Entre más éxito tengas con el dinero, más tendrás que luchar por la simplicidad en tus finanzas. Cuando mantienes las cosas simples, puedes tomar el control de tu dinero y volverte mucho más decidido.
20. La forma en que te sientes con respecto al dinero no está correlacionada con la cantidad en tu cuenta bancaria. Muchos de nosotros creemos que si tuviéramos 1.000 dólares más, o 10.000 más, o incluso 100.000 más, dejaríamos de preocuparnos por el dinero y finalmente nos sentiríamos bien con el dinero. Malas noticias: ninguna cantidad cambiará la forma en que te sientes con respecto al dinero. Para sentirte bien con el dinero, necesitas a) conocer tus números y b) mejorar tu psicología del dinero gastando sin disculparte en las cosas que te importan (y pagando lo menos posible por las cosas que no te importan).

Siete consejos profesionales que desearía haber sabido cuando estaba comenzando

PILAR: GENERACIÓN DE INGRESOS

Los consejos profesionales son un área temática que a menudo no da en el blanco. Como el escritor Derek Thompson, del *Atlantic*, comentó una vez: «Con trabajadores en miles de ocupaciones en cientos de industrias, decir cualquier cosa que sea de utilidad para todos ellos es prácticamente imposible. El consejo más común es casi siempre demasiado personal para ser aplicable de manera general».

Los consejos a menudo fallan debido a una trampa de especificidad. Esta especificidad es el verdadero problema: tu mundo se ve muy diferente del mundo de quien te da el consejo, por lo que no puedes aplicar el mismo protocolo o pasos y lograr el mismo resultado.

El mejor consejo, entonces, proporciona los principios generales, las ideas y los marcos que puedes tomar, moldear y aprovechar a *tu manera*. En consecuencia, me senté y sinteticé los consejos que me hubiera gustado recibir al principio de mi carrera (o lo que le diría a mi propio hijo si recién estuviera comenzando). Todos los elementos de la lista son:

1. Aplicables en todos los campos y trayectorias profesionales.
2. Útiles y relevantes en todas las etapas y temporadas de tu carrera.

He aquí siete consejos profesionales que desearía haber sabido cuando comenzaba.

CREA VALOR, RECIBE VALOR

El éxito financiero es un subproducto de la cantidad de valor que creas para quienes te rodean. Las personas más ricas del mundo tienen miles de millones de dólares, pero cada una de ellas ha creado decenas o cientos de miles de millones de dólares de valor y simplemente ha capturado una pequeña porción de ese valor que crearon. Si deseas ganar mucho dinero, deja de concentrarte en tus inversiones, deja de concentrarte en tu plan, deja de concentrarte en tu estrategia y comienza a concentrarte en cómo puedes crear un inmenso valor para todos los que te rodean. Si haces eso, el dinero se dará.

Tragarse la rana

> Si tu trabajo es comerte una rana, lo mejor es hacerlo a primera hora de la mañana. Y si tu trabajo es comerte dos ranas, lo mejor es comerte la más grande primero.
>
> —Mark Twain

Para Mark Twain, la rana es aquello que no quieres hacer. Al comértela a primera hora de la mañana, construyes *momentum* debido a que has hecho lo más difícil. Esta sabiduría proporciona uno de los mejores trucos para salir adelante al principio de tu carrera: trágate la rana por tu jefe. Observa a tu jefe y descubre lo que odia hacer, aprende a hacerlo y quítalo de sus pendientes (trágate su rana). Esta es una forma clara de agregar valor, generar ganancias y generar impulso.

Haz las cosas tradicionales bien

En un mundo que ha perdido de vista lo básico, hay cosas simples que aún se destacan. Algunos ejemplos: mira a la gente a los ojos, haz lo que dices que harás, llega a tiempo (¡o temprano!), practica una buena postura, da un apretón de manos seguro, sostén la puerta, sé amable (¡nunca chismees!). Puede sonar ridículo, pero todas estas cosas no cuestan nada y están completamente bajo tu control; nunca pasarán de moda.

Trabaja duro primero, trabaja inteligente después

En los últimos años, se ha puesto de moda decir que el trabajo duro está sobrevalorado, que trabajar de manera inteligente es todo lo que importa. No es cierto. Si quieres lograr algo significativo, tienes que empezar por trabajar duro. Construye una reputación de trabajo duro y siente orgullo por eso. Entonces podrás comenzar a generar afianzamiento para trabajar de manera inteligente. El afianzamiento se gana o se merece, no se encuentra así nada más. Cuando estás empezando, no deberías enfocarte en el afianzamiento. Debes concentrarte en crear valor en todas partes y en cualquier lugar. Duro ahora, inteligente después. Gánate tu afianzamiento.

Desarrolla habilidades para contar historias

Una observación debida a que tengo el privilegio de pasar tiempo con algunos líderes increíbles: los directores ejecutivos que cambian el mundo no son las personas más inteligentes de sus organizaciones. Son excepcionales para agrupar los datos y comunicarlos de manera simple y efectiva. Datos como entrada, una historia como salida. Si puedes desarrollar esa habilidad para contar historias, siempre serás valioso.

Construye una reputación como alguien que siempre encuentra una solución

En cada paso de tu carrera, se te asignarán muchas tareas que no tienes ideas de cómo completar. El síndrome del impostor inevitablemente aparecerá; te preguntarás cómo puedes hacer esto que nunca has hecho antes (¡y además hacerlo bien!). No hay nada más valioso que alguien que puede simplemente descifrarlo, resolverlo. Haz las preguntas clave, trabaja un poco y hazlo. Si haces eso, la gente se peleará por tenerte.

Cruza por todas las puertas que se te abran

Si alguien abre una puerta que puede presentar una oportunidad, crúzala. No importa si la apertura es la oportunidad exacta que deseas. Vuélvete útil ahora, y las oportunidades que te entusiasman aparecerán más adelante. Toda gran historia comienza con una pequeña apertura. Encuéntrala. Lánzate a través de ella.

En tu carrera, siempre habrá muchas cosas que se sentirán incómodamente fuera de tu control. Pero como todas las cosas en la vida, si enfocas tu atención y energía en lo que sí puedes controlar, siempre estarás mejor. Dondequiera que te encuentres en tu trayectoria profesional, si aceptas estos siete consejos, estás controlando las cosas que te importan. Haz esto y te garantizo que encontrarás una forma de ganar.

Seis metacapacidades que puedes vender para construir un futuro de altos ingresos

PILAR: GENERACIÓN DE INGRESOS

En la sección anterior, presenté el modelo básico para establecer un motor de ingresos robusto:

1. Desarrolla habilidades que puedas vender.
2. Apaláncate de esas habilidades para convertirlas en ingresos.

Este modelo es ampliamente aplicable: ya sea que seas un recién graduado que apenas comienza o un profesional experimentado al final de tu carrera, para establecer y desarrollar un motor de ingresos sigue este modelo básico.

Las metacapacidades son las habilidades fundamentales que puedes vender y sobre las cuales se pueden desarrollar otras habilidades. Las metacapacidades más útiles son aquellas que puedes aprovechar en todo el espectro de riesgo, desde un empleo primario de menor riesgo (tu tiempo por dinero) hasta el autoempleo (volátil y de mayor riesgo), en una variedad de posibles esfuerzos que te generen ingresos.

Estas son algunas de las metacapacidades más valiosas que debes pensar en desarrollar:

- VENTAS: la capacidad de vender un producto, servicio, visión o a uno mismo es una metacapacidad de por vida. Las ventas son el núcleo de la mayoría de las historias de éxito.
- *STORYTELLING*: la capacidad de agregar datos y formular una narrativa clara y concisa. Esto se aplica a todas las áreas funcionales y es esencial para una variedad de carreras profesionales, incluidas las carreras profesionales tradicionales y estables como la medicina, el derecho y las finanzas.

- **Diseño**: en un mundo en el que la inteligencia artificial dirigirá gran parte del trabajo, el gusto y las preferencias por el diseño cobrarán mayor importancia. La capacidad de dirigir la IA (y a los humanos) a producir una visión de diseño coherente y bella será esencial para muchas industrias.
- **Escribir**: no puedes escribir con claridad si no estás pensando con claridad. La escritura fuerza una claridad de pensamiento que resulta útil en cualquier esfuerzo importante. La capacidad de transmitir ideas en un lenguaje simple y conciso es una metacapacidad que proporcionará valor en todos los ámbitos.
- **Ingeniería de *software***: nuestro mundo está cada vez más gobernado por bits y bytes. Quienes entiendan ese mundo están en mejor posición para prosperar. La capacidad de aprovechar la IA para acelerar los esfuerzos es una habilidad que todos los ingenieros de *software* deberán desarrollar.
- **Ciencia de datos**: los datos se están convirtiendo en oro moderno, una moneda como ninguna otra. La capacidad de analizar, etiquetar, manipular y aprovechar los datos será una habilidad cada vez más valiosa en un mundo impulsado por la IA.

Esta no pretende ser una lista exhaustiva, pero cada una de estas habilidades que puedes vender es atractiva, porque se puede aprovechar para crear ingresos primarios estables y crecientes por tu empleo, así como flujos de ingresos secundarios de mayor crecimiento. Existen otras habilidades que puedes vender, como las relacionadas con la medicina, el derecho, las finanzas y ciertos servicios profesionales (que tienen un fuerte potencial de ingresos), pero generalmente están limitadas a las formas de empleo primario, únicas y estables, por lo que pueden resultar más limitadas en términos de beneficios a largo plazo.

Si construyes una base sólida de metacapacidades, crearás las condiciones para un futuro de altos ingresos.

Los siete principios básicos de la administración de gastos

PILAR: ADMINISTRACIÓN DE GASTOS

Si bien no obtendrás la libertad financiera ahorrando, un aumento de tus ingresos junto con una gestión disciplinada de tus gastos generará resultados enormes a largo plazo. La administración eficaz de los gastos es esencial para desarrollar la libertad financiera. La situación de cada persona será diferente, pero hay principios básicos que se aplican universalmente.

Los siete principios de una administración eficaz de los gastos son los siguientes:

1. **Crea un presupuesto**: tener un plan es el primer y más importante paso en tu viaje hacia la libertad financiera. Crear y ceñirse a un presupuesto mensual es un excelente punto de partida. Planea tus gastos mensuales y usa un registro o herramienta en línea (hay muchas opciones gratuitas y prémium) para realizar un seguimiento de tu desempeño. Incorpora los gastos y experiencias para tu subsistencia de manera constante, y crea un colchón para los asuntos inesperados. Ensaya con tu administración de gastos e intenta aterrizar lo más cerca posible de tu presupuesto.
2. **Automatiza los ahorros**: siempre ahorra antes de gastar. Automatiza tus ahorros mensuales haciendo un depósito directo que ingrese en una cuenta separada.
3. **Trata las tarjetas de crédito como efectivo**: nunca dejes un saldo pendiente en tus tarjetas de crédito. Págalas en su totalidad al final de cada mes. Trata todo tu presupuesto de esta forma: efectivo de entrada, efectivo de salida.

4. **Crea un fondo para los períodos aciagos**: tener una red de seguridad de aproximadamente seis meses de gastos en efectivo es una buena regla general para capear las inevitables tormentas de la vida. Prioriza la creación y el mantenimiento de ese fondo. No lo toques a menos que sea absolutamente necesario.
5. **Presupuesto para experiencias**: al crear tu presupuesto mensual, asegúrate de tener un colchón que tome en cuenta las experiencias y la diversión. Cenas, películas, viajes, etcétera, son gastos que deben tenerse en cuenta al contemplar el estilo de vida que deseas tener.
6. **Planea con anticipación**: las grandes compras o gastos nunca deberían sorprenderte. Planea con anticipación las bodas, vacaciones, automóviles, el pago de deudas, etcétera. Si planeas, puedes evitar incurrir en nuevas deudas significativas (con tarjeta de crédito o de otro tipo) cuando lleguen los grandes gastos.
7. **Maneja las expectativas como si fueran un riesgo**: las expectativas que crecen más rápido que los activos son la causa más común de la miseria financiera. Haz un seguimiento de tus expectativas de estilo de vida y asegúrate de no permitir que esas expectativas se inflen en lo material a medida que crezcan tus ingresos. Evita los peligros del aumento gradual en tu estilo de vida, especialmente en los primeros años de tu travesía hacia la libertad financiera, ya que el dinero incremental que inviertas al principio valdrá más, más adelante.

Tus gastos cambiarán a lo largo de tu vida. Conforme acumules responsabilidades (incluyendo pareja e hijos), tus gastos crecerán naturalmente. Es perfectamente razonable suponer que tus gastos aumentarán con el tiempo (particularmente, dada la inflación económica).

Como regla general, asegúrate de que tus ingresos crezcan a un ritmo mayor que tus gastos. Con el tiempo, esto creará una brecha que puedes invertir y te llevará a una fuerte capitalización de intereses compuestos en un camino acelerado hacia la independencia financiera.

Si sigues estos siete principios y los combinas con un aumento constante de tus ingresos y una estrategia de inversión básica y reflexiva a largo plazo, estarás en el camino hacia la libertad financiera.

Los ocho mejores activos de inversión para la riqueza a largo plazo

PILAR: INVERSIÓN A LARGO PLAZO

En el mundo financiero moderno, las oportunidades para invertir son infinitas. Constantemente te ofrecen el último y más increíble artilugio financiero, que promete rendimientos desmesurados y ningún aumento de riesgo que se pueda notar. Ten cuidado con estas afirmaciones: como dice el refrán, ¡nada es gratuito en este mundo!

En un esfuerzo por brindar una perspectiva equilibrada sobre las oportunidades de inversión más atractivas, he colaborado en esta sencilla guía con Nick Maggiulli, autor y escritor financiero cuyo *bestseller Just Keep Buying* analiza y explica cómo ahorrar dinero e invertir.

Las ocho clases de activos cubiertas se eligen por sus propiedades generadoras de ingresos y creadoras de riqueza. Cada una de las clases de activos proporciona ingresos y capitalización a largo plazo. No se incluyen clases de activos como criptomonedas, arte y metales preciosos, ya que no proporcionan potencial de ingresos al inversor. La lista no pretende ser una recomendación, sino un punto de partida para futuras investigaciones. Siempre realiza tu propia investigación antes de realizar inversiones.

Activo 1: Acciones

Las acciones son una clase de activos de fácil acceso que representa la propiedad de las empresas subyacentes. Históricamente, tienen tasas de rendimiento compuestas de promedio altas (ocho a diez por ciento), son fáciles de negociar y requieren poco o ningún mantenimiento. También tienen una volatilidad significativa y pueden experimentar oscilaciones de valoración importantes, independientes de los cambios fundamentales del negocio.

PROS:

- Altas tasas históricas de rendimiento promedio.
- Fáciles de intercambiar.
- Muy poco mantenimiento.

CONTRAS:

- Alta volatilidad.
- Oscilaciones significativas de valoración que pueden estar separadas de los fundamentos empresariales.

Activo 2: Bonos

Los bonos son préstamos de inversionistas a prestatarios con pagos que se realizarán durante períodos específicos. Los bonos varían mucho en su perfil de riesgo, dependiendo del prestatario subyacente; los bonos del Tesoro de los EE.UU. se consideran de riesgo extremadamente bajo, debido a la capacidad del gobierno para imprimir dinero. Tienen una tasa de rendimiento compuesta promedio histórica más baja (del dos al cuatro por ciento), pero generalmente ofrecen un flujo de ingresos constante (de los pagos del prestatario) y tienden a aumentar cuando caen las acciones.

PROS:

- Baja volatilidad general.
- Fuerte seguridad del capital (en bonos respaldados por el gobierno de mayor calidad).

CONTRAS:

- Rendimientos generales más bajos, especialmente después de tener en cuenta la inflación.

Activo 3: Inversión en propiedades

La inversión en propiedades son residencias propias compradas con la intención de generar ingresos, a través del alquiler, y riqueza, a través de la apreciación futura del valor de la propiedad. La capacidad de asegurar el afianzamiento para la compra (a través de una hipoteca) amplifica el perfil de rendimiento, lo que significa que el rendimiento anual compuesto promedio puede ser de alrededor del 12 al 15 por ciento, según la ubicación y las condiciones del mercado.

Estos rendimientos anuales promedio más altos se compensan con los desafíos operativos de administrar una propiedad y sus inquilinos y la baja liquidez en el activo subyacente, en caso de una interrupción del mercado.

PROS:

- Potencial de altos rendimientos promedio dado el perfil de afianzamiento.
- Valor en forma de experiencias si las propiedades se utilizan cuando no se alquilan.

CONTRAS:

- Alto potencial de dolores de cabeza debido a la administración de propiedades e inquilinos.
- Baja liquidez en caso de caída del mercado.

Activo 4: Fideicomisos de inversión en bienes raíces

Los fideicomisos de inversión en bienes raíces (FIBRA) son empresas que poseen y administran propiedades inmobiliarias y distribuyen los ingresos de las propiedades a sus accionistas de manera constante. Invertir en FIBRA se considera una forma eficiente en impuestos y sin dolores de cabeza para invertir en bienes raíces, ya que los FIBRA deben pagar gran parte de sus ingresos gravables como dividendos. Históricamente, proporcionan rendimientos anuales compuestos promedio altos, de alrededor del 10 al 12 por ciento, y una menor correlación con las acciones durante los mercados alcistas. Históricamente, también exhiben una volatilidad igual o mayor que las acciones, con reducciones significativas durante las caídas del mercado.

PROS:

- Históricamente, altos rendimientos compuestos anuales promedio.
- Proveen exposición a los bienes raíces de manera eficiente en impuestos sin dolores de cabeza debidos a su administración.

CONTRAS:

- Alta volatilidad, comparable o mayor que las acciones.
- Reducciones significativas durante las caídas del mercado.

Activo 5: Tierras agrícolas

Las tierras agrícolas han sido históricamente una fuente importante de creación de riqueza y un activo atractivo que genera ingresos. Dado este perfil, hoy en día existen plataformas que brindan oportunidades para que los inversionistas acreditados posean participaciones parciales en operaciones de tierras agrícolas. Las tierras agrícolas tienen una baja correlación con los rendimientos de las acciones y los bonos y una baja volatilidad general debido a la estabilidad del valor de la tierra, y brindan protección contra la inflación, ya que tienden a aumentar de valor en relación con las tendencias más amplias de los precios del mercado. Las inversiones en tierras agrícolas tienden a ser altamente ilíquidas y generalmente requieren tarifas más altas y un estado de acreditación.

PROS:

- Baja correlación con los activos tradicionales, bajo riesgo principal en general.
- Fuerte cobertura contra la inflación.

CONTRAS:

- Baja liquidez.
- Tarifas más altas y requisitos de acreditación.

Activo 6: pequeñas empresas y *startups*

Las adquisiciones e inversiones en pequeñas empresas y *startups* se han vuelto muy populares en los últimos años. Ofrecen el potencial de rendimientos desmesurados (potencialmente, del 20 al 25 por ciento) y un entorno en el que el éxito histórico puede aumentar las probabilidades de éxito futuro, a medida que sea más probable que se te brinden oportunidades atractivas. También conllevan un compromiso de tiempo significativo, particularmente en el caso de participación activa en operaciones de pequeñas empresas, así como una alta probabilidad de pérdida de capital.

PROS:

- Potencial de devoluciones de gran tamaño.
- El éxito engendra éxito.

CONTRAS:

- Alto compromiso de tiempo.
- Significativo potencial de fracaso y pérdida de capital.

Activo 7: Regalías

Las regalías son los pagos realizados por el uso continuado de obras protegidas por derechos de autor o de tu propiedad. Hoy en día, existen plataformas que ponen en contacto a compradores y vendedores de fuentes de regalías, lo que proporciona a los nuevos inversores acceso al mercado. Dependiendo del perfil de riesgo, las regalías pueden proporcionar rendimientos anuales compuestos promedio del cinco al veinte por ciento, con baja o nula correlación con los activos financieros tradicionales y un flujo de ingresos constante. Las plataformas tienden a cobrar tarifas más altas y muchas requieren un estado de acreditación para invertir.

PROS:

- Potencial de ingresos estables y rendimientos promedio atractivos.
- Baja correlación con otros activos financieros.

CONTRAS:

- Tarifas más altas y requisitos de acreditación.
- Potencial de cambios repentinos en los ingresos debido a las preferencias en el gusto.

ACTIVO 8: TUS PROPIOS PRODUCTOS

Las inversiones en tus propios productos generadores de ingresos (productos físicos, productos digitales, servicios y similares) ofrecen la posibilidad de un alto grado de control y realización personal. Estas inversiones requieren mucho tiempo, especialmente al principio, y no ofrecen ninguna garantía de rendimientos futuros, y es probable que la mayoría fracase. Cuando están bien construidos, con el potencial de escalar sin requisitos significativos de tiempo adicional, ofrecen un potencial de rendimiento desmesurado.

PROS:

- Control total y propiedad de los resultados.
- Alto grado de realización personal.
- Potencial de devoluciones inmensas si tiene éxito.

CONTRAS:

- Compromiso de tiempo considerable.
- Alta probabilidad de fracaso.

Desarrollar una conciencia y comprensión de estas ocho clases de activos proporcionará a cualquier inversor una sólida base general de conocimiento. No es necesario que inviertas en los ocho (¡yo invierto sólo en cuatro de los ocho!), pero el conocimiento te dejará bien preparado para actuar en una variedad de estrategias de inversión en el futuro.

El espectro de retorno por las molestias

PILAR: INVERSIÓN A LARGO PLAZO

Los asesores de inversión se centran en el perfil de rentabilidad (o retorno) ajustado al riesgo de una inversión, es decir, los rendimientos promedio esperados dado el perfil de riesgo de la inversión. Por ejemplo, invertir en *startups* puede ofrecer oportunidades de diez veces o incluso cien veces la apreciación de la inversión, pero también es increíblemente arriesgada; la gran mayoría de las *startups* quiebran y pierden todo el capital invertido, así es que el perfil de rentabilidad ajustado al riesgo de esa clase de activos está más cercano con las inversiones en índices de mercado.

El concepto de ajuste de riesgo es parte del cálculo en el que deberías pensar cuando observes las inversiones a largo plazo en las clases de activos de la sección anterior, pero omite un componente clave:

Elegir las clases de activos adecuadas para tu cartera significa seleccionar aquellas que te den acceso a rendimientos promedio atractivos ajustados al riesgo, pero también ajustados a las «molestias».

Mitchell Baldridge, un conocido contador público certificado y escritor, se refiere a un concepto que él llama «retorno por las molestias», la idea de que el tiempo y la energía asociados con una inversión deben considerarse como parte de la ecuación de retorno. Por ejemplo, una inversión inmobiliaria multifamiliar que genera un rendimiento anual promedio del diez por ciento puede parecer una oferta irresistible, pero si requiere que pases diez horas lejos de tu familia cada fin de semana y conduzcas hasta el lugar, soluciones problemas de mantenimiento y lidies con inquilinos que son un dolor de cabeza, ese rendimiento anual del diez por ciento puede que ya no resulte tan atractivo. Si puedes generar un rendimiento anual promedio del siete por ciento con cero desembolso de tiempo y energía, mediante la compra automática y la tenencia de fondos indexados del mercado, debes sopesar otras posibles inversiones a largo plazo en comparación con eso. Si el perfil de retorno incremental probable excede el valor de los requisitos incrementales de tiempo y energía, vale la pena considerarlo, pero, si no, debe rechazarse.

Para ilustrar el punto, podemos hacer referencia a un gráfico de datos recopilados por Nick Maggiulli que mapea una variedad de posibles activos de inversión a largo plazo de la sección anterior, todo en función de su dificultad/molestia de riesgo y los rendimientos anualizados esperados.[11]

GAMA DE LA RENTABILIDAD DE LAS MOLESTIAS

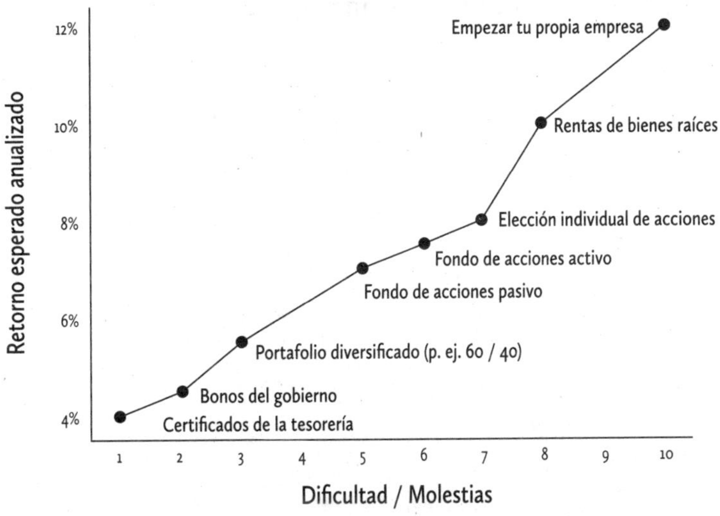

FUENTE: ENCUESTA ESTADOUNIDENSE SOBRE EL USO DEL TIEMPO, NUESTRO MUNDO EN DATOS

Iniciar tu propio negocio, que ocupa la esquina superior derecha de este gráfico, ofrece la tentadora tripleta de alto riesgo, alta molestia y alta recompensa. Lo atractivo del control — la «apuesta en ti mismo»— es convincente, pero no debe tomarse a la ligera, ya que la mayoría de las empresas fracasarán en su primera década. Dicho esto, las vías alternativas y sin riesgos para el emprendimiento pueden ofrecer una compensación de riesgo-recompensa más manejable para quienes buscan un cronograma acelerado hacia la independencia financiera.

Para la mayoría de las personas, la mitad inferior de este espectro de dificultades/problemas será el punto óptimo. Comprar y mantener un fondo indexado de mercado bien diversificado y de bajo costo proporcionará el equilibrio más atractivo en términos de rendimiento y requerimiento de energía. Las inversiones a largo plazo y con mayores dificultades, como las acciones individuales y las propiedades inmobiliarias, no deben considerarse sin que tengas una comprensión clara de los riesgos asociados, de tiempo y capital, así como de una perspectiva racional sobre la «ventaja» que se tiene con el mercado en ese ámbito específico de activos.

La mayor inversión individual del mundo

PILAR: INVERSIÓN A LARGO PLAZO

Cuando estaba en la universidad, mi padre compartió una idea que considero el mejor consejo de inversión que he recibido.

Me dijo que estableciera como regla no pensar nunca dos veces en invertir en mí mismo:

- Libros, cursos y educación.
- Salud física.
- Eventos de *networking*.
- Comida de calidad.
- Salud mental.
- Desarrollo personal.
- Dormir.

Todo ello puede parecer un *gasto*, pero también puede ser considerado una *inversión* que paga dividendos para tu vida durante mucho tiempo.

Por ejemplo, cuando comencé mi primer trabajo, elegí vivir solo en lugar de con tres compañeros de cuarto. En la superficie, parecía una decisión financiera tonta (aproximadamente el doble del coste mensual), pero me dio espacio para concentrarme y relajarme de manera profunda. Creo que la inversión se amortizó con un crecimiento profesional acelerado en menos de un año.

El sesgo es subestimar el valor que tienen estas inversiones. El coste financiero es fácilmente cuantificable, por lo que nos enfocamos en él e ignoramos los beneficios en otras áreas de nuestra vida. Pero si evalúas los beneficios a través del lente de los otros tipos de riqueza (de tiempo, social, mental y física), los contabilizarás de manera más apropiada y tomarás una mejor decisión a largo plazo.

Como regla general: nunca lo pienses dos veces antes de invertir en ti mismo.

En cambio, piénsalo dos veces antes de hacer compras materiales. Prueba la regla de los treinta días: espera treinta días antes de completar el pedido. Si aún entonces quieres hacerlo, adelante. Si no, detente. Esto me ha ahorrado mucho dinero en compras estúpidas e impulsivas que sólo habrían acumulado polvo. Redistribuye los ahorros en inversiones en ti mismo y duplica el beneficio.

Truco de vida: invierte siempre en ti mismo, nunca te arrepentirás.

31.

Resumen: la riqueza financiera

VISIÓN GENERAL DE LA RIQUEZA FINANCIERA

La gran pregunta: ¿cuál es tu definición de suficiente?

Los tres pilares de la riqueza financiera:

- **Generación de ingresos**: crea ingresos estables y crecientes a través de un empleo primario, un empleo secundario o de líneas de ingreso pasivas.
- **Administración de gastos**: administra los gastos para que estén por debajo de su nivel de ingresos de manera confiable y crezcan a un ritmo más lento.
- **Inversiones a largo plazo**: invierte la diferencia entre tus ingresos y gastos en activos a largo plazo, eficientes, de bajo costo y que sumen intereses compuestos de manera efectiva.

La puntuación de la riqueza financiera: Para cada declaración a continuación, responde con 0 (*muy en desacuerdo*), 1 (*en desacuerdo*), 2 (*neutral*), 3 (*de acuerdo*) o 4 (*muy de acuerdo*).

1. Tengo una definición clara de lo que significa tener suficiente en términos financieros.
2. Tengo ingresos que crecen constantemente junto con mis habilidades y experiencia.

3. Administro mis gastos mensuales para que estén por debajo de mis ingresos de manera confiable.
4. Tengo un proceso claro para invertir el exceso de ingresos mensuales en capitalización a largo plazo.
5. Utilizo mi riqueza financiera como una herramienta para generar otros tipos de riqueza.

Tu puntuación inicial (de 0 a 20):

Metas, antimetas y sistemas

Utiliza el marco de establecimiento de objetivos para calibrar tu brújula de riqueza financiera:

- METAS: ¿qué puntuación de riqueza financiera deseas lograr dentro de un año? ¿Cuáles son los dos o tres puntos de control que deberás alcanzar en tu camino para lograr esta puntuación?
- ANTIMETAS: ¿cuáles son los dos o tres resultados que deseas evitar en tu travesía?
- SISTEMAS DE ALTO AFIANZAMIENTO: ¿cuáles son los dos o tres sistemas de la Guía de la riqueza financiera que implementarás para lograr un progreso tangible y capitalizable hacia tu puntuación objetivo?

TU INICIO RÁPIDO DE UNA SEMANA

Utiliza los principios de esta sección para realizar una auditoría simple de tu ecosistema actual:

1. INGRESOS: ¿cuáles son tus fuentes actuales de entradas de efectivo? ¿Qué tan estables son estas fuentes? ¿Están creciendo de

manera predecible? ¿Puedes aumentar tus entradas de efectivo desarrollando nuevas habilidades o afianzándote de manera más efectiva a través de tus habilidades actuales?

2. **Gastos:** ¿qué tan consistentes son tus salidas de efectivo actuales? ¿Están tus salidas por debajo de tus entradas? ¿Están creciendo tus gastos de manera más acelerada que tus ingresos? ¿Tienes un presupuesto y un plan claros? Si no, crea uno y realiza un seguimiento de tu progreso en función de él.
3. **Inversiones a largo plazo:** ¿tienes una estrategia clara para invertir la diferencia entre tus entradas y salidas en vehículos de capitalización a largo plazo? De lo contrario, crea una cuenta de inversión con brókeres de bajo costo y considera establecer un depósito automático.

Esta auditoría te proporcionará una sólida línea de referencia inicial para generar riqueza financiera.

CONCLUSIÓN

El salto de fe

En el *thriller* de ciencia ficción de 2010 de Christopher Nolan, *Inception*, hay una escena en la que el protagonista, interpretado por Leonardo DiCaprio, se enfrenta a la decisión de vida o muerte de confiar en un nuevo benefactor potencial y aprovechar el desafío que se le presenta. Es un desafío con la apuesta más alta posible: la oportunidad de regresar a casa con sus hijos, a quienes no ha visto en años.

El benefactor, interpretado por Ken Watanabe, parece sentir el llamado de su contraparte a la aventura y plantea una pregunta única y poderosa:

«¿Quieres dar un salto de fe? ¿O convertirte en un viejo, lleno de arrepentimiento, esperando a morir solo?»

Mi vida, toda mi historia, es el resultado de un acto de fe.

Mientras estoy sentado aquí, escribiendo las páginas finales de este libro, años después de que el concepto se afianzara por primera vez en mi mente, me sorprende cuánto han cambiado sus ideas mi vida y mi mundo:

He construido un ecosistema empresarial próspero con un grupo de líderes y operadores maravillosos. Creo contenido que influye positivamente en millones de suscriptores y seguidores en todo el mundo cada semana. Diseñé una rutina sólida de salud y bienestar que me ha permitido lucir y rendir mejor que nunca. Tengo la flexibilidad y el control sobre mi tiempo para buscar oportunidades para crear energía. Siento un profundo sentido de propósito y crecimiento en mi vida cotidiana.

Pero, sobre todo, tengo a mi gente.

Son las 6:30 de la mañana en este momento. Puedo escuchar a mi hijo de dos años riéndose afuera de las puertas de mi oficina; sin duda mi esposa lo está alentando. Cuando salga, él correrá y me atraerá hacia uno de sus abrazos familiares favoritos. Esta mañana, estamos empacando nuestras maletas para hacer el corto viaje en automóvil a Boston, donde pasaremos unos días con nuestros padres y hermanos. Estas visitas, que antes eran anuales, ahora ocurren con frecuencia; nuestra decisión de dejar nuestra vida estable en California y mudarnos al otro lado del país creó estas ondas expansivas de risas, amor y recuerdos. Desde esa mudanza, nuestra familia ha enfrentado desafíos impredecibles, problemas de salud y tristeza, pero lo importante es que los hemos enfrentado todos *juntos*.

Encontré a mi gente, y tengo la intención de apreciarla hasta mi último aliento.

Entonces, conforme concluyo este escrito, siento una inmensa gratitud. Estoy viviendo la vida de mis sueños porque adopté una mejor manera: medí las cosas correctas, realicé las acciones correctas y creé los resultados correctos. Abracé los conceptos en *Los 5 tipos de riqueza*. Estoy seguro de que renuncié al dinero al dejar el camino en el que estaba, pero en lo que a mí respecta, soy el hombre más rico del mundo.

Ahora es el momento de que tú hagas lo mismo.

Mide, toma decisiones y diseña tu nueva vida en torno a estos cinco tipos de riqueza:

- La riqueza de tiempo.
- La riqueza social.
- La riqueza mental.

- La riqueza física.
- La riqueza financiera.

Mide tu vida en todos los pilares de una existencia feliz y satisfactoria. Establece tu puntuación de riqueza de referencia, luego vuelva a ella cada año para evaluar tu progreso y áreas de oportunidad. Mide para la guerra y nunca perderás eso de vista en medio del caos de las batallas.

Toma decisiones que consideren los cinco tipos de riqueza. En lugar de centrarte estrictamente en la riqueza financiera, puedes evaluar una decisión en función de su impacto en los cinco tipos de riqueza. Cuando estés considerando un cambio de carrera, sopesa el impacto de la decisión en tu tiempo, tus relaciones y tu propósito y crecimiento. Cuando pienses en mudarte, considera los efectos en tus seres queridos y en tu salud. Cuando evalúes una gran inversión o compra, reflexiona sobre el impacto que puede tener en tu libertad financiera y estado mental. Las decisiones más importantes se toman de mejor manera teniendo en cuenta todo el espectro de tu vida.

Diseña la vida de tus sueños dentro de (y a lo largo de) las próximas etapas. Utiliza este nuevo modelo para un diseño de vida proactivo, que considere tus prioridades cambiantes y te permita concentrarte en batallas individuales y específicas, sin que sacrifiques tu victoria en la guerra a largo plazo. Navega por la incertidumbre de la vida con claridad, mientras evalúas lo que estás dispuesto a ganar o perder y dispuesto o no dispuesto a hacer para construir la vida que deseas.

Tú tienes las herramientas. Tienes la información. Sólo queda una cosa...

¿Quieres dar un salto de fe?

AGRADECIMIENTOS

Sir Isaac Newton célebremente escribió: «Si he logrado ver más lejos ha sido porque he subido a hombros de gigantes». Me hago eco de este sentimiento: este libro sólo fue posible gracias a la amable comprensión y el apoyo de una larga lista de increíbles gigantes que me regalaron sus hombros. Me gustaría tomarme un momento para reconocerlos aquí, aunque las palabras nunca harán suficiente justicia a mi gratitud.

En primer lugar, mi esposa, Elizabeth, que es sin duda la persona más increíble que he tenido el placer de conocer. A lo largo de este proceso, fue una caja de resonancia, socia intelectual, contadora de verdades y directora creativa (¡sus habilidades de diseño incluso contribuyeron a la hermosa portada de la edición original, con la cual estoy encantado!). Aún más impresionante, lo hizo todo mientras era una madre presente y amorosa para nuestro hijo, Roman. Soy un firme creyente de que la persona con quien eliges asociarte en la vida es la elección más importante que tomarás; bueno, todos los días cuento mis bendiciones de que ella me haya elegido.

Mis padres, quienes combinaron sus altas expectativas con un fuerte apoyo, una combinación que siempre me permitió aspirar a alcanzar nuevas alturas, escalar mi impacto y soñar en grande. Su amor es la base de todo en mi vida, y estoy eternamente agradecido por ello.

Mi hermana, Sonali, que siempre me puso los estándares altos y me mostró lo que era posible. Después de años de estar separados por edad, nos encontramos en la misma etapa de la vida, y no puedo esperar a ver que nuestra relación continúe floreciendo (¡o eclosionando!) en las próximas décadas.

Mi segunda familia, los Gordon (Mary, Steve, Mara y Samantha, cuyo apoyo a Elizabeth, Roman y a mí es inquebrantable).

Mi equipo, que hizo posible este libro. Blake Burge, mi navaja suiza personal, que nunca se ha enfrentado a una tarea que no pueda asumir con positividad y entusiasmo. El tipo de chico que siempre quieres tener de tu lado. Matt Schnuck, un socio intelectual y amigo, que leyó y revisó gran parte de este libro y ayudó a elaborar el plan para mejorar su impacto. Christian DiMonda, quien creó las imágenes hermosas y simples que realzan las palabras en todas partes. OffMenu Design, mi socio de diseño, quien creó el hermoso sitio web y los recursos en línea para el libro. Hunter Hammonds, Lucas Gabow, Holly Felicetta, Jess Barber, Sy Santos y Shane Martin, quienes contribuyeron a su manera única.

Mis mentores, asesores y amigos, que siempre me han impulsado a pensar en grande, pero me mantuvieron con los pies en la tierra en todo momento.

Mis colaboradores, incluidos Susan Cain, Arthur Brooks, Ramit Sethi, Ben Bruno y Nick Maggiulli, quienes fueron muy generosos con su tiempo y conocimientos. Su experiencia enriqueció la calidad de este libro y la capacidad de acción de sus guías.

Todas las personas increíbles que me dieron el privilegio de contar sus historias, desde aquellos que se nombran —Alexis Lockhart, Erik Newton, Dave Prout, Rohan Venkatesh, Hank Behar, Phyllis Behar, Dan Go, Vicki Landis, Kevin Dahlstrom, Greg Sloan, Marc Randolph y Bryan Johnson— hasta quienes optaron por permanecer en el anonimato. Los cientos, quizás incluso miles, de conversaciones trajeron una alegría y sabiduría increíbles a mi vida y a las páginas de este libro. Estoy encantado de poder compartir sus historias.

Mi editora, Mary Reynics, que fue la socia perfecta para esta empresa. En cada etapa del proceso, su pensamiento crítico y sus pruebas de presión mejoraron la calidad del resultado. Cuando nos conocimos por primera vez durante el proceso de negociación del libro en 2022, sentí que tendríamos una gran colaboración, y tenía razón. Ella es especial.

Mi agente literaria, Pilar Queen, quien creyó en mi concepto desde el principio. La primera vez que nos conocimos, ella dijo: «Mira, voy a ser honesta contigo», y mi corazón se hundió ante lo que vendría después. Ella continuó: «Me encanta», y mi corazón fue restaurado por la confianza. Que creyera significaba un mundo para mí, tanto entonces como ahora.

Y, finalmente, a todos ustedes, mis lectores, que me dan la energía para escribir todos los días. Considero que es el mayor honor tener la oportunidad de hacer esto para ganarme la vida, y no lo doy por sentado. Gracias por darme esta oportunidad. Gracias, gracias, gracias.

Sahil Bloom, diciembre de 2024, Nueva York

NOTAS

PRÓLOGO: la travesía de una vida

1. Jean de La Fontaine, «El astrólogo que cayó a un pozo», en Charles Denis, Selected Fables (J. y R. Tonson y S. Draper, 1754).

DISEÑA LA VIDA DE TUS SUEÑOS

1. Arthur C. Brooks, «How to Buy Happiness», The Atlantic, April 15, 2021, https://www.theatlantic.com/family/archive/2021/04/money-income- buy-happiness/618601/.
2. Joe Pinsker, «The Reason Many Ultrarich People Aren't Satisfied with Their Wealth», The Atlantic, December 4, 2018, https://www.theatlantic.com/family/archive/2018/12/rich-people-happy-money/577231/.
3. Kathleen Elkins, «Warren Buffett Simplifies Investing with a Baseball Analogy», CNBC, February 2, 2017, https://www.cnbc.com/2017/02/02/warren-buffett-simplifies-investing-with-a-baseball-analogy.html.

LA RIQUEZA DE TIEMPO

1. El conjunto de datos que descubrí fue una compilación creada por Our World in Data, un sitio web especializado en visualización de datos, que tomó las Encuestas Estadounidenses sobre el Uso del Tiempo de 2009-19 y creó una visión integral de con quién pasamos nuestro tiempo a lo largo de nuestra vida. Segmentaron la vista a lo largo del tiempo con familiares, amigos, pareja, hijos, compañeros de trabajo y solos. Consulte Esteban Ortiz-Ospina, Charlie Giattino y Max Roser, «Time Use», Our World in Data, February 29, 2024, https://ourworldindata.org/time-use.
2. Tim Urban, «The Tail End», Wait but Why (blog), December 11, 2015, https://waitbutwhy.com/2015/12/the-tail-end.html.

3. Tim Ferriss, «Sam Harris (#342)», The Tim Ferriss Show (podcast), October 31, 2018, https://tim.blog/2018/10/31/the-tim-ferriss-show-transcripts-sam-harris-342.
4. Saloni Dattani et al., «Life Expectancy», Our World in Data, https://ourworldindata.org/life-expectancy.
5. Sophie Leroy, «Why Is It So Hard to Do My Work? The Challenge of Attention Residue When Switching Between Work Tasks», Organizational Behavior and the Human Decision Processes 109, no. 2 (July 2009): 168 – 81.
6. Cal Newport, «A Productivity Lesson from a Classic Arcade Game», Cal Newport (blog), September 6, 2016, https://calnewport.com/a-productivity-lesson-from-a-classic-arcade-game/.
7. «Three- Quarters of Parents Too Busy to Read Bedtime Stories», Telegraph, February 27, 2009, https://www.telegraph.co.uk/women/mother-tongue/4839894/Three-quarters-of-parents-too-busy-to-read-bedtime-stories.html.
8. Rahul Vohra, «The State of Your Inbox in 2021: Email Burnout and Browsing in Bed», Superhuman (blog), April 20, 2021, https://blog.superhuman.com/the-state-of-your-inbox-in-2021 /.
9. Emma Seppälä, «Three Science-Based Reasons Vacations Boost Productivity», Psychology Today, August 17, 2017, https://www.psychologytoday.com/us/blog/feeling-it/201708/three-science-based-reasons-vacations-boost-productivity.
10. Ashley Whillans, «Time for Happiness», Harvard Business Review, January 4, 2019, https://hbr. org/2019/01/time- for- happiness.
11. Marc Andreessen, «Pmarca Guide to Personal Productivity», Pmarchive, June 4, 2007, https://pmarchive.com/guide_to_personal_productivity.html
12. Tim Ferriss, «James Clear, Atomic Habits», The Tim Ferriss Show (podcast), January 6, 2023, https://tim.blog/2023/01/06/james-clear-atomic-habits-transcript/.

LA RIQUEZA SOCIAL

1. Emily Esfahani Smith, «Social Connection Makes a Better Brain», The Atlantic, October 29, 2013, https://www.theatlantic.com/health/archive/2013/10/social-connection-makes-a-better-brain/280934/.

2. Emily Esfahani Smith, «Social Connection Makes a Better Brain», The Atlantic, October 29, 2013, https://www.theatlantic.com/health/archive/2013/10/social-connection-makes-a-better-brain/280934/.
3. Vivek H. Murthy, «Our Epidemic of Loneliness and Isolation», U.S. Surgeon General's Advisory, May 2, 2023, https://www.hhs. gov/sites/default/files/surgeon-general-social-connection-advisorypdf
4. Viji Diane Kannan and Peter J. Veazie, «US Trends in Social Isolation, Social Engagement, and Companionship— Nationally and by Age, Sex, Race/ Ethnicity, Family Income, and Work Hours, 2003–2020», SSM Population Health 21 (March 2023): 101331, https://doi.org/10. 1016/j.ssmph. 2022101331.
5. Susanne Buecker et al., «Is Loneliness in Emerging Adults Increasing over Time? A Preregistered Cross-Temporal Meta- Analysis and Systematic Review», Psychological Bulletin 147, no. 8 (August 2021): 787– 805, https://doi.org/101037/bul0000332.
6. Kannan and Veazie, «US Trends in Social Isolation».
7. Daniel A. Cox, «Men's Social Circles Are Shrinking», Survey Center on American Life, June 29, 2021, https://www .americansurveycenter .org /why -mens -social -circles -are -shrinking/
8. Gallup and Meta, «The Global State of Social Connections», Gallup.com, June 27, 2024, https://www.gallup.com/analytics/509675/state-of-social-connectionsaspx.
9. Volodymyr Kupriyanov, «2021 Study: Do People Actually Regret Moving?», Hire a Helper (blog), June 3, 2021, https://blog. hireahelpercom/2021-study-do-people-actually-regret-moving/.
10. Eleanor Pringle, «The 'Great Resignation' Is Now the 'Great Regret'», Fortune, February 9, 2023, https://fortunecom/2023/02/09/great-resignation-now-great-regret-gen-z-wish-they-had-not-quit-old-job/.
11. Steve Jobs, «You've Got to Find What You Love», Stanford Report, June 12, 2005, https://newsstanfordedu/stories/2005/06/youve-got-find-love-jobs-says
12. Johnaé De Felicis, «What Is a Walking Moai? (and How It Can Improve Your Health, Your Social Life, and Your Productivity)», Blue Zones, June 2023, https://wwwbluezonescom/2023/06/what-is-a-walking-moai/.
13. Aaron Zitner, «America Pulls Back from Values That Once Defined It, WSJ-NORC Poll Finds», The Wall Street Journal, March 27, 2023,

https://wwwwsjcom/articles/americans-pull-back-from-values-that-once-defined-u-s-wsj-norc-poll-finds-df8534cd.
14. Rogé Karma, «Transcript: Ezra Klein Show with Cecilia Ridgeway», The New York Times, September 13, 2022, https://www.nytimes-com/2022/09/13/podcasts/ezra-klein-show-cecilia-ridgeway. html.
15. Christopher von Rueden, «How Social Status Affects Your Health», The New York Times, December 12, 2014, https://wwwnytimes-com/2014/12/14/opinion/sunday/how-social-status-affects-your-healthhtml.
16. M. G. Marmot et al., «Health Inequalities Among British Civil Servants: The Whitehall II Study», The Lancet 337, no. 8754 (June 8, 1991): 1387- 93, https://pubmedncbinlmnihgov/1674771/.
17. Julianne Holt-Lunstad et al., «Social Relationships and Ambulatory Blood Pressure: Structural and Qualitative Predictors of Cardiovascular Function During Everyday Social Interactions», Health Psychology 22, no. 4 (2003): 388- 97, https://doi.org/10. 1037/0278-6133. 224.388.
18. Adam Grant, «Your Most Ambivalent Relationships Are the Most Toxic», The New York Times, May 28, 2023, https://wwwnytimes-com/2023/05/28/opinion/frenemies-relationships-healthhtml.
19. Jancee Dunn, «When Someone You Love Is Upset, Ask This One Question», The New York Times, April 7, 2023, https://wwwnytimescom/2023/04/07/well/emotions-support-relationshipshtml.
20. Ed Catmull and Amy Wallace, Creativity, Inc.: Overcoming the Unseen Forces That Stand in the Way of True Inspiration (New York: Random House, 2014).

LA RIQUEZA MENTAL

1. Michiko Sakaki, Ayano Yagi, and Kou Murayama, «Curiosity in Old Age: A Possible Key to Achieving Adaptive Aging», Neuroscience and Biobehavioral Reviews 88 (May 2018): 106-16, https://doi.org/101016/j.neubiorev201803007.
2. Todd B. Kashdan, Paul Rose, and Frank D. Fincham, «Curiosity and Exploration: Facilitating Positive Subjective Experiences and Personal Growth Opportunities», Journal of Personality Assessment 82, no. 3 (June 2004): 291- 305, https://doi.org/101207/s15327752jpa8203 _ 05.
3. Li Chu, Jeanne L. Tsai, and Helene H. Fung, «Association between Age and Intellectual Curiosity: The Mediating Roles of Future Time

Perspective and Importance of Curiosity», European Journal of Ageing 18, no. 1 (April 27, 2020): 45– 53, https://doi.org/101007/s10433-020-00567-6.

4. Matthias Ziegler et al., «Openness as a Buffer against Cognitive Decline: The Openness-Fluid-Crystallized-Intelligence (OFCI) Model Applied to Late Adulthood», Psychology and Aging 30, no. 3 (January 1, 2015): 573– 88, https://doi.org/101037/a0039493.
5. «The Right Outlook: How Finding Your Purpose Can Improve Your Life», Blue Zones, August 2011, https://www.bluezones.com/2011/08/the-right-outlook-how-finding-your-purpose-can-improve-your-life/.
6. Aliya Alimujiang et al., «Association between Life Purpose and Mortality among US Adults Older Than 50 Years», JAMA Network Open 2, no. 5 (May 24, 2019): e194270, https://doi.org/101001/jamanetworkopen20194270.
7. Claire Bates, «Is This the World's Happiest Man? Brain Scans Reveal French Monk Found to Have 'Abnormally Large Capacity' for Joy—Thanks to Meditation», Daily Mail, October 31, 2012, https://www.dailymailcouk/health/article-2225634/Is-worlds-happiest-man-Brain-scans-reveal-French-monk-abnormally-large-capacity-joy-meditation. html.
8. May Wong, «Stanford Study Finds Walking Improves Creativity», Stanford Report, April 24, 2014, https://newsstanford. edu/2014/04/24/walking-vs-sitting-042414/.
9. Charles H. Hillman et al., «The Effect of Acute Treadmill Walking on Cognitive Control and Academic Achievement in Preadolescent Children», Neuroscience 159, no. 3 (March 31, 2009): 1044– 54, https://doi.org/101016/j.neuroscience200901057.
10. Miao Cheng et al., «Paired Walkers with Better First Impression Synchronize Better», PLoS ONE 15, no. 2 (February 21, 2020): e0227880, https:// doi.org/101371/journalpone0227880.
11. Andrea Mendez Colmenares et al., «White Matter Plasticity in Healthy Older Adults: The Effects of Aerobic Exercise», NeuroImage 239 (October 1, 2021): 118305, https://doi.org/101016/j.neuroimage2021118305.

LA RIQUEZA FÍSICA

1. Jane McGonigal, «Mental Time Travel Is a Great Decision-Making Tool— This Is How to Use It», Ideas.ted.com, March 10, 2022, https://ideas. tedcom/mental-time-travel-is-a-great -decision-making-tool-this-is-how-to-use-it/.
2. Walter Isaacson, «The Inspiration Behind Leonardo da Vinci's Vitruvian Man», Medium.com, October 30, 2017, https://medium.com/s/leonardo-da-vinci/the-inspiration-behind-leonardo-da-vincis-vitruvian-man-974c525495ec.
3. Timothy B. Gage and Sharon DeWitte, «What Do We Know About the Agricultural Demographic Transition?», Current Anthropology 50, no. 5 (October 1, 2009): 649–55, https://doi.org/101086/605017.
4. «The Olympic Games», History.com, June 12, 2024, https://www.history.com/ topics/sports/olympic-games.
5. Maria Popova, «The Science of Working Out the Body and the Soul: How the Art of Exercise Was Born, Lost, and Rediscovered», Marginalian, May 10, 2022, https://wwwthemarginalianorg/2022/05/10/sweat-bill-hayes/.
6. «The Olympic Games».
7. Global Wellness Institute, «What Is the Wellness Economy?», accessed July 2024, https://globalwellnessinstituteorg/what-is-wellness/what-is-the-wellness-economy/.
8. C. D. Reimers, G. Knapp, and A. K. Reimers, «Does Physical Activity Increase Life Expectancy? A Review of the Literature», Journal of Aging Research 2012 (July 1, 2012): 1– 9, https://doi.org/101155/2012/243958.
9. «Exercising More Than Recommended Could Lengthen Life, Study Suggests», Harvard T. H. Chan School of Public Health, July 29, 2022, https:// wwwhsphharvardedu/news/hsph-in-the-news/exercising-more-than-recommended-could-lengthen-life-study-suggests/.
10. Andrew Huberman, «Stretching Protocols to Increase Flexibility and Support General Health», Huberman Lab (podcast), July 27, 2022, https:// hubermanlabcom/stretching-protocols-to-increase-flexibility-and-support-general-health/.
11. «Sleep Facts and Stats», CDC Sleep, May 15, 2024, https:// wwwcdcgov/sleep/data-research/facts-stats/?CDC _ AAref _ Val=https://wwwcdcgov/sleep/data _ statistics. html.
12. This Infographic Shows How You Compare to the Rest of the World, World Economic Forum, August 16, 2019, https:// wwwweforumorg/agenda/2019/08/we-need-more-sleep.

13. Tim Ferriss, «Dr. Andrew Huberman—the Foundations of Physical and Mental Performance, Core Supplements, Sexual Health and Fertility, Sleep Optimization, Psychedelics, and More (#660)», The Tim Ferriss Show (podcast), March 10, 2023, https://tim-blog/2023/03/10/dr-andrew-huberman-transcript/.
14. Kyle Mandsager et al., «Association of Cardiorespiratory Fitness with Long-term Mortality among Adults Undergoing Exercise Treadmill Testing», JAMA Network Open 1, no. 6 (October 19, 2018): e183605, https://doi.org/101001/jamanetworkopen20183605.

LA RIQUEZA FINANCIERA

1. Mark Twain, «Observations by Mark Twain», 1869, https://cdnsm5-ss12sharpschoolcom/UserFiles/Servers/Server _ 520401/File/Departments/Curriculum % 20& % 20Instruction/ELA/Non-Fiction % 20Texts/Observations % 20by % 20Mark % 20Twain. pdf.
2. Larry Getlen, «Meet the World's Richest Man Who Changed Christianity», New York Post, July 26, 2015, https://nypost.com/2015/07/26/meet-historys-richest-man-who-changed-christianity/.
3. Greg Steinmetz, The Richest Man Who Ever Lived: The Life and Times of Jacob Fugger (New York: Simon and Schuster, 2015).
4. Steinmetz, The Richest Man Who Ever Lived.
5. Ilana E. Strauss, «The Myth of the Barter Economy», The Atlantic, February 26, 2016, https://wwwtheatlanticcom/business/archive/2016/02/barter-society-myth/471051/.
6. «The History of Money», NOVA, PBS, October 25, 1996, https://wwwpbsorg/wgbh/nova/article/history-money/.
7. John Lanchester, «The Invention of Money», The New Yorker, July 29, 2019, https://www.newyorkercom/magazine/2019/08/05/the-invention-of-money.
8. Lanchester, «The Invention of Money».
9. Tim Ferriss, «Morgan Housel—The Psychology of Money, Picking the Right Game, and the $6 Million Janitor (#576)», The Tim Ferriss Show (podcast), March 5, 2022, https://tim. blog/2022/03/05/morgan-housel-the-psychology-of-money-transcript.
10. Nick Maggiulli, «S&P 500 DCA Calculator», Of Dollars and Data (blog), 2024, https://ofdollarsanddata.com/sp500-dca-calculator/.
11. Nick Maggiulli, «S&P 500 DCA Calculator», Of Dollars and Data (blog), 2024, https://ofdollarsanddata.com/sp500-dca-calculator/.

12. Andrew Weil, M.D. «The 4-7-8 Breath: Health Benefits & Demonstration». DrWeil.com. https://www.drweil.com/videos-features/videos/the-4-7-8-breath-health-benefits-demonstration/.

Índice analítico

Esta obra se imprimió y encuadernó
en el mes de julio de 2025,
en los talleres de Egedsa, que se localizan en
la calle Roís de Corella, 12-16, nave 1,
C.P. 08205, Sabadell (España).